CHRISTIAN CATALANO • ALESSANDRA STUCCHI

INSTANT TEDESCO

QUELLO CHE CREDEVI DIFFICILE
DIVENTERÀ FACILE
CON IL CORSO DI LINGUA
PIÙ INNOVATIVO E VELOCE CHE C'È!

NUOVA EDIZIONE AMPLIATA

GRIBAUDO

Für meinen Schatz

INSTANT TEDESCO
Quello che credevi difficile diventerà facile con il corso di lingua più innovativo e veloce che c'è!

Testi: per girls4teaching Alessandra Stucchi, Christian Catalano
con la collaborazione di Roberto Castelli e Valerie Betz
Illustrazioni: Ilaria Faccioli, tranne pp. 189, 381 (Shutterstock Images)
Immagini di copertina: Shutterstock Images
Editing: Vanina Carta
Consulenza linguistica: Juliana Bernhofer
Impaginazione: Ax Studio (VR)

Redazione Gribaudo
Via Garofoli, 266
37057 San Giovanni Lupatoto (VR)
redazione@gribaudo.it

Responsabile di produzione: Franco Busti
Responsabile di redazione: Laura Rapelli
Responsabile grafico: Meri Salvadori
Fotolito e prestampa: Federico Cavallon, Fabio Compri
Segreteria di redazione: Emanuela Costantini

FSC
www.fsc.org
MISTO
Carta
da fonti gestite in maniera responsabile
FSC® C101934

Stampa e confezione: Grafiche Busti srl, Colognola ai Colli (VR),
azienda certificata FSC®-COC con codice CQ-COC-000104

Socio Unico Giangiacomo Feltrinelli Editore srl
Via Andegari, 6 - 20121 Milano
info@gribaudo.it - www.gribaudo.it

Prima edizione: 2020 [2(D)] 978-88-580-2595-6

Sommario

Introduzione

Perché studiare il tedesco?

Potrei dirvi che con 100 milioni di persone è la seconda lingua parlata in Europa, ma non vi convincerei.
Potrei aggiungere che oggi in Italia è richiestissimo in ambito lavorativo, ma non vi avrei ancora motivato abbastanza.

Il tedesco dovete studiarlo perché vi piacciono le sfide.
È un appassionante puzzle di logica: passo dopo passo, la soluzione sarà sempre più vicina e la soddisfazione che ne ricaverete immensa.

Il tedesco dovete studiarlo perché siete innamorati.
Innamorati della Germania, un Paese bellissimo che con la sua cultura, tradizione e leadership economica ha sempre avuto un ruolo di primo piano, insieme all'Italia, nella storia di questa Europa.

E ultimo, ma non per importanza: perché è la mia lingua!

Da parte mia ci ho messo tutto l'impegno, la passione e la pazienza di cui sono capace, prendendovi per mano nel vostro percorso per acquisire la padronanza di questa meravigliosa lingua.

Siete pronti per l'avventura? Allora non perdiamo tempo, voltate pagina e... Los geht's!

Valerie

LEZIONE 1

LEKTION 1

1.1 Presentarsi e salutare

Bene, ragazzi, direi proprio che è arrivato il momento di iniziare. *Are you ready?* Seid ihr bereit?
Che cosa fanno le brave insegnanti alla prima lezione? Beh, è ovvio, si presentano!
Also, los geht's! Allora iniziamo!

Dialogo

Valerie: Entschuldigung, wann ist die Mensa geöffnet?
Marco: Hallo! Hm, die Mensa? Ach ja, die Mensa, von 12.00 bis 14.00 Uhr und von 19.00 bis 20.00 Uhr. Freut mich, ich heiße Marco.
Valerie: Freut mich, Marco! Ich bin Valerie und ich studiere Literaturwissenschaft hier in Italien.
Marco: Woher kommst du aus Deutschland, Valerie?
Valerie: Ich komme aus Köln. Und du? Bist du aus Mailand?
Marco: Nein, ich komme aus Pavia. Kennst du diese Stadt?
Valerie: Leider nicht!
Fabio: Ciao!
Marco: Hallo, Fabio, das ist Valerie, eine Erasmus-Studentin aus Köln. Valerie, das ist mein Cousin Fabio. Er ist zweisprachig und kann Italienisch und Deutsch. Meine Tante ist Deutsche.
Fabio: Hi, Valerie, freut mich!
Valerie: Freut mich, Fabio.
Fabio: Ich bin leider in Eile, wir sehen uns bald. Tschüss Marco und bis bald Valerie, hoffe ich.
Valerie: Bis bald, Fabio! Hey, Marco, dein Cousin sieht aber gut aus!
Marco: Tja, das sind Frauensachen, für mich ist er nur sympathisch. Wir haben viel gemeinsam!
Valerie: Na ja… gut Marco, und danke für alles… Ich gehe jetzt. Bis bald.
Marco: Tschüss Valerie, wir sehen uns!

Traduzione

Valerie: Scusa, quando apre la mensa?
Marco: Ciao! Ehm, la mensa? Ah sì la mensa, dalle 12.00 alle 14.00 e dalle 19.00 alle 20.00. Piacere, io sono Marco.
Valerie: Piacere, io sono Valerie e studio letteratura qui a Milano.
Marco: Valerie, da quale parte della Germania vieni?
Valerie: Vengo da Colonia. E tu? Sei di Milano?
Marco: No, io sono di Pavia. La conosci?
Valerie: Purtroppo no.
Fabio: Ciao!
Marco: Ciao, Fabio, questa è Valerie, una studentessa Erasmus di Colonia. Valerie, lui è mio cugino Fabio. È bilingue italo-tedesco. Mia zia è tedesca.
Fabio: Ciao Valerie, piacere!
Valerie: Piacere, Fabio.
Fabio: Sono di fretta, purtroppo. Ci vediamo presto. Ciao Marco e a presto Valerie, spero.
Valerie: A presto Fabio! Però, tuo cugino è carino!
Marco: Beh, queste sono cose da donna; per me è solo simpatico. Abbiamo molto in comune noi due!
Valerie: Ah… bene Marco, grazie di tutto… Ora vado. A presto.
Marco: Ciao Valerie, ci vediamo!

DAS VIDEO!

È SEMPRE DURA QUANDO CI SI INCONTRA LA PRIMA VOLTA. NON È VERO?
È FACILE DIMENTICARSI QUALCOSA. PER QUESTO PUOI GUARDARE IL VIDEO ONLINE
E INIZIARE A FAMILIARIZZARE CON IL TEDESCO!
GUARDALO SU: GIRLS4TEACHING.COM/UNIT/INSTANT-TEDESCO-SICH-VORSTELLEN

Come ci si saluta?

Bene, com'è andata con il vostro primo dialogo in tedesco? Siete riusciti a capirci qualcosa? L'importante è che inizi a nascere il *feeling* fra voi e il tedesco e vedrete che piano piano tutto vi sembrerà facile!
Come avrete potuto notare, quando ho incontrato Marco (e quel fico di suo cugino Fabio) ci siamo salutati dicendo Hallo e Hi.
Lo so, lo stesso dell'inglese! Da noi è un saluto comune da anni, ormai.

ACHTUNG!
Hallo è molto simile a Hello inglese, ma la pronuncia è diversa: in tedesco suona come "halò", con una forte h- aspirata all'inizio. Oltre a essere un saluto, è anche il nostro modo di rispondere al telefono.

Hallo, ich bin's Valerie.	Pronto, sono io, Valerie.

Per salutarci quando ci siamo lasciati abbiamo, invece, utilizzato **Tschüss bis bald** (ciao, a presto). Stiamo parlando dei **saluti informali**.

Fabio:	Tschüss Valerie, bis bald hoffe ich!	Ciao, Valerie, a presto spero!
Marco:	Tschüss Valerie, wir sehen uns!	Ciao, Valerie, ci vediamo!

Come salutiamo invece un datore di lavoro o un professore all'università? Anche in tedesco abbiamo uno **stile formale**.

Guten Morgen/Guten Tag	Buongiorno
Guten Abend	Buonasera
Gute Nacht	Buonanotte
Auf Wiedersehen	Arrivederci

Guten Morgen va usato al mattino; con Guten Tag, invece, ci si può salutare anche al pomeriggio. In tedesco non si usa dire "buon pomeriggio" (Nachmittag). Ma guarda chi c'è ancora in giro, è il mio professore di economia! Ne approfitto per introdurvi un dialogo di tipo formale.

Valerie:	Guten Abend, Herr Professor Schmidt! Sie sind noch hier.
Professor:	Guten Abend Frau Valerie, ja ich bin heute sehr beschäftigt. Auf Wiedersehen!
Valerie:	Auf Wiedersehen, Herr Professor! Bis Morgen!

Valerie:	Buonasera prof. Schmidt! Oh, è ancora qui.
Professor:	Buonasera Valerie, sì, oggi sono molto impegnato. Arrivederci.
Valerie:	Arrivederci professore! A domani.

Insomma, sarà anche il mio professore di economia, ma non è stato molto nett (simpatico)! Come professoressa sono molto meglio io, vero ragazzi?

Tipps und Tricks

Herr Professor

Avete notato come ho salutato il mio prof? Herr Professor Schmidt... Signor professore... Che esagerazione, direte voi! Da noi in Germania, però, i professori tengono molto ai loro titoli ed è bene chiamarli usandoli tutti!
Per questa ragione può capitare di chiamare una docente Frau Prof. Dr.-Ing. Sieglinde Mayer

Übung 1.

Inserite il saluto più adatto.

1. Hallo .... Marica, wann öffnet das Kino?
   Hi .... Luise, das Kino öffnet um 19.00 Uhr.
2. Guten Morgen .... Frau Büchner. Sie sind hier!
   Guten morgen .... , ja, Valerie, ich habe viel zu tun.
3. Tschüss .... Astrid ich gehe jetzt.
   Ciao .... Thomas, ... Bis balds ....
4. Guten tag .... Marco. Du bist hier.
   Guten Morgen .... Frau Professorin Schneider, ja ich bin hier, ich habe viel zu lernen.
   Auf Wiedersehen .... Marco .... Bis morgen ....

1.2 I pronomi personali

Prima di iniziare a formare vere e proprie frasi in tedesco – lo so, siete ansiosi, ma ein wenig Geduld (un po' di pazienza) – vediamo di mettere a confronto i pronomi personali in tedesco e quelli in italiano, in modo che siate in grado di rivolgervi agli altri! Ecco qui la tabella dei pronomi.

io	ich
tu	du
lui /lei/ esso	er/sie/es
noi	wir
voi	ihr
loro	sie/Sie

Dato che siete sicuramente molto attenti, non vi saranno sfuggiti alcuni importanti dettagli. Per prima cosa, il tedesco presenta alla terza persona tre forme, perché noi abbiamo un genere in più: il neutro (neutrum; sächlich), ma lo vedremo più avanti, non voglio spaventarvi da subito!

Altra peculiarità che sicuramente salta all'occhio è la terza persona plurale: c'è una ripetizione, e non è un errore di stampa! Abbiamo due forme: la prima è un **sie** con l'iniziale minuscola, e corrisponde in tutto e per tutto all'italiano "loro/essi", mentre l'altra forma **Sie**, scritta con l'iniziale maiuscola, è la forma di cortesia.
La forma di cortesia in italiano è espressa dalla terza persona singolare "lei". In tedesco, invece, dalla terza plurale: per questo Sie è scritto in maiuscolo: per distinguerlo da sie (essi). Inoltre, Sie viene usato di solito con il Nachname (cognome) della persona a cui ci si rivolge.

- Guten Morgen, wie heißen Sie? — Buongiorno, come si chiama?
- Ich bin Frau Schmitz! — Sono la signora Schmitz!
- Wie bitte? — Come prego?
- Schmitz, Brunhilde Schmitz! — Schmitz, Brunhilde Schmitz!
- Buchstabieren Sie bitte. — Faccia lo *spelling*, per favore.
- S-c-h-m-i-t-z. — S-c-h-m-i-t-z
- Vielen Dank! — Molte grazie!
- Bitte. — Prego.

1.3 L'alfabeto e la pronuncia

Ma come facciamo a fare lo *spelling*, direte voi, senza sapere come si pronunciano le Buchstaben (lettere) del tedesco? Eccovi accontentati.
A parte alcune eccezioni, le consonanti e le vocali si leggono così come si scrivono. Sehr gut! (Molto bene!)
Di seguito trovate l'alfabeto tedesco; fra parentesi, invece, potete vedere com'è la pronuncia.

A a (a)	**B b** (be)	**C c** (tse)	**D d** (de)	**E e** (e)	**F f** (ef)	**G g** (ghe)	**H h** (ha)
I i (i)	**J j** (iot)	**K k** (ka)	**L l** (el)	**M m** (em)	**N n** (en)	**O o** (o)	**P p** (pe)
Q q (cwe)	**R r** (er)	**S s** (es)	**T t** (te)	**U u** (u)	**V v** (fau)	**W w** (ve)	**X x** (ix)
Y y (ypsilon)	**Z z** (tset)	**Ä ä** (e aperta)	**Ö ö** (o chiusa)	**Ü ü** (u chiusa)	**ß** (eszet)		

Bene, ora prendete la matita e fate una crocetta vicino alle lettere che non conoscete; sì, anche quelle con i due puntini sopra contano come strane! Bene, quante ne avete trovate? Cominciamo subito da queste!

ß
(eszet)

Sicuramente la lettera più diversa per voi è la **ß** (eszet): non è una "B" strana, ma una doppia "-ss" che il tedesco ha mantenuto per tradizione. Sapevate che prima della riforma ortografica del 1996, entrata in vigore nel 2006, non esisteva una regola per il corretto uso di ß o ss??
La riforma, invece, ha stabilito che la ß deve essere inserita dopo le vocali lunghe accentate e i dittonghi, come in grüßen (salutare) e weiß (bianco), mentre dopo le vocali corte accentate compare la "-ss", come in Kuss (bacio), Fluss (fiume) e Boss (boss).
Attenzione! Nel tedesco svizzero la ß non esiste, quindi non si usa.
Vediamo ora altre lettere.

Ä ä (e aperta)	Ö ö (o chiusa)	Ü ü (u chiusa)

Le vocali con i due puntini, l'Umlaut (dieresi), sono tre: "a", "o", e "u". Queste vocali, dette in italiano "turbate", subiscono una variazione di chiusura/apertura.

- La **ä** va pronunciata come una "e" aperta, un po' alla milanese, come in Universität.
- La **ö** e la **ü** subiscono la variazione inversa, cioè si chiudono, come in Köln (Colonia), o in Kühlschrank (frigorifero), dove le due vocali turbate vengono pronunciate con le labbra quasi chiuse e arrotondate.

Niente di difficile, vero? In realtà la pronuncia tedesca è molto facile; dovete memorizzare solo alcune differenze dall'italiano; i dittonghi che seguono fanno appunto parte delle cose da merken (memorizzare), perché si pronunciano in maniera differente dall'italiano.

- **ei** → **ai** quindi la parola weiß (bianco) si pronuncerà "vaiss", Kreis (cerchio/circonferenza) sarà "crais" e così via.
- **eu** → **oi** quindi l'aggettivo neu (nuovo) si pronuncerà "noi"; ah, mi raccomando, la Germania è in "Oiropa" (Europa).
- **ie** → **i lunga**, quindi l'articolo determinativo femminile die verrà pronunciato "di" con una "i" di poco più lunga del normale.
- **äu** → **oi** così come il dittongo "eu". Quindi Verkäufer (commesso) si pronuncerà "fercoifer".

Diamo anche uno sguardo ai gruppi consonantici.

- **sch** si pronuncia come la nostra "sc", quindi Schal (sciarpa) si pronuncerà "scial".
- **tsch** corrisponde al suono della "c" dolce dell'italiano ("c" davanti a "i/e"), come per esempio in Deutschland.

- **ch** si pronuncia, invece, mettendo la lingua tra i molari e facendo fuoriuscire l'aria tenendo i denti e la bocca leggermente aperti. Non è altro che il suono di ich (io). Attenzione a non dire mai "ik" e nemmeno "isch": per noi tedeschi è bruttissimo!

E chiudiamo con h, r, e, v/w.

- **h** (ha) in tedesco svolge due funzioni nella pronuncia. Se è posta prima di una vocale, va aspirata. Ho detto aspirata, non fate finta di non aver sentito. Lo so che in Italia non viene pronunciata e può sembrarvi quasi un *optional*, ma non è così per le lingue germaniche in cui può fare la differenza. Per aspirare bene questa lettera bisogna pensare, per esempio, a quando in inverno ci si gelano le mani e cerchiamo di riscaldarcele con il fiato: ecco quel suono lì è quello giusto. È importante, perché può cambiare il significato delle parole.
Vediamo alcuni esempi: hoffen (sperare) e offen (aperto), Hals (collo/gola) e als (congiunzione del comparativo), Hund (cane) e und (congiunzione "e"). Se invece la "h" è posta dopo una vocale, allunga il suono: questo accade ad esempio nelle parole der Bahnhof (stazione), che quindi pronunciamo come se avesse una "a" doppia, o in molti verbi come per esempio stehen (restare in piedi), sehen (vedere), fahren (viaggiare).
- **r** (er) non è altro che la vostra "r". Ok, ok, è più la vostra "r moscia"! Non siamo molto bravi con le "rrrrrrrr".
- **v** (fau) e **w** (ve). La "v" in tedesco va pronunciata come una "f", ma questa è una cosa che avete già sentito senza mai realizzarla: mi riferisco ai cognomi con il von, per esempio Von Heyden (sono di solito cognomi di ex nobili) e a sua volta la "w" viene pronunciata come una normalissima "v"e non come la "w" inglese, quindi Wand (parete) si leggerà "vand".

Bog stavning

Übung 1. Buchstabiert - Fate lo spelling

Esempio: Haus → Ha – a – u – es

Deutschland	weiß	Kuss	Köln	Kühlschank	Verkäufer
Mädchen	Wand	grüßen	Fluss	Hamburg	Kahn

Tipps und Tricks

L'accento in tedesco

Alzi la mano chi ha mai visto una parola tedesca accentata. Nessuno? Certo, l'accento grafico in tedesco non esiste e non dovrete mai scrivere nessuna parola accentata. Sehr gut!

Per quanto concerne l'intonazione, ricordate che in tedesco l'accento tonico cade sempre **sulla penultima sillaba** delle parole, tranne in quelle con le vocali turbate ä, ö, ü, dove la sillaba accentata è quella con la vocale mit Umlaut (con la dieresi).

ACHTUNG!
In tedesco, per dire "Io vado a Milano" non userete il verbo gehen, ma fahren (andare con un mezzo). A Milano ci andate in macchina, in treno o in bus e il nostro gehen ha il significato di "andare a piedi". E per prendere l'aereo, non userete né gehen né fahren, ma fliegen (volare).
Noi tedeschi abbiamo molti verbi e ci piace essere precisi!

fahren : skulle / tage

DAS VIDEO!

VUOI ASCOLTARE L'ALFABETO E IMPARARE A PRONUNCIARE BENE QUANTO SPIEGATO FINORA? BENE. PER TE C'È IL VIDEO SU: GIRLS4TEACHING.COM/UNIT/INSTANT-TEDESCO-AUSSPRACHE

1.4 Il verbo *sein*

Dato che abbiamo già usato il verbo **sein** (essere) nel dialogo, vediamo adesso come si coniuga il presente indicativo.

ich	bin
du	bist
er/sie/es	ist
wir	sind
ihr	seid
sie/Sie	sind

L'ausiliare essere è, come avete notato, irregolare, ma molto semplice da memorizzare! Bene, vediamo se vi ricordate come si pronunciano i dittonghi. Come si pronuncia seid? Ma certo "said", bravissimi! (Trovate i dittonghi a pag. 13: assicuratevi di saper leggere correttamente tutto prima di andare avanti!) Non lasciate la tabella di sein prima di averla memorizzata! Provate subito a cimentarvi con delle semplici frasi.

Übung 2.

Inserite il verbo essere coniugato correttamente.

1. Das ...ist... meine Schwester (sorella) Franziska.
2. Du ...bist... aus Berlin.
3. Wir ...sind... Studenten.
4. ...Sind... Sie Frau Müller? Nein, ich ...bin... Frau Rutsch.
5. Sie ...ist/sind... nervös. (più di una opzione è possibile)
6. Claudia ...ist... sehr nett (carina, gentile).
7. Der Junge ...ist... sehr höflich (cortese).
8. Ihr ...seid... sympathisch.

Come in italiano, sein può essere usato come verbo principale nella frase:

1. **per identificare persone e oggetti**
   (il nome, la nazionalità, la professione...);

Das ist Marta.	Questa è Marta.
Sie ist Italienerin.	È italiana.
Laura ist Studentin.	Laura è una studentessa.

2. **in presenza di aggettivi**;

Du bist schön!	Sei bello!

3. **per indicare ora, data ed età**;

Es ist 11 Uhr.	Sono le 11,00.
Er ist 45 Jahre alt.	(Lui) ha 45 anni.
Heute ist der 11. Januar.	Oggi è l'11 gennaio.

L'altra grande funzione di sein è quella di **ausiliare**: "aiuta" gli altri verbi nella formazione dei tempi composti, come il passato prossimo, il trapassato prossimo ecc.

Ich **bin** nach Hause **gegangen**.	**Sono andato** a casa.
Das Kind **ist gewachsen**.	Il bambino **è cresciuto**.

Vi ho fatto vedere un piccolo esempio, ma questa funzione la vedremo nel dettaglio più avanti: promessa tedesca!
Vi faccio ora notare che in Germania esprimiamo sempre **il soggetto, è obbligatorio**:

Italiano	Deutsch
Sono austriaco	Ich bin Österreicher

Nell'esempio, oltre a farvi vedere che il soggetto è obbligatorio, ho introdotto la nazionalità: austriaco si dice Österreicher, mentre "Austria" è Österreich!
Vi sarete già detti... stai a vedere che i tedeschi si complicano la vita anche con le nazionalità? Ma no, state tranquilli, inizio subito a darvi la regola per la formazione della nazionalità, partendo dal nome dello stato. Quelli sì, dovrete memorizzarli!

1.5 La nazionalità

Ci sono due modi per formare die Staatsangehörigkeit (la nazionalità):

1. **Formazione del maschile con -e e del femminile con -in**

	Nazione	Nazionalità m.	Nazionalità f.	Lingua
Francia	Frankreich	der Franzose	die Französin	Französisch
Grecia	Griechenland	der Grieche	die Griechin	Griechisch
Russia	Russland	der Russe	die Russin	Russisch
Irlanda	Irland	der Ire	die Irin	Englisch
Cina	China	der Chinese	die Chinesin	Chinesisch
Danimarca	Dänemark	der Däne	die Dänin	Dänisch
Polonia	Polen	der Pole	die Polin	Polnisch
Turchia	die Türkei	der Türke	die Türkin	Türkisch
Asia	Asien	der Asiate	die Asiatin	Asiatisch

2. **Formazione del maschile con -er e del femminile con -rin**

	Nazione	Nazionalità m.	Nazionalità f.	Lingua
Germania	Deutschland	der Deutsche	die Deutsche	Deutsch
Austria	Österreich	der Österreicher	die Österreicherin	Deutsch
Svezia	Schweden	der Schwede	die Schwedin	Schwedisch
Inghilterra	England	der Engländer	die Engländerin	Englisch
Spagna	Spanien	der Spanier	die Spanierin	Spanisch
Svizzera	die Schweiz	der Schweizer	die Schweizerin	Schwiizertüütsch
Egitto	Ägypten	der Ägypter	die Ägypterin	Arabisch
Paesi Bassi	Die Niederlande	der Niederländer	die Niederländerin	Holländisch
Giappone	Japan	der Japaner	die Japanerin	Japanisch
America	Amerika	der Amerikaner	die Amerikanerin	Amerikanisch
Africa	Afrika	der Afrikaner	die Afrikanerin	Afrikanisch
Italia	Italien	der Italiener	die Italienerin	Italienisch

Ich bin Engländer. Ich lebe in England. Ich spreche Englisch!
Sono inglese, vivo in Inghilterra e parlo inglese!

Un ragazzo molto interessante, vero?

ACHTUNG!
In tedesco scriviamo **tutti i sostantivi con la lettera maiuscola**, non solo i nomi propri come fate voi in italiano. Ve ne siete accorti? Come der Apfel (la mela), die Tasche (la borsa) ecc. Inoltre, si scrivono con la lettera maiuscola i **verbi sostantivati**: essen (verbo mangiare), das Essen (il mangiare); lo stesso accade per gli **aggettivi sostantivati**: gut (aggettivo buono), das Gute (il buono).

Le nazioni in tedesco **non vogliono l'articolo**: in italiano si dice, per esempio, "la Francia", "la Germania", in tedesco, invece, Frankreich, Deutschland. Fanno eccezione i nomi al plurale, come i Paesi Bassi (die Niederlande), gli Stati Uniti (die Vereinigten Staaten), e quelli femminili, che sono die Türkei e die Schweiz. Ecco qualche esempio.

Ich komme aus Deutschland und Mehmet kommt aus der Türkei.
Io vengo dalla Germania e Mehmet dalla Turchia.

Mario kommt aus Italien und Lukas kommt aus Deutschland.
Mario viene dall'Italia e Lukas viene dalla Germania.

Übung 3.

Costruite frasi come nell'esempio.
es: Italia. Der Italiener kommt aus Italien und spricht Italienisch.

1. Spagna Der Spanier kommt aus Spanien und spricht Spanisch
2. Inghilterra Der Engländer kommt aus England
3. Danimarca Die Dänin kommt aus Dänemark
4. Giappone ....
5. Svizzera ....
6. Grecia ....

★ Willkommen in Deutschland ★

DIE LÄNDER

I Länder

Il mio Paese si chiama Bundesrepublik Deutschland (BRD), per voi Germania. Si trova nel cuore dell'Europa e congiunge Ovest ed Est, Nord e Sud. Siamo proprio in mezzo a tutto e a tutti, e per questa ragione studiare il tedesco è un'ottima idea!
Dall'unificazione delle due Germanie (che ha seguito la caduta del Berliner Mauer nel 1989) siamo il paese più popoloso d'Europa con circa 82,6 milioni di abitanti, di cui 7,3 non di origine tedesca.
Il territorio occupa una superficie di 357.168 km^2, mentre il vostro stivale ne misura 301.338. Proprio per il fatto che la Germania si estende così tanto verso ogni punto cardinale, i paesaggi sono straordinariamente vari. Catene di rilievi di diversa altitudine si alternano ad altopiani, colline, montagne, laghi e vaste pianure. Insomma, se state cercando una meta per le vostre prossime vacanze, da noi potrete trovare davvero di tutto… e, poi, la birra scorre a fiumi!

La mia cara Deutschland è suddivisa in 16 Länder federali. Cosa sono? Possiamo dire che assomigliano alle vostre regioni; ognuno ha infatti il proprio presidente ecc., ma essendo la Germania una repubblica federale, ogni Land ha anche le proprie responsabilità statali.
Gli attuali Länder sono stati istituiti dopo il 1945, tenendo conto di vecchie affinità di popolazioni e dei confini storici: come in Italia, dove le regioni vantano tradizioni antichissime e storie molto diverse l'una dall'altra.
Ecco la carrellata dei Länder e delle relative capitali, die Hauptstädte: se non ne riconoscete alcuni è perché voi italiani li avete un po' storpiati traducendoli... leggendoli ad alta voce sarà però facile individuare la regione di cui stiamo parlando (e così vi esercitate un po' con la pronuncia!).

Die Länder	Die Hauptstädte
Baden-Württemberg	Stuttgart
Niedersachsen	Hannover
Bayern	München
Bremen	Bremen
Saarland	Saarbrücken
Nordrhein-Westfalen	Düsseldorf
Rheinland-Pfalz	Mainz
Schleswig-Holstein	Kiel
Hessen	Wiesbaden
Brandenburg	Potsdam
Thüringen	Erfurt
Berlin	Berlin
Sachsen	Dresden
Hamburg	Hamburg
Sachsen-Anhalt	Magdeburg
Mecklenburg-Vorpommern	Schwerin

1.6 Il presente indicativo dei verbi regolari

Nell'esercizio precedente avete usato un verbo coniugato alla terza persona singolare. Si tratta di kommen (venire) che per vostra fortuna è tra i verbi regolari, che noi tedeschi chiamiamo regelmäßig (regolare) o schwach (debole).
Coniughiamolo al presente indicativo insieme ad altri verbi deboli:

	WOHNEN (abitare)	KOMMEN (venire)	HEIßEN (chiamarsi)
ich	wohn**e**	komm**e**	heiß**e**
du	wohn**st**	komm**st**	heiß**t**
er/sie/es	wohn**t**	Komm**t**	heiß**t**
wir	wohn**en**	komm**en**	heiß**en**
ihr	wohn**t**	komm**t**	heiß**t**
sie/Sie	wohn**en**	komm**en**	heiß**en**

La coniugazione dei verbi deboli non presenta molti problemi, anzi direi addirittura che è molto più semplice dell'italiano, **perché il tedesco ha solo una coniugazione!**
Scordatevi dunque "-are", "-ere" e "-ire" perché tutti i verbi tedeschi, all'infinito, terminano in -en.
Per coniugare il verbo è sufficiente togliere -en dall'infinito, ottenendo così die **Wurzel** (la radice), alla quale poi si aggiungono le desinenze. Per farvi vedere che il tedesco non è poi così oscuro e misterioso come tutti credono, vi svelo anche un paio di trucchi che vi aiuteranno a declinare i verbi regolari.

- **La terza persona singolare e la seconda persona plurale** hanno la stessa identica forma.

er/sie/es	wohn**t**	lui, lei, esso abita
ihr	wohn**t**	voi abitate

- **Anche la prima e la terza persona plurale sono uguali tra loro** e corrispondono sempre all'infinito del verbo.

wir	wohn**en**	noi abitiamo
sie/Sie	wohn**en**	loro abitano

Niente di più facile, vero? Vi metto alla prova con un paio di esercizi in cui troverete anche altri verbi regolari. Prima, però, volevo farvi notare una cosa. Il verbo heißen (chiamarsi) auf Deutsch (in tedesco) non è riflessivo! Guardate:

Io mi chiamo Andreas. Ich heiße Andreas.

Ma ora è presto per spiegare i verbi riflessivi; iniziamo a esercitarci con verbi e pronomi personali!

Übung 4.

Scegliete il pronome adatto per ogni proposizione (a volte più di una opzione è corretta).

1. .....Ich.................. trinke (bere) gern Bier.
2. Vielleicht (forse) machen (fare) ....wir.................... eine Torte.
3. ...Ihr........ wohnt in München aber .wir........... wohnen in Konstanz.
4. Was machen ....Sie............... heute Abend, Herr Haas?
5. Kannst ....du.................. Arabisch sprechen?

Übung 5.

Inserite i verbi regolari al presente.

1. Wie ......Heißt....... deine Mutter? Sie .heißt........... Maria. (heißen)
2. Ich ....wohne....... in Mailand aber mein Freund wont............................ in Nürnberg. (wohnen)
3. Wir kommen.. aus Neapel. Und woher ..kommt... ihr? (kommen)

4. Philipp ...macht............ die Übungen. (machen)

5. Herr Köllner, wo ...wohnen......... Sie? (wohnen)

6. ...trinkst........ du gerne Kaffe? Nein, ich ...trinke........ lieber (più volentieri) Tee. (trinken - bere)

7. Sie ...kauft / kaufen.... jeden Tag Brot (pane). (kaufen - comprare)

8. Was ....macht............... ihr heute Abend? (machen)

9. Meine Tante und ich ...hören........... gern klassische Musik. (hören)

10. ...spielst............ du Gitarre (chitarra)? Ja, ich ...spiele............ seit 6 Jahren Gitarre. (spielen)

In tedesco, come in inglese, il verbo spielen (*to play*) significa «giocare», «suonare» e anche «avere un ruolo».

Sie spielen Fußball.	*They play football.*	Loro giocano a calcio.
Markus spielt Schlagzeug.	*Markus plays the drums.*	Markus suona la batteria.
Sie spielt die Rolle von Medea.	*She plays the role of Medea.*	Lei interpreta il ruolo di Medea.

1.7 La struttura della frase tedesca

Il tedesco è pieno di regole e cose difficili, ve lo hanno detto e ridetto, e questo senz'altro vi ha demoralizzati, se non addirittura terrorizzati!
Bene, semplicemente **non è vero**: a volte il tedesco appare ein bisschen schwierig (un po' difficile), ma basta seguire semplici regole e usare i trucchi che vi svelerò di volta in volta per renderlo ein Kinderspiel (un gioco da ragazzi)...

1.7.1 La struttura della frase affermativa

Vediamo la struttura base di una frase principale italiana affermativa (Hauptsatz) e il suo corrispettivo tedesco.

Io sono Valerie.	Ich bin Valerie.

Ci sono ben poche differenze, direte voi: al primo posto troviamo il soggetto, al secondo il verbo e in seguito le altre componenti della frase.
Tuttavia, considerando frasi con verbi composti o più elementi verbali, ci accorgiamo subito che qualcosa, purtroppo per voi, cambia:

Io so parlare il tedesco.	Ich kann Deutsch sprechen.

So per certo che una cosa vi ha subito colpito: in tedesco il verbo più importante dal punto di vista del significato si posiziona **in fondo alla frase!**
Questa informazione è essenziale per parlare e capire bene la lingua: significa, infatti, che l'ascoltatore tedesco, sapendo che il verbo si trova alla fine dell'enunciato, tende l'orecchio verso il finale, ed è proprio lì che dobbiamo inserire (se parliamo), o andare a trovare (se ascoltiamo), le informazioni più significative.
Ora che conoscete das Geheimnis (il segreto), proviamo a tradurre Ich kann Deutsch sprechen in maniera letterale, conservando anche l'ordine delle parole presenti nella frase tedesca.

Ich kann Deutsch sprechen. Io posso il tedesco (che cosa?) parlare.

Vedete? Fino alla fine, non si riesce nemmeno a intuire il significato della frase. Volete la spiegazione grammaticale? No? Dai, ve la do lo stesso, ma prometto di essere chiara e breve.

Il tedesco, a differenza dell'italiano, dal punto di vista sintattico è di base una lingua di tipo **SOV (Soggetto - Oggetto - Verbo)**: il verbo che porta il significato, per natura stessa del tedesco, si trova alla fine.

Di conseguenza, in una proposizione affermativa **semplice** (con un solo elemento verbale), i verbi si comporteranno come in italiano.

Soggetto + verbo + vari complementi
Ricordate che abbiamo detto che il soggetto in tedesco va sempre espresso e mai sottinteso?

In una frase affermativa **con verbi composti** avremo invece:

1° **Soggetto**, colui che compie l'azione
2° **Componenti verbali della frase**: prima l'ausiliare – o verbi come i modali, o lassen (lasciare), che richiedono una struttura composta – ovvero il verbo coniugato (V1)
3° **Mittelfeld**, dove sono posizionati i complementi oggetto
4° **verbo** all'infinito

Ich kann sehr gut Deutsch sprechen.

Verbklammer
(parentesi verbale)

Non ci addentriamo oltre nella grammatica, ma portiamo a casa questa consapevolezza: il verbo che esprime il significato della frase, in tedesco, è spesso alla fine, quindi siate educati e ascoltate fino in fondo!

$N + V_1$ (modale, ausiliare) + soggetto ~~avverbio~~ + V_2 (INFINITO)

$T + V_1 +$

1.7.2 La struttura della frase interrogativa

Ora sapete costruire una proposizione principale affermativa in tedesco, sia con un solo verbo, sia con un tempo composto o con una struttura verbale composta.

Ich bin Valerie. Ich kann Deutsch sprechen. — Sono Valerie. So parlare tedesco.

Ma come facciamo a rendere una frase interrogativa, ovvero come si fa una domanda?
Se il predicato verbale è semplice, cioè composto da un singolo verbo, avremo una proposizione interrogativa di questo tipo:

Bist du Valerie? — Sei Valerie?

Qui il verbo occupa il primo posto, seguito immediatamente dal soggetto, poi da eventuali complementi.
Ma come fate a chiedere se qualcuno sa parlare il tedesco? Ecco come appare una proposizione interrogativa senza pronome interrogativo (per capirci, una domanda che richiede una risposta semplice di tipo ja/nein):

Kannst	du	Deutsch	sprechen?
Verbo (V1) +	**soggetto** +	**complementi** +	**verbo (V2)**

Come vediamo, in prima posizione troviamo il verbo kann o ausiliare (V1). Segue il soggetto; poi prendono posto tutti gli altri complementi, infine il verbo che porta in sé il significato (V2).

1.7.3 I pronomi interrogativi

Come in italiano, anche in tedesco possiamo introdurre una domanda con un pronome interrogativo. Cos'è un pronome interrogativo? Speravo me lo chiedeste, eccovi una bella tabella dei principali!

wer	chi	Wer ist er? Chi è lui?
was	cosa	Was trinkst du? Cosa bevi?
wie	come	Wie heißen Sie? Come si chiama?
wo	dove (stato in luogo)	Wo wohnt ihr? Dove abitate?
wohin	dove (moto a luogo)	Wohin geht Fabio? Dove va Fabio?
woher	da/di dove (moto da luogo)	Woher kommt dein Vater? Di dov'è tuo padre?
warum	perché	Warum bist du traurig? Perché sei triste?
wann	quando	Wann kommt Matthias? Quando arriva Matthias?

Non è nulla di nuovo per voi, abbiamo già incontrato frasi di questo tipo nel dialogo con le presentazioni all'inizio della lezione.

- **Informale** Wie heißt du? Come ti chiami?
- **Formale** Wie heißen Sie? Come si chiama (Lei)?

Quindi l'interrogativa in questo caso avrà questo ordine:

Pronome + verbo (V1) + soggetto

E nel caso dei verbi composti? Non farete altro che ricostruire la frase come abbiamo già visto, mantenendo il pronome interrogativo in prima posizione.

Wann	kannst	du	kommen?	Quando puoi venire?
Pronome + verbo (V1) + soggetto + verbo (V2)				

Übung 6.

Inserite i pronomi interrogativi corretti.

1. Ich heiße Ute. ...Wie... heißt du?
2. ...Wo... wohnen deine Eltern?
3. ...Wer... ist das? Meine Freundin.
4. .... ist Wien? In Österreich.
5. ...Wann... kommt Barbara? Sie kommt bald! (presto)
6. Ich bin aus Mailand. ...Woher... sind Valerie und Paola?

Tipps und Tricks

Mein Freund VS ein Freund von mir

Leggete bene quanto vi spiego ora perché potrebbe aiutarvi a non fare strane figure con i tedeschi!

Mein Freund heißt Nikola.	Il mio ragazzo si chiama Nicola.
Ein Freund von mir wohnt in Lübeck.	Un mio amico abita a Lubecca.

In tedesco, se usiamo la parola der Freund/die Freundin con un possessivo davanti, intendiamo "il fidanzato" o la "fidanzata". Per parlare di un amico generico, invece, possiamo dire ein Freund/eine Freundin von mir.

★ Willkommen in Deutschland ★

BERLIN

Berlino

Avrete senz'altro notato che alcuni Länder sono anche città: Berlino, Amburgo e Brema.
Berlino è anche la capitale della Germania: siamo molto fieri della nostra Hauptstadt, poiché, dopo l'abbandono a cui fu soggetta a seguito della Seconda guerra mondiale, siamo riusciti con molti sforzi a farla diventare una delle maggiori città europee: oggi, è addirittura il secondo comune europeo più popoloso dopo Londra. Rappresenta per l'Europa intera uno punto di riferimento fondamentale per cultura, scienza, arte, politica e uno snodo strategico per i trasporti.
Dai, se non l'avete mai visitata... beh dovete per forza farci un salto!

È una città che offre tantissimo, sia che vogliate restare solo un weekend sia che decidiate di fermarvi due settimane.
Il primo impatto con Berlino è un po' strano: a causa dei pesanti bombardamenti durante la Seconda guerra mondiale, buona parte della città è stata ricostruita. Vi capiterà quindi di trovarvi a passeggiare in piazze nuovissime, con un impatto architettonico avveniristico e di imbattervi poi, tutto d'un tratto, in chiese e musei risalenti al XIX secolo, passando per immensi parchi (ben il 44% della superficie della città è verde).

Multietnica e con una nightlife da fare invidia a tutte le maggiori città europee (non ci credo se mi dite che non avete mai sentito parlare del **Berghain**, il locale techno più famoso d'Europa!), offre eventi 24 ore su 24... e ne ha davvero per tutti i gusti. È stata addirittura definita da diversi giornali e riviste "la città più cool d'Europa". Che cosa fate? Siete ancora lì? Andate a prenotare un biglietto aereo!
Ah no, richtig (giusto): come fate ad andare a Berlino senza sapere mezza parola di tedesco? Vero è che l'inglese si parla quasi ovunque, ma vuoi mettere la soddisfazione di chiacchierare con noi nella nostra lingua?
Allora andiamo avanti con le lezioni!

Lezione 1
Glossario

Bene, manca poco alla fine della prima lezione! Vi sentite più tranquill? Credo proprio di sì.
Per mettervi ancora più a vostro agio, vi lascio con una serie di parole che abbiamo incontrato: mi raccomando, memorizzatele insieme all'articolo, più avanti vi sarà di grande aiuto!

Sostantivi

die Studentin	studentessa universitaria
der Besuch	visita
der Freund	amico/fidanzato
die Frauensachen	cose da donne
die Woche	settimana
der Morgen	mattino
der Tag	giorno
die Geduld	pazienza
der Bruder	fratello
die Schwester	sorella
die Mutter	madre
der Vater	padre
die Mensa	mensa

Verbi

heißen	chiamarsi
sein	essere
studieren	studiare all'università
lernen	studiare
kaufen	comprare
fahren	andare con un mezzo
gehen	andare a piedi
fliegen	volare/andare in aereo

Frasi utili

Entschuldigen Sie	Scusi
Entschuldigung	Scusa/i
Auf Wiedersehen	Arrivederci
Freut mich!	Piacere!

Aggettivi / Avverbi

beschäftigt	occupato
sympathisch	simpatico
zweisprachig	bilingue

LEZIONE 2

LEKTION 2

2.1 Il genere e gli articoli

Vi ricordate cosa vi avevo detto nella Lektion 1, quando parlavamo dei tre pronomi della terza persona singolare er/sie/es?
Non vi ho spiegato subito il genere neutro, ma ora è arrivato il momento. Il tedesco è più einfach (facile) di quello che vogliono farvi credere.
Oltre ai due generi, maschile e femminile, noi abbiamo anche il **neutro**:

Italiano

Articolo	maschile	femminile
determinativo	il vaso	la macchina
indeterminativo	un vaso	una macchina

Deutsch

Artikel	männlich	weiblich	neutrum
bestimmt	**der** Wagen	**die** Vase	**das** Auto
unbestimmt	**ein** Wagen	**eine** Vase	**ein** Auto

Nello schema ho inserito anche gli articoli determinativi e indeterminativi:

der/ein	= il/un/uno
die/eine	= la/una
das/ein	= articolo del genere neutro che non esiste in italiano

Come potete vedere, "il vaso", che in italiano è maschile, diventa femminile, die Vase, mentre "l'auto" ha ben due traduzioni: das Auto (neutro) e der Wagen (maschile). Quindi è importante imparare sempre ogni sostantivo con il suo articolo.

Vediamo alcuni esempi.

Das ist die Vase von meiner Mutter.	Questo è il vaso di mia madre.
Das ist eine Vase.	Questo è un vaso.

Das ist der Computer von meinem Vater.	Questo è il computer di mio padre.
Das ist ein Computer.	Questo è un computer.
Das ist das Buch von meiner Schwester.	Questo è il libro di mia sorella.
Das ist ein Buch.	Questo è un libro.

Senza volerlo, abbiamo imparato a dire Das ist ein/eine/ein (Questo è un/uno/una…), niente di più semplice!
Das in questa costruzione assume il valore di pronome dimostrativo "questo/questa" e non varia né in genere né in numero!

Guardate l'esempio.

Das ist ein Koffer.	Questa è una valigia.
Das sind Koffer.	Queste sono valigie.

ACHTUNG!
Avete notato che l'articolo indeterminativo neutro ein corrisponde alla forma maschile (ein)? Einfach, nicht wahr? (Facile, non è vero?)

★ Willkommen in Deutschland ★

DAS AUTO

L'auto

Cosa vi ricorda l'espressione das Auto? L'avrete sicuramente sentita in qualche noto spot pubblicitario im Fernsehen (in TV). Fate un piccolo sforzo... è lo slogan di una nota casa automobilistica. Ancora niente?
E se vi dicessi VW? No, non "vi doppia vu", ma fau veh! Esatto, Volkswagen, letteralmente "la macchina del popolo":

la macchina = der Wagen   il popolo = das Volk

L'industria automobilistica è uno dei settori più importanti della Germania, che è il terzo produttore di auto, a livello mondiale, dopo USA e Giappone. Oltre alla Volkswagen, con sede a Wolfsburg, come non parlare della Mercedes-Benz, il cui quartier generale si trova a Stuttgart, e della BMW (si legge Be Em Ve!) di München? Vi chiedete quale sia la mia preferita? Sarei felice di ricevere una Luxuswagen (auto di lusso), magari una Porsche (azienda con base sempre a Stuttgart), ma in realtà il mio cuore batte per un vecchio modello tedesco: il Bulli, il pulmino degli hippie, sempre made in Deutschland.

2.1.1 Il genere: alcune regole

Come ci spieghiamo che il vaso in italiano sia maschile e in tedesco femminile? Su questo purtroppo devo darvi una cattiva notizia: quello del genere, in tedesco, è un assegnamento arbitrario, quindi dovrà essere memorizzato.

Avete visto che capita lo stesso con "la macchina" (femminile) che diventa in tedesco der Wagen (maschile) o das Auto (neutro).

Wie immer (come sempre), non disperate perché ancora una volta posso insegnarvi un trucco. Se per la maggior parte dei nomi il genere è da imparare a memoria, alcuni gruppi di sostantivi ci vengono in aiuto condividendo, all'interno del gruppo, lo stesso genere:

Sono di genere maschile:

- **persone e animali di sesso maschile**;
  der Bruder (il fratello), der Hund (il cane)
- **giorni della settimana, mesi, stagioni e parti del giorno**;
  der Montag (il lunedì), der Mai (maggio), der Winter (l'inverno), der Morgen (il mattino). **Eccezione:** die Nacht (la notte)
- **tempo e punti cardinali;**
  der Nebel (la nebbia), der Norden (il Nord)
- **alcolici**;
  der Wein (il vino), der Schnaps (grappa tedesca).
  Eccezione: das Bier (la birra)
- **professioni esercitate da uomini**;
  der Ingenieur (l'ingegnere), der Lehrer (l'insegnante)

Sono di genere femminile:

- **persone di sesso femminile**;
  die Mutter (la madre), die Schwester (la sorella)
- **molte piante;**
  die Margerite (la margherita), die Tulpe (il tulipano)

- **professioni esercitate da donne (+-in)**;
  die Ingenieurin (l'ingegnere donna), die Lehrerin (l'insegnante donna)

Sono di genere neutro:

- **verbi infiniti sostantivati**;
  essen (mangiare) → das Essen (il mangiare)
- **aggettivi sostantivati**;
  gut (buono) → das Gute (il buono)

E per finire, ecco uno schema delle desinenze dei sostantivi utili a individuare il genere.

Sono sempre **maschili** i sostantivi terminanti in:

-ismus	Impressionismus	(Impressionismo)
-ling	Liebling	(prediletto, tesoro)
-or	Motor	(motore)

Sono sempre **femminili** i sostantivi terminanti in:

-ung	Meldung	(notizia, annuncio)
-heit	Mehrheit	(maggioranza)
-keit	Möglichkeit	(possibilità)
-schaft	Gesellschaft	(società)
-ion	Lektion	(lezione)
-ei	Bücherei	(libreria)
-ur	Figur	(figura, personaggio)

Sono sempre **neutri** i sostantivi terminanti in:

-chen	Mädchen	(ragazza)
-lein	Tischlein	(tavolinetto)

Per quei sostantivi che non rientrano nelle categorie indicate, come die Sonne (il sole), der Mond (la luna), der Löffel (il cucchiaio), die Gabel (la forchetta) e das Messer (il coltello), c'è poco da fare: ci si dovrà avvalere del dizionario e di tanta buona memoria!

Übung 7.

Inserite l'articolo determinativo corrispondente.

1. ..das.. Kind (bambino/a)
2. ..der.. Osten (est)
3. ..der.. März (marzo)
4. ..die.. Rose (rosa)
5. ..der.. Schnee (neve)
6. ..der.. Whisky (Whisky)
7. ..die.. Nacht (notte)
8. ..das.. Mädchen (ragazza)
9. ..das.. Brief (lettera)
10. ..der.. Terror (terrore)
11. ..die.. Rechnung (fattura)
12. ..der.. Bauer (contadino)
13. ..die.. Kultur (cultura)
14. ..der.. Neuling (principiante)
15. ..die.. Klugheit (intelligenza)
16. ..die.. Wissenschaft (scienza)
17. ..die.. Religion (religione)
18. ..die.. Bäckerei (panificio)
19. ..das.. Rauchen (fumare, sost.)

Übung 8.

Inserite l'articolo determinativo o indeterminativo corrispondente.

1. Katholizismus ist ......ein...................... Religion.
2. Das ist ....ein................ Tasche (borsa) von meiner Mutter.
3. Das ist ....ein................ Buch.
4. Essen wir ....ein................ Eis?
5. Das ist ....ein................ Regenschirm (ombrello).
6. Schau mal! (Guarda!) ....~~Ein~~ Der....... Regenbogen (arcobaleno)!
7. ....Die.............. Sonne scheint (splende).
8. ....Der.............. Mond ist weiß.
9. Das ist ....das/ein... Auto.
10. Das ist ....ein................ Wagen von meinem Vater.

2.1.2 Le stagioni, i mesi, i giorni della settimana

Mi ricordate di che genere sono i giorni della settimana, i mesi e le stagioni? Esatto, maschile!

Le stagioni die Jahreszeit (stagione)	der Frühling (primavera) der Sommer (estate) der Herbst (autunno) der Winter (inverno)

In tedesco, le stagioni sono precedute dalla preposizione: **in** + **dem** (contratta in **im**):

im Frühling	in primavera
im Sommer	in estate
im Herbst	in autunno
Im Winter gehen wir Ski laufen.	In inverno andiamo a sciare.

I mesi der Monat (mese)	der Januar, der Februar, der März, der April, der Mai, der Juni, der Juli, der August, der September, der Oktober, der November, der Dezember

Sono preceduti anch'essi dalla preposizione **in** + **dem** (**im**):

im Mai	a maggio
im August	ad agosto
Im Oktober habe ich Geburtstag.	A ottobre compio gli anni.

Per concludere, passiamo ai Tage der Woche (i giorni della settimana):

I giorni der Tag (giorno)	der Montag, der Dienstag, der Mittwoch, der Donnerstag, der Freitag, der Samstag, der Sonntag

Sono preceduti dalla preposizione **an + dem (am)**:

am Montag	il lunedì, di lunedì
am Mittwoch	il mercoledì, di mercoledì
Am Samstag gehen wir in die Disko.	Sabato andiamo in discoteca.

Quando si parla di un'azione che si ripete sempre lo stesso giorno della settimana, si usa aggiungere una **-s** al nome del giorno: il sostantivo diventa così un avverbio di frequenza e non dovete più scriverlo con la lettera maiuscola!

Die Uni bleibt sonntags geschlossen.	Di domenica l'università è chiusa.

Ora possiamo ampliare il nostro vocabolario facendo pratica con quello che abbiamo appreso finora.

Übung 9.

Traducete le frasi in tedesco con gli elementi suggeriti.

1. Ogni mercoledì e ogni venerdì vado in piscina (ins Schwimmbad).

   ....

   ....

2. Sabato Tina e Jakob vanno al cinema (ins Kino).

   ....

3. Mercoledì mangiamo insieme? (zusammen)

   ....

4. Di lunedì la città (die Stadt) è sempre molto caotica (chaotisch).

   ....

   ....

2.2 Le parole composte

Non so se lo sapete, ma qualcuno definisce il tedesco die Sprache der **Komposita** (la lingua delle **parole composte**). Si tratta di quei sostantivi formati dall'unione di una o più parole, ognuna delle quali ha un proprio significato.
A noi tedeschi piacciono tantissimo e non ci limitiamo ai composti formati da due sole parole... preparatevi, perché ne vedrete delle belle!
Iniziamo a capire come funziona il meccanismo. Il tedesco, come già visto, si rivela una lingua logica e ordinata.

Le prime parole composte che andiamo ad approfondire sono quelle formate da due sostantivi:

der Zug (treno)	der Führer (capo)	der Zugführer	il capotreno
das Haus (casa)	die Frau (donna)	die Hausfrau	la casalinga
die Taschen (tasca/borsa)	das Tuch (panno)	das Taschentuch	il fazzoletto

Avete notato che, mentre in italiano l'ordine è "capo" (parola fondamentale) e "treno" (parola di specificazione), in tedesco è l'opposto?
Der Zugführer letterarmente si traduce "trenocapo"

Das Tier (animale) – parola fondamentale +
das Haus (casa) – parola determinante

= das Haus**tier**

L'animale domestico

A questo punto mi aspetto da voi eine kluge Frage (una domanda intelligente): da quale sostantivo sarà determinato il genere di un nome composto? In tedesco, a differenza dell'italiano, il genere concorda con l'ultima parola e non con la prima!

Sprache - **Gymnasium** das Sprachgymnasium (liceo linguistico)
die **das**

Geschäft - **Reise** die Geschäftsreise (viaggio d'affari)
das **die**

Weizen - **Bier** das Weizenbier (birra weizen, birra bianca)
der **das**

Vediamo adesso tutte le parole che possono unirsi per formare un nome composto:

- **Sostantivo + sostantivo**
  der Apfel (la mela) + der Saft (il succo) = der Apfelsaft (succo di mela)
- **Aggettivo + sostantivo**
  neu (nuovo/a) + die Zeit (il tempo) = die Neuzeit (tempi moderni)
- **Avverbio + sostantivo**
  innen (all'interno) + die Stadt (la città) = die Innenstadt (centro città)
- **Verbo + sostantivo**
  wohnen (abitare) + das Zimmer (la camera) = das Wohnzimmer (salotto)
- **Preposizione + sostantivo**
  nach (dopo) + das Wort (la parola) = das Nachwort (epilogo)

Ora che ci siamo "scaldati" con le paroline facili, possiamo considerare parole più lunghe, come questa:

der Haustürschlüssel

das Haus (casa) +
die Tür (porta) +
der Schlüssel (chiave) +
= chiave della porta di casa (3 parole)

Direi proprio che per la "chiave della porta di casa" non ci sono difficoltà. Ma che ne dite di passare a:

die Verkehrsinfrastrukturfinanzierungsgesellschaft

der Verkehr (il traffico/trasporti) +
die Infrastruktur (l'infrastruttura) +
die Finanzierung (il finanziamento) +
die Gesellschaft (la società/compagnia)
= compagnia per il finanziamento delle infrastrutture dei trasporti.

E la nostra parola più lunga?

die Donaudampfschifffahrtselektrizitätenhauptbetriebswerkbauunter-beamtengesellschaft

die Donau (il danubio) + der Dampf (il vapore) +
das Schiff (la nave/il bastimento) + die Fahrt (il viaggio/la corsa) +
die Elektrizität (l'elettricità) + haupt (principale/centrale) +
der Betrieb (l'attività/l'azienda) +
das Werk (l'impianto/la fabbrica) +
der Bau (la costruzione/l'edificazione) +
unter (sotto) + der Beamte (il lavoratore statale) +
die Gesellschaft (la società/la compagnia)
= l'associazione degli ufficiali subalterni della direzione dei servizi elettrici della compagnia dei battelli a vapore del Danubio.

Siete ancora convinti che der Haustürschlüssel sia complicato?

DAS VIDEO!

CHE DISASTRO QUESTI KOMPOSITA! COME SI FA A LEGGERLI SENZA MANGIARSI LE PAROLE? IL SEGRETO NON STA NELLA VELOCITÀ, MA NELLO SCANDIRE LE PAROLE, COME SE FOSSERO TUTTE DIVISE. LASCIATEVI AIUTARE ED ESERCITATEVI CON ME!
GUARDATE DAS VIDEO SU:
GIRLS4TEACHING.COM/UNIT/INSTANT-TEDESCO-KOMPOSITA

Guardate, invece, cosa accade quando ci troviamo davanti a parole come:

Damen– und Herrenschuhe (scarpe da donna e da uomo)

La parola Schuh (scarpa) è comune sia a "donna" sia a "uomo", perciò non si ripete, e si aggiunge solo un trattino.

Damenschuhe und – stiefel (scarpe e stivali da donna)

In questo caso, poiché la parola determinante, Damen (signore, pl.), è comune sia a "scarpe" sia a "stivali", anche qui si aggiunge solo il trattino.

Übung 10.

Formate dei nomi composti unendo le due parole date.

1. die Liebe (l'amore) – die Erklärung (la dichiarazione) = ... (la dichiarazione d''amore)
2. kühl (fresco) – der Schrank (l'armadio) = ... (il frigorifero)
3. schreiben (scrivere) – der Tisch (tavolo) = ... (la scrivania)
4. aus (fuori da/di qc.) – das Land (il paese) = ... (l'estero)
5. das Obst (la frutta) – der Salat (l'insalata) = ... (la macedonia)
6. die Klasse (la classe) – die Fahrt (il viaggio) = ... (la gita scolastica)
7. frei (libero) – die Zeit (il tempo) = ...(il tempo libero)

★ Willkommen in Deutschland ★

HOCHDEUTSCH

Lo so che è una gran fatica e so anche che questi sostantivi, lunghi due righe, vi fanno un po' paura, ma la vostra decisione di imparare il tedesco è vincente!
La Germania è da sempre una grande potenza a livello europeo e il tedesco è tra le dieci lingue più parlate al mondo.

La lingua che state studiando insieme a me si chiama Hochdeutsch, o Standarddeutsch. È quella ufficiale in Germania e in Austria, in Liechtenstein, Svizzera, Alto-Adige e in alcune parti della Francia e del Belgio. L'Hochdeutsch è usato per tutte le comunicazioni importanti, ma anche tra tedeschi provenienti da regioni geografiche e linguistiche diverse.
Vi assicuro, infatti, che un bavarese e un berlinese, parlando il proprio dialetto, faticherebbero a capirsi! E cosa dire se uno svizzero andasse mai a bersi una birra con un abitante di Amburgo? Farebbero prima a intendersi a gesti...
Per esercitarvi con l'Hochdeutsch leggete i giornali, le riviste o guardate i programmi alla TV nazionale. Se, invece, volete viaggiare e fare una full immersion, allora andate ad Hannover, troverete un tedesco puro e incontaminato, o almeno così dicono i suoi abitanti!

2.3 La negazione con *kein*

Ricordate come si dice "Questo è/Questi sono?" Das ist/Das sind; ma come si dice "Questo non è/Questi non sono?" Come facciamo a fare la negazione in tedesco?

In tedesco abbiamo due tipi di negazione.

- **Negazione con kein**
- **Negazione con nicht**

Quella con nicht la vedremo un po' più avanti; adesso ci concentriamo sulla negazione con kein (o Negationsartikel). Avete letto bene? Rileggete! La seconda parola è Artikel: letteralmente Negationsartikel vuol dire "articolo di negazione". In effetti kein nega il sostantivo e concorda con il suo genere e numero.

Vediamo subito degli esempi.

Das ist kein Schnaps! Das ist Wasser.
Questa non è grappa! È acqua.

Das ist kein Wasser! Das ist Schnaps.
Questa non è acqua! È grappa.

Das ist keine Vase! Das ist ein Glas.
Questo non è un vaso! È un bicchiere.

ACHTUNG !
Kein davanti a der Schnaps (sostantivo maschile) e a das Wasser (sostantivo neutro) rimane invariato, così come succedeva con l'articolo indeterminativo. Vi ricordate?

Davanti a die Vase (sostantivo femminile), invece, kein prende la -e per concordare con il sostantivo femminile.

Das ist keine Vase!
Questo non è un vaso!

Al plurale, kein prende sempre la -e come al femminile.

Das sind keine Bücher! Das sind Zeitschriften
Questi non sono libri! Sono riviste.

Ecco per voi un'utile tabella riepilogativa.

	Maschile	Femminile	Neutro
Singolare	ein/kein	ein**e**/kein**e**	ein/kein
Plurale	kein**e**	kein**e**	kein**e**

E l'articolo indeterminativo plurale? **Non esiste**, come in italiano!

Übung 11.

Inserite kein/keine o ein/eine secondo l'esempio.

Das ist keine Tasche (f), das ist ein Koffer (m)

f = femminile; m = maschile; n = neutro pl = plurale

1. Das ist .... Hund (m) (cane); das ist .... Katze (f) (gatto).
2. Das sind .... Oliven (pl) (olive); das sind .... Kirschen (pl) (ciliegie). (Attenzione al tranello!)
3. Das ist .... Computer (m); das ist .... Fernseher (m) (televisore).
4. Das ist .... Uhr (f) (orologio); das ist .... Armband (n) (bracciale).
5. Das ist .... Radio (n); das ist .... Klavier (n) (pianoforte).

2.4 I pronomi possessivi

Parleremo adesso dei **pronomi possessivi**.
Sottolineo subito una piccola differenza con l'italiano: in tedesco sono **pronomi** anche quelli che in italiano sono conosciuti come "**aggettivi possessivi**".

Das ist mein Vater. — Questo è mio padre.

In questo caso mein ha **valore aggettivale**: è davanti al nome e ne indica una caratteristica (è mio padre, non quello, per esempio, di Luke!)

In italiano è un aggettivo possessivo, in tedesco invece è un pronome con funzione di aggettivo.

> Luke, sono tuo padre!
> Luke, ich bin dein Vater!
>
> Non conoscete questa citazione? Non ci credo! Dovete assolutamente guardare gli episodi 4, 5 e 6 di *Krieg der Sterne (Star Wars)*, la celebre trilogia di fantascienza degli anni '70/'80 del XX secolo, diretta dal Regisseur (regista) George Lucas. Un nuovo Episode (episodio), il numero sette, è uscito al Kino (cinema), dopo quasi 40 anni dal primo!
>
> Möge die Macht mit euch sein! (Che la forza sia con voi!)
>
> Ne avrete bisogno con il tedesco... E mi raccomando, non barate con gli esercizi: die dunkle Seite (il lato oscuro) è sempre in agguato.

Torniamo ai nostri pronomi possessivi: oltre alla funzione di aggettivo, i pronomi possessivi svolgono anche la **funzione di veri e propri pronomi**, esattamente come quelli italiani.

Ist das dein Hund? — È il tuo cane?
Valore aggettivale (è posto sempre davanti al sostantivo).

Nein, das ist nicht meiner. — No, non è il mio.
Valore pronominale

2.4.1 I pronomi possessivi con funzione di aggettivo

Iniziamo con i pronomi possessivi con **funzione aggettivale** (precedono quindi il nome), analizzandoli prima in italiano:

mio	tuo	suo	nostro	vostro	loro

Sind sie richtig? (sono giusti?)
Mettiamoli a confronto con quelli tedeschi.

ich	du	er	sie	es	wir	ihr	sie	Sie
mein	**dein**	**sein**	**ihr**	**sein**	**unser**	**euer**	**ihr**	**Ihr**
mio	tuo	suo di lui	suo di lei	suo del neutro	nostro	vostro	loro	Suo formale

Das ist mein Bruder. Questo è mio fratello.
Das ist meine Schwester. Questa è mia sorella.
Das ist mein Kind. Questo è il mio bambino/mio figlio.

Vi svelo un trucco: i possessivi si comportano come gli articoli indeterminativi (ein/eine/ein) e il Negationsartikel (kein/keine/kein): quando la cosa posseduta è maschile o neutra rimangono senza desinenza. Quando, invece, la cosa posseduta è di genere femminile prendono la desinenza -e.

der Bruder = mein_ Bruder	die Schwester = mein**e** Schwester	das Kind = mein_ Kind
fratello	sorella	bambino/a – "figlio/a"

ACHTUNG!
In tedesco distinguiamo l'aggettivo possessivo alla terza persona singolare usando **ihr se il possessore è femminile**, **sein se il possessore è maschile**; il neutro segue il maschile.
Lo fanno anche i nostri cugini inglesi (*his o her*)! Non è un modo di complicarsi la vita, anzi!

Questa è la sua macchina. → di chi direte voi? Di lei o di lui? Non lo possiamo sapere, a meno che il nostro interlocutore non lo specifichi!
Das ist ihr Auto. → di lei, Giulia
Das ist sein Auto. → di lui, Fabio.

So einfach geht es! (è così facile!)

Tabella completa.

Personalpronomen	Cosa posseduta maschile	Cosa posseduta femminile	Cosa posseduta neutra
ich	mein Beruf (mestiere)	meine Uhr (orologio)	mein Handy (cellulare)
du	dein Beruf	deine Uhr	dein Handy
er	sein Beruf	seine Uhr	sein Handy
sie	ihr Beruf	ihre Uhr	ihr Handy
es	sein Beruf	seine Uhr	sein Handy
wir	unser Beruf	unsere Uhr	unser Handy
ihr	euer Beruf	euere Uhr	euer Handy
sie	ihr Beruf	ihre Uhr	ihr Handy
Sie	Ihr Beruf	Ihre Uhr	Ihr Handy

2.4.2 I pronomi possessivi con funzione di pronome

Quando i pronomi tedeschi svolgono una **funzione pronominale** vera e propria, cioè si riferiscono a un altro elemento già incontrato nella frase, si comportano così:

Ist das deine Uhr? Nein, das ist nicht meine.
Ist das dein Bild? Nein, das ist nicht meines.
Ist das dein Koffer? Nein, das ist nicht meiner.

In questi casi, i possessivi prendono la desinenza:

- -e se si riferiscono a un sostantivo femminile
- -es se si riferiscono a un sostantivo neutro
- -er se si riferiscono a un sostantivo maschile

Nella forma parlata, però, meines, deines, seines perdono la -e diventando meins, deins e seins.

Ecco un'altra utile tabella: i pronomi possessivi con funzione di pronome.

Personalpronomen	Cosa posseduta maschile	Cosa posseduta femminile	Cosa posseduta neutra
ich	meiner	meine	meines
du	deiner	deine	deines
er	seiner	seine	seines
sie	ihrer	ihre	ihres
es	seiner	seine	seines
wir	unserer	unsere	unser(e)s
ihr	eurer	eure	eures
sie	ihrer	ihre	ihr(e)s
Sie	Ihrer	Ihre	Ihr(e)s

Übung 12.

Completate con mein, meine/dein, deine/sein, seine/ihr, ihre/Ihr, Ihre secondo l'esempio.

a) Ist das **Ihr** Auto, Herr Müller?
b) Nein, das ist nicht **mein** Auto, das ist das Auto von Frau Schmidt.
a) Oh, das ist **ihr** Auto!

1.
a) Werner, sind das .... Kinder?
b) Nein, das sind nicht .... Kinder, das sind die Kinder von Uwe.
a) Oh, das sind .... Kinder!

2.
a) Sind das .... Koffer, Frau Will?
b) Nein, das sind nicht .... Koffer, das sind die Koffer von Frau Schneider.
a) Oh, das sind .... Koffer!

3.
a) Du, ist das .... Tasche?
b) Nein, das ist nicht .... Tasche, das ist die Tasche von Astrid.
a) Oh, das ist .... Tasche!

4.
a) Du, ist das .... Ball?
b) Nein, das ist nicht .... Ball, das ist der Ball von Rolf.
a) Oh, das ist .... Ball!

5.

a) Ist das .... Computer, Herr Weber?

b) Nein, das ist nicht .... Computer, das ist der Computer von Franziska.

a) Oh, das ist .... Computer!

6.

a) Monika und Robert, ist das .... Tochter (figlia)?

b) Nein, das ist nicht .... Tochter, das ist die Tochter von Ute und Mark.

a) Oh, das ist .... Tochter!

Übung 13.

Pronome o aggettivo? Scegliete la forma corretta
(tra parentesi indico il possessore).

1. Ist das .... Hund? Ja, das ist .... (du – ich)
2. Das ist .... Buch und das ist .... (ich – er)
3. Das ist .... Tasche und das ist .... (du – sie)
4. Ist das .... Laptop? Ja, das ist .... (ihr – wir)
5. Das ist .... Haus und das ist .... (sie (pl) – ich)

2.5 La formazione del plurale

A differenza dell'italiano, in cui le desinenze del plurale sono soltanto due ("-i", "-e"), salvo alcune eccezioni, in tedesco esistono **otto possibilità** per formare il plurale.

Per una volta, anche noi tedeschi abbiamo eccezioni alla regola: anzi, di regole per la formazione del plurale ne abbiamo talmente tante che, invece di elencarvele tutte, vi sottopongo le uniche due che valgono sempre.

- Per le parole straniere che terminano in -a, -o, -i, si forma il plurale aggiungendo la desinenza -s, come **Foto** → **Fotos**.
- Tutti i sostantivi che terminano in -er, -el, -en, -chen, -lein possono restare invariati al plurale oppure prendere la **Umlaut** (¨) sulla vocale della radice, come in **Apfel** → **Äpfel**, o in **Kopf** → **Köpfe**.

Con il tempo, vedrete che formare il plurale verrà in automatico, non appena acquisirete un po' di Sprachgefühl (sensibilità linguistica).
Ed ecco a voi le possibilità di formazione del plurale!

Variazione		Singolare	Plurale	
1.	Nessuna	der Bürger	die Bürger	**(cittadino/a)**
2.	¨	die Mutter	die Mütter	**(madre)**
3.	-e	der Film	die Filme	**(film)**
4.	¨ -e	die Stadt	die Städte	**(città)**
5.	-er	das Kind	die Kinder	**(bambino/a; figlio/a)**
6.	¨ -er	das Land	die Länder	**(regione/campagna/paese)**
7.	-(e)n	der Student	die Studenten	**(studente universitario)**
8.	-s	das Auto	die Autos	**(auto)**
		die Pizza	die Pizzas	**(pizza)**

Ora vorrei farvi notare una cosa. Vi siete accorti che l'articolo del plurale è sempre die anche quando cambia il genere? Die Brüder (i fratelli), die Schwestern (le sorelle)... Einfach, nicht wahr?

Ricordatevi che l'articolo indeterminativo plurale, come in italiano, non esiste: una cosa in meno di cui preoccuparsi!

Rivediamo insieme la tabella completa dell'articolo singolare e plurale!

Artikel (Articolo)	**männlich** (maschile)	**weiblich** (femminile)	**neutrum** (neutro)
bestimmt, Singular determinativo singolare	der Wagen	die Vase	das Auto
unbestimmt, Singular indeterminativo singolare	ein Wagen	eine Vase	ein Auto
bestimmt, Plural determinativo plurale	die Wagen	die Vasen	die Autos

Übung 14.

Completate secondo l'esempio consultando il dizionario.

	Singolare	Plurale con ¨	Plurale senza ¨	(__)
	der Ball	**Bälle**		(¨-e)
1.	der Buchstabe	....	....	(.....)
2.	das Kind	....	....	(.....)
3.	die Frau	....	....	(.....)
4.	der Mann	....	....	(.....)
5.	das Bild	....	....	(.....)
6.	das Mädchen	....	....	(.....)
7.	der Vater	....	....	(.....)
8.	der Kuss	....	....	(.....)
9.	der Zug	....	....	(.....)

10. der Saft	....	....	(.....)
11. der Apfel	....	....	(.....)
12. die Pizza	....	....	(.....)
13. der Tisch	....	....	(.....)
14. das Taxi	....	....	(.....)
15. der Platz	....	....	(.....)
16. das Sofa	....	....	(.....)
17. der Koffer	....	....	(.....)
18. die Zahl	....	....	(.....)
19. der Junge	....	....	(.....)
20. die Blume	....	....	(.....)

ACHTUNG!

Alcuni sostantivi in tedesco sono usati solo al plurale:

die Eltern	i genitori
die Kosten	i costi
die Leute	la gente
die Ferien	le ferie
die Spaghetti	gli spaghetti

Al contrario, altri sono usati solo al singolare:

das Geld	i soldi
das Obst	la frutta
die Milch	il latte
die Liebe	l'amore
der Nebel	la nebbia
das Gold	l'oro

2.6 Dialogo: quanti anni hai?

Oggi sono in gita a Pavia e, guarda caso, ho incontrato Fabio! Vediamo qualche spunto per una brillante conversazione in tedesco.

Dialogo

Valerie: Hi Fabio!
Fabio: Hallo Valerie! Freut mich dich wiederzusehen, was machst du hier?
Valerie: Ich spaziere durch Pavia!
Fabio: Schön, ich spaziere auch gern.
Valerie: Sag mal Fabio, aber woher kommst du denn eigentlich genau?
Fabio: Gute Frage. Ich komme aus Deutschland und aus Italien, aus Pavia und aus Schwerin. Hahaha.
Valerie: Oh aus Norddeutschland, der Nordseeküste... ich liebe das Küstengebiet.
Fabio: Ja stimmt, vielleicht ein bisschen zu feucht und kühl, aber das geht... meine Mutter ist Schwerinerin.
Valerie: Ach so, also deine Mutter ist die Schwester von Frau Heinz, Marcos Mutter?
Fabio: Ja genau.
Valerie: Verstehe. Wie alt bist du denn Fabio?
Fabio: Ich bin 24, und du?
Valerie: Ich bin 22 Jahre alt... und wann hast du Geburtstag?
Fabio: Nächste Woche, am Mittwoch. Ich feiere eine Party. Willst du kommen?
Valerie: Oh ja, danke! Ich komme gerne. Schau mal, es ist schon so dunkel, wie spät ist es?
Fabio: Es ist zehn (10) vor sieben (7).
Valerie: Schon so spät? Mein Zug nach Mailand fährt um 7! Ich muss weg. Ciao Fabio und bis Mittwoch.
Fabio: Bis bald, Valerie.

Traduzione

Valerie: Ciao Fabio!
Fabio: Ciao Valerie! Che piacere rivederti, che fai qui?
Valerie: Vado a spasso per Pavia.
Fabio: Bello, anch'io passeggio volentieri.

Valerie: Dimmi un po' Fabio, ma da dove vieni?
Fabio: Bella domanda. Dall'Italia e dalla Germania, da Pavia e da Schwerin.
Valerie: Oh! Il Nord della Germania, le coste del Mare del Nord… Amo il paesaggio costiero.
Fabio: Sì, esatto, forse un po' umido e fresco, ma va bene… Mia mamma è Schwerinese.
Valerie: Ah ecco, quindi tua madre è la sorella della signora Heinz, madre di Marco?
Fabio: Sì esatto.
Valerie: Capisco. Quanti anni hai, Fabio?
Fabio: 24, e tu?
Valerie: 22 anni; quando festeggi il compleanno?
Fabio: La prossima settimana, mercoledì. Do una festa, vuoi venire?
Valerie: Oh sì, grazie! Vengo volentieri. Guarda, è già così buio, che ore sono?
Fabio: Sono le sette meno dieci.
Valerie: È già così tardi? Il mio treno per Milano è alle sette. Devo andare! Ciao Fabio, a mercoledì.
Fabio: A presto, Valerie.

DAS VIDEO!

PROVA A RIASCOLTARE QUESTO DIALOGO TRA ME E FABIO. IN MODO DA NON PERDERE MAI DI VISTA LA PRONUNCIA. GUARDA DAS VIDEO SU: GIRLS4TEACHING.COM/UNIT/INSTANT-TEDESCO-WIE_ALT-BIST-DU

Quante cose nuove possiamo apprendere da questo incontro con Fabio?

- Per rivolgerci a qualcuno usando la forma di cortesia diciamo

Was machen Sie hier?	Terza persona plurale e Sie con la "S" maiuscola!

-

Woher kommst du?	Da dove vieni?
Woher kommen Sie	Da dove viene (Lei)? (Forma di cortesia)
Woher kommt Lukas?	Da dove viene Lukas?

A questa domanda si risponderà

Ich komme aus Köln.	Vengo da Colonia.
Lukas kommt aus der Schweiz.	Lukas viene dalla Svizzera.

Wie geht's dir?	Come stai?
Wie geht es Ihnen?	Come sta? (Forma di cortesia; per le risposte *vedi* la lezione 1!)

- Nuovi verbi: machen (fare), spazieren (passeggiare), lieben (amare), feiern (festeggiare), lernen (studiare). Sono tutti regolari!

- I numeri con la domanda "Quanti anni hai?" e le informazioni sull'ora. Per tutto ciò, vi rimando ai prossimi paragrafi.

Übung 15.

Traducete le seguenti frasi.

1. C) Ciao Karl! Come va? ....

   K) Ciao Christian, bene grazie, e a te come va? ....

   ....

   C) Molto bene, grazie. Cosa fai qui? ....

   K) Vado a passeggio per la città. ....

2. S) Quanti anni ha, signora Bauer? ....

   B) Ho 44 anni, signor Schröder, e lei quanti anni ha? ....

   ....

   S) Io ho 59 anni. ....

3. M) Da dove viene Angela? ....

   B) Lei viene dall'Italia. E tu da dove vieni? ....

   M) Io sono di Parigi. Sono francese (m.). ....

Übung 16.

Coniugate i verbi nella tabella.

	machen (fare)	spazieren (passeggiare)	lieben (amare)	lernen (studiare)
ich				
du				
er/sie/es				
wir				
ihr				
sie/Sie				

2.7 I numeri cardinali

Ogni volta che in Italia dico che sono tedesca e si parla di numeri, c'è sempre qualcuno che mi canta una canzoncina, direi quasi ein Kinderreim (una filastrocca).

Eins, zwei, Polizei	Uno, due, polizia
drei, vier, Grenadier	tre, quattro, granatiere
fünf, sechs, alte Hex'	cinque, sei, vecchia strega
sieben, acht, gute Nacht.	sette, otto, buona notte.

Bene, voglio sfatare un mito: la canzone non è tedesca, ma italiana! Se non mi credete, cercate il cantante, Mo-Do, su *Wikipedia*!
Anche se non è tedesca, è sicuramente un ottimo modo per introdurre die Zahlen (i numeri).
Ah, come per das Auto – der Wagen, anche qui abbiamo due parole:

- die Zahl indica il numero in senso matematico, la cifra;
- die Nummer indica il numero telefonico oppure il numero che si prende in panetteria.

Ecco un semplice schema che vi farà memorizzare velocemente come si compongono i numeri. Cominciamo con la sequenza da 0 a 10:

0	1	2	3	4	5	6	7	8	9	10
null	eins	zwei	drei	vier	fünf	sechs	sieben	acht	neun	zehn

Proseguiamo dall'11 al 20:

11	12	13	14	15	16	17	18	19	20
elf	zwölf	dreizehn	vierzehn	fünfzehn	sechzehn	siebzehn	achtzehn	neunzehn	zwanzig

Vi sarete accorti che 11 (elf) e 12 (zwölf) hanno una forma propria; a partire dal 13 (dreizehn) mettiamo i numeri dal 3 (drei) al 9 (neun) davanti a 10 (zehn) e terminiamo con 20 (zwanzig).

Niente di nuovo se pensiamo che in italiano succede una cosa molto simile (tre-dici, quattor-dici, quin-dici, se-dici).

Proseguiamo con i numeri dal 21 al 30:

21	22	23	24	25	26	27	28	29	30
einundzwanzig	zweiundzwanzig	dreiundzwanzig	vierundzwanzig	Fünfundzwanzig	sechsundzwanzig	siebenundzwanzig	achtundzwanzig	neunundzwanzig	dreißig

La costruzione è ancora più semplice:
numeri da 1 a 9 (ein(s), zwei, drei…) + und + il nome della decina, in questo caso zwanzig venti
zwei + und + zwanzig ventidue

Lo stesso meccanismo si applica per le decine successive, il cui nome è l'unica cosa da memorizzare.

40	50	60	70	80	90	100
vierzig	fünfzig	sechzig	siebzig	achzig	neunzig	hundert

Quindi avremo, per esempio:
43 drei + und + vierzig dreiundvierzig
58 acht + und + fünfzig achtundfünfzig

ACHTUNG!
Non pronunciate la finale delle decine -ig, ma con un suono più simile al pronome personale ich.
Eins, zwei Polizei, drei, vier Grenadier, fünf, sechs …
Facciamo pratica!

Übung 17.

Scrivete i numeri in lettere.

31	42	53	64	75
(a)	(b)	(c)	(d)	(e)

86	97	88	76	65
(f)	(g)	(h)	(i)	(j)

54	43	32	21	19
(k)	(l)	(m)	(n)	(o)

Come si chiede il numero di telefono? Ve lo sarete già domandati, ne sono sicura…

Wie ist deine Telefonummer? (Se diamo del tu)
Wie ist Ihre Telefonnummer? (Se diamo del lei)

La risposta è: Meine Nummer ist…

Übung 18.

Scrivete questi numeri di telefono in lettere, cifra per cifra.

1. 346 8569 712 ....
2. 0049 172478962 ....

2.7.1 Le ore

Adesso che conoscete i numeri, possiamo esercitarci chiedendo l'**ora**: in tedesco si dice usando l'aggettivo spät (tardi). Avete notato che nel dialogo ho chiesto a Fabio l'ora? Vediamo domanda e risposta.

Wie spät ist es? Vuol dire letteralmente: Quanto è tardi?

Wie viel Uhr ist es? Più simile all'italiano: Che ore sono?

Es ist (sempre al singolare al contrario dell'italiano) **+ l'ora**.

In tedesco abbiamo diversi modi per esprimere l'ora.
Possiamo usare la maniera ufficiale (che corrisponde a quella italiana), oppure la formula propria del parlato.

	Formula ufficiale	Formula del parlato
15,00	Sono le quindici. Es ist fünfzehn Uhr.	Sono le tre. Es ist drei (Uhr).
18,10	Sono le diciotto e dieci. Es ist achtzehn Uhr und zehn Minuten.	Sono le sei e dieci. Es ist zehn nach sechs.
1,15	È l'una e quindici. Es ist ein Uhr und fünfzehn Minuten.	È l'una e un quarto. Es ist viertel nach eins/viertel zwei.
8,17	Sono le otto e diciassette. Es ist acht Uhr und siebzehn Minuten.	Sono le otto e diciassette. Es ist acht Uhr siebzehn.
7,20	Sono le sette e venti. Es ist sieben Uhr und zwanzig Minuten.	Sono le sette e venti. Es ist sieben Uhr zwanzig/ zwanzig nach sieben.

11,30	Sono le undici e trenta. Es ist elf Uhr und dreißig Minuten.	Sono le undici e mezza. Es ist halb zwölf/elf Uhr dreißig.
5,40	Sono le cinque e quaranta. Es ist fünf Uhr und vierzig Minuten.	Sono le sei meno venti. Es ist zwanzig vor sechs/fünf Uhr vierzig.
12,45	Sono le dodici e quarantacinque. Es ist zwölf Uhr und fünfundvierzig Minuten.	È l'una meno un quarto. Es ist viertel vor eins/dreiviertel eins.
4,48	Sono le quattro e quarantotto. Es ist vier Uhr und achtundvierzig Minuten.	Sono le quattro e quarantotto. Es ist vier Uhr achtundvierzig.
14,50	Sono le quattrordici e cinquanta. Es ist vierzehn Uhr und fünfzig Minuten	Sono le tre meno dieci. Es ist zehn vor drei/vierzehn Uhr fünfzig

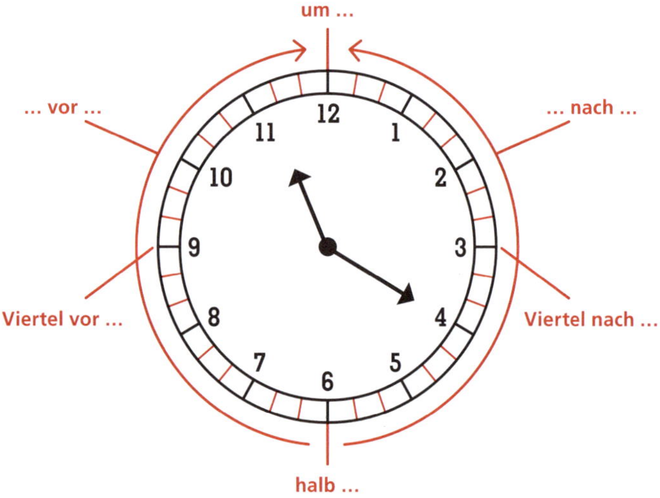

ACHTUNG!
Non avete letto male! Per indicare la mezz'ora, in tedesco, facciamo riferimento all'ora immediatamente successiva: "le quattro e mezza" sono per noi tedeschi "mezz'ora alle cinque", halb fünf (mezzo cinque), per dire che è passata metà della quinta ora.

- Quando in italiano si indicano i minuti nella prima mezz'ora, usiamo in tedesco **nach** (dopo).

Es ist zwanzig nach drei. Sono le tre e venti.

- Se invece volete dire quanto manca all'ora successiva, usate **vor** (prima).

Es ist zwanzig vor sechs. Sono le sei meno venti.

Molte grammatiche insistono sulla distinzione tra l'**ora formale e informale** (in italiano la stessa differenza che intercorre tra "Sono le 15.00" e "Sono le tre"), ma la verità è che oggi questa distinzione è andata persa e si usano entrambe le modalità senza tenere conto della forma.

- Per dare un'indicazione oraria, in tedesco usiamo la preposizione **um**.

Ich esse um 18 Uhr, die Italiener essen um 20 Uhr. Um wie viel Uhr essen die Spanier?
Io mangio alle 18.00; gli italiani mangiano alle 20.00. A che ora mangiano gli spagnoli?

Wann kommt Udo? Er kommt um 5. Quando arriva Udo? Alle 5.

Übung 19.

Indicate l'orario corretto.

1. Es ist drei Uhr vierundzwanzig.	4,34	3,24	3,42	24,30
2. Es ist zehn nach fünf.	10,05	4,50	6,10	5,10
3. Es ist fünf vor zwei.	14,05	13,55	2,05	5,02
4. Es ist halb sieben.	00,07	18,30	7,30	19,30
5. Es ist viertel vor eins.	12,15	01,15	12,45	15,01

ACHTUNG!
In tedesco abbiamo una parolina in più per indicare le ore. Cosa voglio dire, vi starete chiedendo? Mi riferisco a die Stunde.
Vi spiego subito l'uso che ne facciamo. Per dire "Sono le cinque", userò **Uhr**. Es ist 5 Uhr. Per dire "La lezione dura due ore", invece, userò **Stunde**.
Der Unterricht dauert 2 Stunden.

2.7.2 L'età

Un'altra cosa che possiamo fare con i numeri è dire l'età, **das Alter**. Vi ho già detto molte volte che il tedesco e l'inglese sono lingue cugine e che hanno molte somiglianze: eccone un'altra!

How old are you? **Wie alt bist du?** Quanti anni hai?

Per chiedere a una persona quanti anni ha usiamo l'aggettivo **alt** (vecchio) e chiediamo letteralmente "quanto sei vecchio?". Ecco la risposta.

I'm 25 years old. **Ich bin 25 Jahre alt.** Ho 25 anni.

★ Willkommen in Deutschland ★

DIALEKTE UND MUNDARTEN

I dialetti tedeschi

Vi ricordate quando vi parlavo dell'Hochdeutsch? Indovinate perché è stato necessario dare un nome alla lingua standard? Perché in Germania esiste un numero pressoché indefinito di dialetti, o Mundarten. In Germania, ogni dialetto è considerato come una vera e propria lingua, e anche noi giovani lo usiamo per comunicare. Keine Angst: l'Hochdeutsch resta la lingua ufficiale che vi salverà la vita, perché viaggiando in Germania vi capiterà di sentire frasi del tipo:

Liaba an bauch vom saufa ois an buckl vom orbeita.

Chiaro no? Nein? Nemmeno per me che sono tedesca lo è! Ho cercato la traduzione, in Hochdeutsch, di questo detto bavarese:

Lieber einen Bierbauch, als einen Arbeiterbuckel
(Meglio una pancia da birra che una gobba da operaio).

Dit is mir schnurz piep ejal! Cosa ne dite di questa? È berlinese puro! Auf Deutsch sagt man (in tedesco si dice):

Das ist mir völlig egal
(Non mi interessa minimamente).

E sentite in Svevia cosa si sono inventati:

A bissle domm isch jedr,
abbr so domm wia manchr isch koinr.

Questo è davvero impronunciabile! Non ho scritto lettere a caso, vuol dire auf Hochdeutsch: Jeder ist ein wenig dumm, aber so dumm wie mancher, ist niemand (Ognuno è un po' stupido, ma nessuno è stupido come certe persone).

Ogni zona è super stolz (orgogliosa) del proprio dialetto, e dovete sapere che in Germania si sono diffuse scuole e anche accademie per preservarli. Spesso ciò che varia è la pronuncia di alcune vocali o consonanti (tutti sanno che i cari bavaresi hanno una "r" vibrante da fare invidia agli spagnoli!), in alcuni casi l'intonazione, oppure modi di dire e sfumature. Molte volte cambiano addirittura le parole!

Per esempio, per chiedere un panino, ein Brötchen, dirò:

Schrippe	a Berlino
Semmle	in Franconia
Weckla	in Svevia

Quando sarete finalmente in Germania, se la comunicazione si fa ardua e davvero non capite niente, non esitate e chiedete al vostro interlocutore se gentilmente può tornare all'Hochdeutsch:

Es tut mir leid, ich verstehe keinen Dialekt...
Können Sie bitte Hochdeutsch mit mir sprechen?
(Mi spiace ma non capisco il dialetto...
può per piacere parlare Hochdeutsch con me?)

Se invece siete curiosi, non dovete far altro che chiedere:

Wie sagt man das im Dialekt?
(Come si dice questo in dialetto?).

Lezione 2
Glossario

Aggettivi / Avverbi

einfach	facile
gut	buono
schön	bello
schon	già
dunkel	scuro/buio
also	dunque/quindi
spät	tardi
gern-e	volentieri
eigentlich	veramente
richtig	giusto

Frasi utili

Nicht wahr?	Non è vero?
wie immer	come sempre
Was machst du?	Che fai?
Woher kommst du?	Da dove vieni?
Wie alt bist du?	Quanti anni hai?
Wie spät ist es?	Che ora è?
Sag mal	Dimmi un po'
Schau mal	Guarda

Sostantivi

der Wagen	macchina	die Jahreszeit	stagione
die Vase	vaso	die Neuzeit	tempi moderni
die Mutter	madre	der Zugführer	capotreno
der Vater	padre	das Haus	casa
der Bruder	fratello	die Tasche	borsa
die Schwester	sorella	das Taschentuch	fazzoletto
das Buch	libro	das Haustier	animale domestico
der Koffer	valigia	das Sprachgymnasium	liceo linguistico
der Hund	cane	der Winterurlaub	vacanze invernali
der Nebel	nebbia	das Landhaus	casa di campagna
der Computer	computer	der Apfelsaft	succo di mela
der Norden	nord	die Innenstadt	centro città
der Wein	vino	das Wohnzimmer	soggiorno
der Schnaps	grappa	der Haustürschlüssel	chiave della porta di casa
das Bier	birra	der Schuh	scarpa
der Tag	giorno	die Dame	signora
die Woche	settimana	der Herr	signore
der Monat	mese	der Stiefel	stivale
der Ingenieur	ingegnere	die Uhr	orologio
der Lehrer	insegnante	der Beruf	mestiere
die Margerite	margherita	das Handy	cellulare
die Tulpe	tulipano	die Stadt	città
die Meldung	notizia	der Bürger	cittadino
die Mehrheit	maggioranza	der Student	studente universitario
die Möglichkeit	possibilità	der Junge	ragazzo
die Gesellschaft	società	die Zahl	numero
der Motor	motore	die Blume	fiore
der Lieblig	prediletto	der Kuss	bacio
der Tisch	tavolo	der Geburtstag	compleanno
die Bücherei	libreria	die Stunde	ora
die Lektion	lezione		
die Sonne	sole		
der Mond	luna		
der Löffel	cucchiaio		
die Gabel	forchetta		
das Messer	coltello		

Verbi

essen	mangiare	kommen	venire
lieben	amare	gehen	andare
machen	fare	feiern	festeggiare
spazieren	passeggiare	verstehen	capire

LEZIONE 3

LEKTION 3

3.1 Dialogo: al supermercato

Bene meine Schüler (studenti miei), siamo arrivati alla lezione 3 di *Instant Tedesco*.
Stasera sono stata invitata a una festa. Eccomi in un supermercato: comprerò qualcosa da portare. Mi hanno detto che qui parlano tedesco, approfondiamo!

Dialogo

Valerie:	Guten Morgen!
Verkäuferin:	Oh, guten Tag! Wie kann ich Ihnen weiterhelfen?
Valerie:	Ah, Sie sprechen Deutsch! Was für ein Glück. Also, ein Freund von mir hat morgen Geburtstag und feiert eine Party... ich möchte etwas zum Trinken und zum Essen mitnehmen.
Verkäuferin:	Ja, ich kann ein bisschen Deutsch, ich lerne Deutsch im Sprachkurs.
Valerie:	Oh, sehr gut! Haben Sie Wein?
Verkäuferin:	Ja sicher. Wie viele Flaschen?
Valerie:	Ich brauche zwei Flaschen.
Verkäuferin:	Ok, sind zwei Flaschen auch genug? Darf ich fragen, wie viele Leute zur Party kommen?
Valerie:	Wir sind insgesamt 15 Personen... ja, Sie haben wohl recht, ich nehme noch zwei Flaschen.
Verkäuferin:	Ok, kein Problem. Möchten Sie auch etwas Süßes kaufen?
Valerie:	Natürlich! Ich möchte gern eine Schachtel Pralinen, einen Beutel Bonbons und eine Packung Eis kaufen. Nein, warten Sie mal, zwei Packungen Eis!
Verkäuferin:	Ok, passt. Schokolade und Himbeer ist in Ordnung?
Valerie:	Nein, ich esse keine Himbeeren: Ich darf nicht, ich bin allergisch dagegen. Machen wir Schokolade und Vanille.
Verkäuferin:	Sehr gut. Jetzt habe ich Hunger hehehe! Sonst noch was?
Valerie:	Nein danke, das ist alles. Was macht das bitte?
Verkäuferin:	Einen Moment... das macht zusammen 26 Euro bitte.
Valerie:	Bitte. Vielen Dank! Einen schönen Tag noch.
Verkäuferin:	Ich danke Ihnen. Und viel Spaß bei der Party!

Traduzione

Valerie:	Guten Morgen! (Vediamo se ci risponde in tedesco!)
Commessa:	Oh, buongiorno! Desidera? Posso aiutarla?
Valerie:	Oh, ma lei parla tedesco! Che fortuna. Allora, un mio amico festeggia il compleanno domani e dà una festa. Vorrei portare qualcosa da bere e da mangiare.
Commessa:	Sì, lo parlo un po'. Lo sto imparando a un corso di lingue.
Valerie:	Oh, molto bene! Avete del vino?
Commessa:	Sì, certo. Quante bottiglie?
Valerie:	Mi servono due bottiglie.
Commessa:	Ok, ma due bottiglie bastano? Posso chiederle quanti siete alla festa?
Valerie:	Siamo 15 in tutto. Sì, in effetti ha ragione: prendo altre due bottiglie.
Commessa:	Ok, nessun problema. Desidera anche qualche dolcetto?
Valerie:	Ma certo! Vorrei comprare una scatola di praline, un sacchetto di caramelle e una vaschetta di gelato. No, aspetti un attimo, due vaschette di gelato!
Commessa:	Perfetto. Cioccolato e lampone vanno bene?
Valerie:	No, non mangio lamponi: non posso, sono allergica. Facciamo cioccolato e vaniglia.
Commessa:	Molto bene. Adesso mi è venuta fame, eheheh! Desidera altro?
Valerie:	No grazie, è tutto. Quanto le devo?
Commessa:	Un attimo... in tutto fanno 26 euro, prego.
Valerie:	Ecco. Grazie mille! Le auguro una buona giornata.
Commessa:	Grazie a lei e buon divertimento alla festa!

DAS VIDEO!

NON DIMENTICATE CHE CI SONO I VIDEO: QUI TROVATE LE MIE AVVENTURE AL SUPERMERCATO. MI RACCOMANDO ASCOLTATELE! GUARDATE DAS VIDEO SU: GIRLS4TEACHING.COM/UNIT/INSTANT-TEDESCO-IM-SUPERMARKET

Come dite? Il dialogo era un po' difficile? Forse avete ragione, ma se continuate a leggere vi spiego tutto, poco per volta!

3.2 I verbi modali

In questa lezione vedremo i **verbi modali**. Esistono anche in italiano (e talvolta sono chiamati "verbi servili"): sono "potere", "dovere" e "volere". In tedesco non sono solo tre, ma sei, e sono anche irregolari! In realtà ne abbiamo già incontrato uno nella lezione precedente: il verbo **können**, quando, per chiarire la struttura della frase, vi ho insegnato Ich kann Deutsch sprechen.

Per chi di voi ha familiarità con l'inglese, è facile riconoscere in kann un cugino dell'anglosassone *can*: il significato di kann, infatti, è "potere", "essere capaci di fare qualcosa". Ma a cosa servono questi verbi?
Il verbo modale **regge un altro verbo all'infinito** che, se associato al modale, va a costituire con esso un unico predicato verbale. La regola è la stessa dei verbi servili italiani!

können	Ich kann Deutsch sprechen.
sapere	Io so parlare tedesco.

Visto? Cambia solo un po' la struttura della frase. Come vi avevo spiegato, nella parte sinistra dell'enunciato troviamo il **verbo modale coniugato** (V1), mentre in quella destra il **verbo all'infinito**, che veicola il significato vero e proprio del predicato (V2):

Ich (V1) **kann** Englisch **sprechen**. (V2)

Oltre a können, visto che ci piace esagerare, tra i modali abbiamo anche **dürfen**, **möchten**, **müssen**, **sollen**, **wollen** e addirittura dei verbi **semi-modali** (che incontreremo più avanti).

3.2.1 *Können*

Keine Angst (niente paura), li affronteremo uno per volta. Vediamo können, al presente indicativo, che mostra delle irregolarità nelle prime tre persone.

- Come in tutti i modali, la prima e la terza persona singolare sono uguali e non hanno desinenze.

ich	kann
du	kannst
er/sie/es	kann

- Come in tutti i modali, il plurale resta invariato, con la prima e la terza persona plurale uguali tra loro e alla forma dell'infinito.

wir	können
ihr	könnt
sie /Sie	können

Vi lascio con il presente indicativo del verbo können.

	KÖNNEN
ich	kann
du	kannst
er/sie/es	kann
wir	können
ihr	könnt
sie/Sie	können

Il verbo **können** indica:

1. **una capacità**;
   Ich kann gut Klavier spielen. So suonare bene il pianoforte.
2. **un'opportunità/un permesso**.
   Wir können heute Abend ins Kino gehen. Questa sera possiamo andare al cinema.

Übung 20.

Formate frasi con le parole indicate, coniugando correttamente können.

1. Max hat keine Zeit. können – nicht – kommen – er.

   ....

2. Valerie versteht (capisce) alles. Deutsch – gut – sie – können.

   ....

3. Klaus und Stephanie haben viel Geld. Urlaub (vacanza) – machen – sie – können ....

4. Hier ist es sehr chaotisch. wir – nicht – können – sprechen.

   ....

3.2.2 *Müssen e sollen*

Gut, avete memorizzato il verbo können? Allora passiamo a müssen e sollen, che significano entrambi "dovere".

	können	müssen	sollen
ich	kann	muss	soll
du	kannst	musst	sollst
er/sie/es	kann	muss	soll
wir	können	müssen	sollen
ihr	könnt	müsst	sollt
sie/Sie	können	müssen	sollen

Se osservate la tabella, troverete le stesse irregolarità di können:

- la prima e la terza persona singolare sono uguali tra loro e non hanno desinenza;
- nelle tre persone singolari müssen perde l'Umlaut (i due puntini!);
- le tre persone plurali si declinano in modo regolare, esattamente come nei verbi deboli.

Ora, müssen e sollen potrebbero rappresentare un problema. In tedesco il significato "dovere" può essere espresso usando due verbi che hanno sfumature diverse, mentre in italiano il verbo servile è uno solo.

- **Müssen** si usa per esprimere:

1. **un obbligo**;
   Ich bin krank: Ich muss zum Arzt gehen.
   Sono malato: devo andare dal dottore.
2. **una necessità**;
   Ich habe morgen eine Prüfung: Ich muss lernen.
   Domani ho un esame: devo studiare.
3. **una supposizione quasi certa**.
   Wo ist Peter? Er muss zu Hause sein.
   Dov'è Peter? Deve essere a casa.

- **Sollen** si usa per esprimere:

1. **una raccomandazione** (il dottore mi ha detto di non fumare);
   Ich soll nicht mehr rauchen.
   Non devo più fumare.
2. **un obbligo imposto dalla volontà di terzi**
   (mia mamma è una rompiscatole e mi ha detto che devo rientrare entro una certa ora);
   Ich soll um 23 Uhr zu Hause sein.
   Devo essere a casa per le 23.00.
3. **un dovere di tipo morale** (come nel caso dei comandamenti);
   Du sollst nicht stehlen.
   Non rubare.

4. **la richiesta di un parere a qualcuno** (ma secondo te?).
Soll ich die Oma anrufen?
Devo chiamare la nonna?

Übung 21.

Completate con sollen o müssen.

1. In der Bibliothek .... man ruhig sein.
2. Ich habe Fieber. Ich .... im Bett bleiben.
3. Wann .... ich kommen? Um 14 oder um 15 Uhr?
4. Der Arzt sagt, ich .... nicht mehr so viel essen.
5. Bitte, hilf mir! Was .... ich tun?
6. Du .... nicht kommen. Du kannst ruhig zu Hause bleiben.
7. Herr Merkel, Sie .... pünktlich um 8 Uhr im Büro sein!

3.2.3 *Wollen, möchten, dürfen*

Ecco qui l'ultimo gruppo di verbi modali.

	können	müssen	sollen	wollen	möchten	dürfen
ich	kann	muss	soll	will	möchte	darf
du	kannst	musst	sollst	willst	möchtest	darfst
er/sie/es	kann	muss	soll	will	möchte	darf
wir	können	müssen	sollen	wollen	möchten	dürfen
ihr	könnt	müsst	sollt	wollt	möchtet	dürft
sie/Sie	können	müssen	sollen	wollen	möchten	dürfen

- **Wollen** si usa per esprimere:

1. **un desiderio** (a quest'ora mi è venuta voglia di un bel gelato… non per nulla è spesso usato dai bambini);
   Ich will ein Eis! Voglio un gelato!
2. **la ferma intenzione di fare qualcosa**;
   Ich will Managerin werden. Voglio diventare una manager.
3. **un progetto**
   (non so se te ne avevamo parlato ma stavamo pensando…).
   Wir wollen im Juli nach Spanien fahren.
   A luglio vogliamo andare in Spagna.

- **Möchten** si usa se vogliamo essere un po' più cortesi e per esprimere:

1. **un desiderio**
   (è un po' che non vedo un amico/un'amica e vorrei rivederlo/la);
   Ich möchte Elisabeth besuchen. Vorrei fare visita a Elisabeth.
2. **un invito o un'offerta**.
   Möchten Sie noch eine Tasse Kaffee?
   Desidera un'altra tazza di caffè?

Möchten è la nostra forma condizionale del verbo "volere" e vi consiglio di usarla ogni volta che fate delle richieste o esprimete un desiderio.

Maria will ins Kino gehen.	Maria möchte ins Kino gehen.
Maria vuole andare al cinema.	Maria vorrebbe andare al cinema

Forse per voi italiani la differenza è minima, ma vi assicuro che da noi è importante saper usare i verbi möchten e wollen nel modo corretto! Vedremo il verbo möchten all'indicativo, mögen, più avanti.

ACHTUNG!
Non entrate mai in un bar dicendo Ich will ein Bier! (Voglio una birra!): potrebbero cacciarvi in malo modo! Meglio dire Ich möchte ein Bier (Vorrei una birra), oppure Kann ich ein Bier haben? (Posso avere una birra?).

• **Dürfen** è l'ultimo (non vi risparmierò nemmeno questo...) e si usa:

1. **per esprimere un permesso/un'autorizzazione**
   Hier darf man parken.
   Qui si può parcheggiare (dalla segnaletica capisco dove è consentito parcheggiare).

2. **per chiedere un permesso e fare una richiesta cortese**
   (so che ieri ti ho fatto arrabbiare, ma...).
   Mutti, darf ich heute Abend weggehen?
   Mami, questa sera posso uscire?

Nella forma interrogativa, können e dürfen possono essere usati con lo stesso significato:
Kann\Darf ich mit Mario kommen? Posso venire con Mario?

Vi ho fatto venire il mal di testa, vero? Vediamo questa tabella riepilogativa:

müssen	Dovere e necessità	Ich muss noch lernen.	Devo ancora studiare molto (se non lo faccio vengo bocciato).
sollen	Raccomandazione, dovere morale, volontà di terzi	Du sollst deine Hausaufgaben machen.	Devi fare i compiti (se non li fai mi arrabbio).
können	Possibilità, abilità, permesso	Ich kann Deutsch sprechen.	So parlare tedesco.
wollen	Programma, volontà	Ich will Spanisch lernen.	Voglio imparare lo spagnolo (mi sono deciso).
möchten	Desiderio cortese	Ich möchte Gertrud wiedersehen.	Vorrei rivedere Gertrud.
dürfen	Permesso	Dort darf man Fußball spielen.	Lì è consentito giocare a calcio.
nicht dürfen	Divieto	Hier darf man nicht rauchen.	Qui non è consentito fumare.

Übung 22.

Dürfen, können oder möchten? Completate con il verbo modale corretto.

1. Anna .... nicht Ski fahren.
2. Ich .... bitte mir Herrn Bremer sprechen.
3. Hier .... du nicht zu laut (ad alta voce) sprechen.
4. Ich .... mit meinem Vater telefonieren.
5. Die Schüler von Professor Rossi .... alle sehr gut Italienisch.
6. Ich .... meine Freundin ins Kino einladen (invitare).
7. Man .... nicht bei Rot über die Straße gehen.
8. Ich .... jetzt allein Urlaub (vacanze) machen. Ich werde heute eine Stadtrundfahrt (giro turistico della città) machen.
9. .... ich Ihnen eine Frage (domanda) stellen?
10. Ich .... gern zur Party kommen. Aber ich .... leider nicht. Ich habe noch viel zu tun.

Übung 23.

Completate con il verbo modale adeguato.

1. Ich .... kein Französisch, aber ich .... es lernen.
2. Die Übung ist leicht. Die Schüler .... die Übung schnell (velocemente) machen.
3. Ich habe Kopfschmerzen (mal di testa). Ich .... eine Tablette nehmen (prendere una pastiglia).
4. Kevin .... nicht kommen. Er ist krank.
5. Papa, ... ich bitte heute mit Lisa in die Disko gehen?
6. Morgen gebe ich eine Party. .... ich auch Valerie einladen?
7. Der Lehrer sagt: "Du .... Nachhilfestunden nehmen" (prendere ripetizioni).
8. Wir .... viele Hausaufgaben (compiti) für morgen machen.
9. .... ich das Dokument fotokopieren, Herr Direktor?
10. .... man das Buch fotokopieren? - Nein, Bücher .... man nicht fotokopieren.
11. Hier ist Parkverbot (divieto di sosta). Hier .... man nicht parken.

Tipps und Tricks

Bitte!

Conosciamo un po' più da vicino le abitudini del tedesco parlato. Bitte è probabilmente una delle parole che sentirete più frequentemente se decidete di fare un viaggio in Germania. Può avere tantissimi significati e non si limita a tradurre il vostro "prego". Leggete di nuovo il dialogo del supermercato per vedere come è stato usato bitte!

Melius abundare quam deficere quando si tratta di bitte. Meglio usarlo una volta di troppo che una volta di meno! Vi aiuta a non apparire mai scortesi e a sembrare un po' più tedeschi:

Eine Currywurst, bitte.	Un Currywurst, per favore.
Buchstabieren Sie, bitte.	Faccia lo *spelling*, prego.
Wie bitte?	Come, prego?
Danke/bitte – Danke schön/ bitte sehr!	Grazie/prego – Grazie mille/ Non c'è di che!

E ancora, in un ristorante il cameriere può usare bitte per attirare la vostra attenzione e farvi capire che è pronto ad aiutarvi.

BITTE...

3.3 La forma impersonale *man*

Studiando i verbi modali avrete di certo trovato **man** al posto del soggetto: un pronome che non rientra tra quelli personali finora visti.

Hier darf man parken.
Qui si può parcheggiare.

Man muss einfach lernen!
Non si deve far altro che imparare!

Man kann nicht alles auf einmal (tutto insieme) tun.
Non si può far tutto in una volta.

Man lo usiamo al posto del soggetto per esprimere un'azione generale, un comportamento collettivo. Esiste anche in italiano: osservate!

In Deutschland spricht man Deutsch.
In Germania si parla tedesco.

Wo spricht man Deutsch? Nicht nur in Deutschland! Man spricht Deutsch in Deutschland aber auch in Österreich, in Liechtenstein und in der Schweiz. In der Schweiz spricht man auch Französisch, Italienisch und Rätoromanisch. Man spricht Deutsch auch in Italien, in Südtirol.
Die Hauptstadt von Deutschland ist Berlin, Wien ist die Hauptstadt Österreichs, Bern ist die Hauptstadt der Schweiz und die Hauptstadt von Liechtenstein ist Vaduz.

Dove si parla tedesco? Non solo in Germania! Si parla tedesco in Germania ma anche in Austria, Liechtenstein e Svizzera. In Svizzera si parla anche francese, italiano e romancio (lingua romanza). Si parla tedesco anche in Italia, in Alto Adige. La capitale della Germania è Berlino, Vienna è la capitale dell'Austria, Berna della Svizzera e quella del Liechtenstein è Vaduz.

3.4 I verbi irregolari

Sehr gut, meine lieben Schüler, continuiamo con i verbi: dovete sapere che il verbo è il König (re) della frase tedesca, poiché tutto gli gira attorno. Ed è proprio grazie al verbo che, usando i pronomi e i sostantivi imparati con la lezione precedente, potete iniziare a capire ciò che leggete o ascoltate, e soprattutto potete comunicare con noi tedeschi.

Avete imparato a declinare i verbi regolari (**regelmäßig/schwach**) come heißen, wohnen e kommen usw. (**u**nd **s**o **w**eiter: e così via/ecc.). Avete già provato a utilizzare anche i verbi irregolari, come l'ausiliare sein o i verbi modali. Oltre a questi, esistono parecchi verbi detti **stark** (forti), che presentano delle irregolarità nella radice o alternanze nella vocale tematica. Vi siete accorti che in precedenza sprechen era diventato spricht? Non è magia… ma solo una forma irregolare del verbo.

Ovviamente grazie ai miei consigli vi sembrerà una passeggiata: vi faccio subito vedere come si comportano i verbi sprechen (parlare), fahren (andare con un mezzo di trasporto), nehmen (prendere), sehen (vedere) e laufen (correre).

	sprechen	fahren	nehmen	sehen	laufen
ich	spreche	fahre	nehme	sehe	laufe
du	sprichst	fährst	nimmst	siehst	läufst
er/sie/es	spricht	fährt	nimmt	sieht	läuft
wir	sprechen	fahren	nehmen	sehen	laufen
ihr	sprecht	fahrt	nehmt	seht	lauft
sie/Sie	sprechen	fahren	nehmen	sehen	laufen

Ecco cosa cambia rispetto ai verbi regolari.

- I verbi forti modificano la loro **vocale tematica** (ovvero la vocale che caratterizza il tema della radice) alternandola con un'altra vocale alla seconda e alla terza persona singolare.
- Le **desinenze** invece sono uguali a quelle che abbiamo già imparato nella lezione 1 con i verbi deboli.

ACHTUNG!
Il verbo nehmen, come vedete, oltre ad alternare la vocale, raddoppia la "m" eliminando la "h".
Per riconoscere i verbi forti occorre tanta pratica. Per aiutarvi, vi ho preparato una lista dei verbi più usati, con l'indicazione dell'alternanza alla seconda e alla terza persona singolare.

e → i	sprechen	parlare	sprichst/spricht
	geben	dare	gibst/gibt
	nehmen	prendere	nimmst/nimmt
	helfen	aiutare	hilfst/hilft
	essen	mangiare	isst/isst
	brechen	rompere	brichst/bricht
	treffen	incontrare	triffst/trifft
a → ä	fahren	andare	fährst/fährt
	waschen	lavare	wäschst/wäscht
	schlafen	dormire	schläfst/schläft
	lassen	lasciare	lässt/lässt
	laden	caricare	lädst/lädt
	fallen	cadere	fällst/fällt
	tragen	portare	trägst/trägt
e → ie	sehen	vedere	siehst/sieht
	lesen	leggere	liest/liest
	stehlen	rubare	stiehlst/stiehlt
au → äu	laufen	correre	läufst/läuft
	saufen	trincare	säufst/säuft

Avete capito questa storia dell'alternanza vocalica?
Dai, è super einfach!

Übung 24.

Coniugate i verbi irregolari facendo attenzione alla vocale tematica.

1. Was .... (nehmen) du? Ich .... ein Bier.
2. Maria und Sara .... (essen) gern Nudeln, Marlene .... (essen) lieber Pizza.
3. Valerie .... (fahren) nach Spanien, wohin .... (fahren) ihr?
4. Martin .... (sprechen) Arabisch und Dänisch.
5. Ich .... (lesen) gerne Krimis und meine Schwester .... (lesen) nur Comics.
6. .... (geben) du mir bitte mein Buch?

Oltre ai verbi già visti, ve ne sono alcuni che presentano delle piccole irregolarità, necessarie per rendere più fluida la pronuncia.

- I verbi la cui radice termina in -t e -d aggiungono una -e tra la radice e la desinenza.

	arbeiten (lavorare)	**finden** (trovare)
ich	arbeite	finde
du	arbeitest	findest
er/sie/es	arbeitet	findet
wir	arbeiten	finden
ihr	arbeitet	findet
sie/Sie	arbeiten	finden

- In maniera simile, i verbi con radice che termina in -m o -n aggiungono una -e tra radice e desinenza.

	öffnen (aprire)	**atmen** (respirare)
ich	öffne	atme
du	öffnest	atmest
er/sie/es	öffnet	atmet
wir	öffnen	atmen
ihr	öffnet	atmet
sie/Sie	öffnen	atmen

- Nei verbi la cui radice termina in -ß, -s, -ss, -z,-tz, la seconda persona singolare si comporta come la terza singolare. Sarebbe impossibile pronunciare, per esempio, du ~~tanztst~~, che diventa du tanzt.

Niente di nuovo per voi! Avevamo già visto questo fenomeno con il verbo heißen, che non presenta la forma du ~~heißst~~ ma du heißt.

	heißen (chiamarsi)	**tanzen** (ballare)
ich	heiße	tanze
du	heißt	tanzt
er/sie/es	heißt	tanzt
wir	heißen	tanzen
ihr	heißt	tanzt
sie/Sie	heißen	tanzen

Übung 25.

Inserite il verbo coniugandolo
(sono stata cattiva e ho messo verbi regolari e irregolari!).

1. Wie .... (finden) du diesen Film?
   Ich .... (finden) Titanic sehr cool.
2. Frau Hauer .... (kaufen) Brot.
3. Wolfgang .... (tanzen) jeden Mittwoch
   Tango mit Maria. .... (tanzen) du auch?
4. Frau Müller, wo .... (arbeiten) Sie?
   Ich .... (arbeiten) bei Haribo, und auch
   mein Mann .... (arbeiten) dort.
5. Ihr .... (bleiben) bis Ende Juni, oder?
6. Ich .... (essen) immer Pizza und Pommes,
   Martin .... (essen) nur Gemüse.
7. Peter .... (helfen) Marina bei den Hausaufgaben.
8. Wir .... (hören) gern Pop-Musik.
9. Morgen .... (treffen) Lisa eine Freundin
   und sie .... (gehen) zusammen ins Kino.
10. .... (schlafen) du immer bis 10 Uhr?
   Normalerweise .... (schlafen) ich nur bis 8!

3.5 I verbi separabili

La "magia" del tedesco non si limita ai verbi irregolari! Osservate con me questo gioco di prestigio:

Kannst du mich bitte **anrufen**?
Mi puoi chiamare, per favore?

Klar, ich **rufe** dich in 5 Minuten **an**!
Certo, ti chiamo fra 20 minuti!

Non vi sembra che ci sia qualcosa di strano nella frase? Perché nella domanda utilizzo anrufen, mentre nella risposta rufe an?

1. Ich bin betrunken. — Sono ubriaca.
2. Ich kann nicht gut Deutsch sprechen. — Non so parlare il tedesco.
3. Es geht um die Grammatik! — Si tratta della grammatica!

Esatto, la 3 è la risposta corretta. Non preoccupatevi, abbiamo semplicemente incontrato un verbo separabile, **ein trennbares Verb** (da trennen, dividere). Ma come funzionano questi trennbare Verben?

Sono composti da **un verbo** e da **un prefisso**: quest'ultimo a volte si stacca dal V1 della frase principale e si posiziona in fondo. Continuate a leggere per scoprire di più…

Schritt (Passo) 1 – Riconoscerli

I verbi separabili vengono contraddistinti dai seguenti prefissi.

ab-	bei-	hin-	weg-
an-	ein-	los-	zu-
auf-	fest-	mit-	zurück-
aus-	her-	vor-	zusammen-

Schritt 2 – Memorizzare il significato

Proprio così: il prefisso attribuisce al verbo una sfumatura di significato più dettagliata.

Date un'occhiata a questi esempi:

kommen	venire
zurückkommen	tornare indietro
mitkommen	venire con qualcuno
arbeiten	lavorare
zusammenarbeiten	collaborare

ACHTUNG!
Non è sempre così: in altri casi, il prefisso cambia il significato del verbo, usando un po' di fantasia.

gehen andare	losgehen partire, iniziare (letteralmente: andare staccandosi)
stellen porre	vorstellen presentare (letteralmente: mettere qualcuno davanti)

Per aiutarvi ecco una lista dei verbi separabili più usati, oltre a quelli visti qui sopra.

anmachen	accendere
ausmachen	spegnere
einschalten	accendere uno stumento elettronico
ausschalten	spegnere uno strumento elettronico
anrufen	chiamare
absagen	disdire
anfangen	iniziare
einkaufen	fare la spesa
ankommen	arrivare
ausgehen	uscire
weggehen	andare via
aufstehen	alzarsi
aufräumen	riordinare
einladen	invitare
stattfinden	avere luogo
aufhören	smettere
fernsehen	guardare la TV

aussehen	sembrare, avere l'aspetto
nachdenken	riflettere
mitbringen	portare con sé
vorbereiten	preparare
vorschlagen	proporre

Ah sì, quasi dimenticavo! Nulla vieta a un verbo di essere allo stesso tempo irregolare e con suffisso separabile!

Schritt 3 – Coniugarli e disporli correttamente

Nulla di più facile: coniugate il verbo come siete ormai abituati a fare, ricordandovi di staccare il prefisso e di aggiungerlo alla fine della frase, dopo tutti i complementi, nella posizione V2 (vi ricordate la struttura della Verbklammer? Se non vi viene in mente, andate a rileggere velocemente di cosa si tratta!).

Soggetto	Verbo coniugato V1	Complementi	Prefisso/V2
Ich	rufe	Mario um 10 Uhr	an

Verbklammer
(parentesi verbale)

Übung 26.

Formate le frasi con i seguenti verbi separabili.

1. Ich – anrufen – Herrn Kohl ....
2. Du – aufmachen – die Tür ....
3. Wir – anfangen – mit der Übung ....
4. Er – zurückkommen – spät – nach Hause ....
5. Lydia – vorstellen – Christoph ....

Ora vediamo alcune casistiche per capire quando il prefisso si sposta oppure no. Ecco quando si sposta.

1. **Frase affermativa**

   Ich rufe Roberto an.
   Chiamo Roberto.

Nella frase affermativa, il prefisso si stacca dal verbo e si posiziona alla fine.

2. **Frase interrogativa**

   Rufst du Roberto an?
   Chiami tu Roberto?

Nella frase interrogativa, il prefisso si stacca dal verbo e si posiziona alla fine.

3. **Imperativo**

   Non sappiamo ancora come si forma, ma vi anticipo che anche qui i prefissi finiscono in fondo alla frase.

   Hör mal auf!
   Ma smettila un po'!

Ma allora, direte voi, quando non si separano questi verbi?

4. **Verbo separabile all'infinito dopo un modale**

   In questo caso, il verbo separabile non si "spezza".
   Ve li ricordate i modali? Sono können, dürfen, möchten, müssen, sollen e wollen. Guardate un po' che cosa succede nella frase affermativa e in quella interrogativa.

   Ich muss Roberto anrufen.
   Devo chiamare Roberto.

   Soll ich Roberto anrufen?
   Devo chiamare Roberto?

5. **Verbo separabile al passato o al futuro**

Ich habe Klaus angerufen.
Io ho chiamato Klaus.

Ich werde Klaus anrufen.
Io chiamerò Klaus.

Lo so bene che non abbiamo visto né il passato prossimo né il futuro, ma volevo darvi un assaggio di quello che succede! Così poi, quando li affronteremo, potrete dire So einfach geht es! (È così facile!).

Übung 27.

Inserite i verbi separabili.

1. Michael .... jeden Tag drei Stunden .... (fernsehen).
2. Kannst du bitte ....? (zumachen)
3. Die Mutter .... das Essen .... (vorbereiten).
4. Was .... du ....? (vorschlagen)
5. Wann .... ihr die Oma ....? (anrufen)
6. Peter und Tina .... um 19.15 Uhr in München .... (ankommen).
7. Wann .... es ....? (losgehen)
8. Ich .... in ein paar Minuten .... (zurückkommen).
9. Die Party .... in Rom .... (stattfinden).
10. Thomas .... krank und schwach .... (aussehen).

3.6 I verbi inseparabili

Non tutti i verbi con prefisso sono separabili: ci sono anche alcuni prefissi che non si staccano mai dal verbo a cui si accompagnano. Eccoli.

be-	ent-	ge-	ver-
emp-	er-	miss-	zer-

È importante imparare subito il significato del verbo con il prefisso, perché quest'ultimo può modificarne il senso.

fallen cadere
stören disturbare
kommen venire
passen calzare
stehen stare

gefallen piacere
zerstören distruggere
bekommen ricevere
verpassen perdere (il treno)
verstehen comprendere

Ci sono poi verbi che funzionano solo con il loro prefisso inseparabile.

entschuldigen scusare
beginnen iniziare
vergessen dimenticare

Vediamo di usarli subito nella maniera corretta!

Übung 28.

Verbo separabile o inseparabile?
Formate delle frasi con i verbi dati, coniugandoli correttamente.

1. ich – sehr früh – aufstehen ....

   ....

2. wir – Deutsch – verstehen ....

   ....

3. die Wirklichkeit (realtà) – die Illusionen – zerstören ....

   ....

4. er – seine Freundin – vermissen (mancare) ....

....

5. du – noch (ancora) – fernsehen? ....

....

6. die Tür (la porta) – Sie – bitte – aufmachen? ....

....

7. Lisa – einkaufen – mit Sonya – möchten ....

....

8. der Schüler – gute Noten (bei voti) – bekommen ....

....

Che fatica, vero? Però finalmente posso raccontarvi la mia giornata e capirete tutto quello che vi dico!

Um 7.30 Uhr stehe ich auf, um 7.45 Uhr mache ich Frühstück und lese die Zeitung.
Alle 7.30 mi alzo e alle 7.45 faccio colazione leggendo il giornale.

Vi manca "colazione", vero? Das Frühstück, e pensate che noi tedeschi abbiamo anche il verbo "colazionare", frühstücken! Andiamo avanti con la mia giornata.

Am Vormittag arbeite ich in Mailand. Ich esse um circa 12.30 Uhr zu Mittag. Am Nachmittag schlafe ich ein bisschen, lerne und höre Musik. Manchmal kaufe ich im Zentrum ein. Um 17 Uhr spiele ich mit meinen Freunden Tamara und Hermann Gitarre. Vor dem Abendessen rufe ich meine Mutter an: Sie lebt noch in Deutschland. Um 19 Uhr bereite ich das Abendessen vor, ich esse, und vor dem Schlafengehen sehe ich ein bisschen fern. Am Ende des Tages bin ich sehr müde: Ich schlafe sofort ein.

Alles verstanden? Visto che il tedesco non è poi così difficile come vi vogliono far credere?

Al mattino lavoro a Milano. Pranzo alle 12.30 circa. Nel pomeriggio dormo un po', studio e ascolto la musica. A volte vado a fare la spesa in centro. Alle 17.00 suono la chitarra con i miei amici Tamara ed Hermann. Prima di cena chiamo mia madre: lei vive ancora in Germania. Alle 19.00 preparo la cena, mangio e prima di andare a letto guardo un po' di TV. Alla fine della giornata sono molto stanca: mi addormento subito.

Übung 29.

Descrivete la vostra giornata come ho fatto io, usando i verbi che abbiamo imparato insieme. Oltre agli orari potete usare le espressioni am Morgen, zu Mittag, am Nachmittag, am Abend.

....

....

....

....

....

....

....

....

....

....

....

3.7 Il verbo *haben*

Dite la verità, pensavate che mi fossi dimenticata dell'altro ausiliare, il verbo avere? Nein! Eccolo qui:

ich	habe
du	hast
er/sie/es	hat
wir	haben
ihr	habt
sie/Sie	haben

Bisogna solo stare attenti, wie immer, alla seconda e terza persona singolare che cambiano un po': per il resto haben si comporta proprio come un verbo regolare.

Übung 30.

Completate con il verbo haben.

1. .... du eine Schwester? Ja, sie heißt Kathrin.
2. Simon .... ein Auto.
3. Wir .... ein schönes Foto von Wien.
4. .... ihr Haustiere?
5. Ich .... Durst!

3.8 I casi: un'introduzione

Miei cari studenti, finora siete stati bravissimi! Avete visto che il tedesco è una lingua logica, fatta di molte regole e poche eccezioni. Ora andremo ad affrontare qualcosa di nuovo, che non esiste in italiano: il tedesco è infatti una **lingua "flessa"**. Cosa vuol dire? Significa che il nome conserva in sé le informazioni relative alla propria funzione nella frase. Cercherò di essere super klar (chiarissima) su questo punto con degli esempi.

- Il **cane** mangia l'osso.
  In questo caso il cane compie l'azione di mangiare l'osso:
  è il soggetto della frase.
- Silvia lava il **cane**.
  In questo caso il cane subisce l'azione:
  è l'oggetto della frase.

Soggetto (chi?)	Azione	Oggetto (che cosa?)
Il cane	mangia	l'osso
Silvia	lava	il cane

Alles klar? (Tutto chiaro?) In italiano "il cane" non cambia: rimane lo stesso quando è un soggetto e quando è un complemento oggetto.

In tedesco invece **gli articoli, i nomi, gli aggettivi e i pronomi vengono declinati**, quindi cambiano le loro desinenze (la parte finale) a seconda della loro funzione nella frase.

Der Hund frisst den Knochen.
Il cane mangia l'osso.

Silvia wäscht den Hund.
Silvia lava il cane.

Avete visto? Ora che il cane è oggetto, il suo articolo è stato declinato: der Hund – den Hund.

Non è nulla di nuovo, credetemi, è esattamente come funziona in latino o nel greco antico! In tedesco, quindi, potremo trovare gli **articoli, i nomi, gli aggettivi e i pronomi in quattro diverse "versioni"**, che vengono chiamate "casi": il **nominativo**, il **genitivo**, il **dativo** e l'**accusativo**.

Vi do una splendida notizia: conoscete già il caso nominativo, che corrisponde al soggetto della frase.

> Das Buch ist sehr interessant.
> Il libro è molto interessante.

> Ich esse Schokolade.
> Mangio cioccolato.

Senza nemmeno accorgervene, avete così già affrontato uno degli argomenti che tradizionalmente suscita più paura nello studio del tedesco, ovvero i casi. Vediamo ora insieme l'accusativo, che è molto facile, è simile al nominativo e semplice da memorizzare.

3.9 L'accusativo

L'accusativo esprime in tedesco il complemento oggetto e risponde alle domande **wen**? e **was**?, (chi? Che cosa?).
Cercate la differenza tra nominativo e accusativo in questi esempi.

Nominativo

Der Hund heißt Pippo.	Il cane si chiama Pippo.
Die Katze heißt Heidi.	La gatta si chiama Heidi.
Das Pferd heißt Sebastian.	Il cavallo si chiama Sebastian.
Die Papageien heißen Hugo und Uwe.	I pappagalli si chiamano Hugo e Uwe.

Accusativo

Peter sucht **den Hund**.	Peter cerca il cane.
Ana sucht **die Katze**.	Ana cerca il gatto.
Lukas sucht **das Pferd**.	Lukas cerca il cavallo.
Heidi sucht **die Papageien**.	Heidi cerca i pappagalli.

Avete visto cos'è successo? Al caso accusativo, i nomi restano invariati e tra gli articoli cambia solo quello **maschile singolare**.

Ganz einfach, oder? (Davvero facile, non trovate?) Ed ecco qui una delle mie magiche tabelle per rendervi tutto ancora più semplice da capire.

Nominativo	der Hund	die Katze	das Pferd	die Papageien
	ein Mond	eine Katze	ein Pferd	Papageien
Accusativo	den Hund	die Katze	das Pferd	die Papageien
	einen Hund	eine Katze	ein Pferd	Papageien

DAS VIDEO!

PER ESSERE SICURI DI AVER CAPITO COME SI USA L'ACCUSATIVO. GUARDATE DAS VIDEO SU: GIRLS4TEACHING.COM/UNIT/INSTANT-TEDESCO-AKKUSATIV

Übung 31.

Avete animali domestici? Hast du Haustiere?
E come si chiamano? Und wie heißen sie?
Rispondete con le parole che vi suggerisco, come nell'esempio.

Ich habe einen Hund. Der Hund heißt Rex.

1. die Schildkröte (tartaruga)

 ....

2. das Kaninchen (coniglio)

 ....

3. der Kanarienvogel (canarino)

 ....

4. der Goldfisch (pesce rosso)

 ....

5. der Papagei (pappagallo)

 ....

6. die Maus (topo)

 ....

7. der Hamster (criceto)

 ....

3.10 La negazione con *nicht*

Dai, un ultimo sforzo per concludere questa ricchissima lezione 3! Vorrei ancora insegnarvi a formare le frasi negative. Ora che ci penso, con la lezione 2 avete imparato la forma kein, e adesso che vi ho illustrato il caso accusativo, direi che possiamo usarla un po' meglio! Avevamo detto che con kein neghiamo i sostantivi, ricordate?

Ich trinke keinen Kaffee.
Non bevo caffè.

Ma vi avevo anche accennato che neghiamo anche con **nicht**.

Vediamo adesso quando usiamo kein e quando nicht.

- **Nicht per negare aggettivi, verbi o avverbi.**

  Verena ist nicht blond.
  Verena non è bionda.

  Ich möchte nicht mitkommen.
  Non voglio venire.

  Mein Computer funktioniert nicht gut.
  Il mio computer non funziona bene.

- **Kein per negare sostantivi con articolo indeterminativo** (ein/eine/ein) o senza articolo.

  Sie haben kein Auto.
  Non hanno la macchina.

Ricordatevi di declinare sempre kein come ein!

Vediamo insieme altri elementi utili per costruire frasi negative.

niemand (nessuno)	Niemand ist da.	Non c'è nessuno qui.
nichts (nulla)	Lisa kauft nichts.	Lisa non compra niente.
nie (mai)	Ihr kommt nie zu Besuch.	Non venite mai a trovarci.
nocht nicht (non ancora)	Frau Müller ist noch nicht da.	Frau Müller non è ancora arrivata.
auf keinen Fall (per niente)	Das möchte ich auf keinen Fall wissen!	Non lo voglio sapere proprio per niente!

ACHTUNG!
In tedesco **non può mai esserci una doppia negazione**! In italiano dite "Non bevo niente". In tedesco diciamo: Ich trinke nichts. Difficile? Nein! Siete voi italiani che vi complicate la vita. Perché negare due volte?

E ora passiamo a nicht guardando più da vicino come si comporta.
Nicht ha effetto non solo sul nome, come kein, ma su tutto l'enunciato, pertanto la usiamo per negare verbi, avverbi o aggettivi.

Tina und Valerie kommen nicht mit.	Tina e Valerie non vengono.
Ich lese nicht jetzt, sondern später.	Non leggo ora ma più tardi.
Uwe ist nicht fleißig.	Uwe non è diligente.

Nel secondo esempio, nego solo l'avverbio "ora", non l'enunciato in generale, e grazie a sondern propongo un'alternativa a ciò che viene negato: nicht jetzt, sondern später.

Kannst du schwimmen? Nein, ich kann nicht schwimmen.
Sai nuotare? No, non so nuotare.

Nicht si posiziona prima del V2, a destra, prima della componente verbale che chiude la frase (se c'è), ovvero in fondo alla frase.

Übung 32.

Inserite kein o nicht.

1. Ich möchte .... Pasta essen, ich möchte heute nur Gemüse zu Mittag.
2. Veronika will mit Mark .... ausgehen.
3. Der Schüler darf zur Schule .... Computerspiele mitnehmen.
4. Florian hat noch .... Auto.
5. Valerie ist noch .... volljährig.
6. Monika und Lukas haben die Lektion .... verstanden.
7. Das Kind will .... Milch trinken.
8. Heute will ich .... spazieren gehen.
9. Heide darf heute Abend .... in die Disko gehen.
10. Hier darf man .... Fotos machen.

Übung 33.

Trasformate le frasi nella forma negativa.

1. Anja sieht fern. ....
2. Wir essen im Restaurant. ....
3. Wir gehen morgen schwimmen. ....
4. Ihr ruft Anna an. ....
5. Das Auto von Christoph fährt schnell. ....
6. Mein Handy ist neu. ....

Übung 34.

Kein oder nicht? Completate le frasi.

1. Sie schreibt mir (a me) ....
2. Ich schreibe dir (a te) .... Email.
3. Sterzing liegt (si trova) .... in Österreich, sondern in Italien.
4. Mein Computer funktioniert .... gut.
5. Michela hat .... Freunde.
6. Ich kann .... Ski fahren.
7. Wir trinken .... Alkohol.
8. Susanne kommt .... aus Frankreich, sondern aus Portugal.
9. Ich möchte .... Kaffee, danke.

3.11 I pronomi personali all'accusativo

Bravissimi, jetzt (ora) sapete usare il caso accusativo con i sostantivi che conoscete.

Ich kaufe ein Buch.	Compro un libro.
Sie hat einen Bruder.	(Lei) ha un fratello.
Du isst immer Pizza. Wie langweilig!	Mangi sempre pizza. Che noia!

Ma se avete fatto colpo su un tedesco o su una bionda di Berlino, come fate a dire che lo/la amate? So che questa frase la conoscete!

Ich liebe dich.	Ti amo.

Ottimo. E se volete fare lo stesso con i vostri amici tedeschi? Scommetto che avete qualche difficoltà. Vediamo se posso aiutarvi con una tabella:

Nominativo	ich	du	er/sie/es	wir	ihr	sie/Sie
Accusativo	mich	dich	ihn/sie/es	uns	euch	sie/Sie

Quindi, per dire a Valerie e Mario che li amate, la frase sarà Valerie und Mario, ich liebe ("chi?" complemento oggetto) euch.

Di seguito vi ricordo alcune importanti regole per i pronomi soggetto, vale a dire al nominativo.

- **La forma di cortesia va sempre scritta con l'iniziale maiuscola.**

  Guten Tag, Herr Fritz, ich möchte Sie heute besuchen.
  Buongiorno signor Fritz, oggi vorrei venire a trovarla.

- **I pronomi alla terza persona singolare hanno il genere del sostantivo a cui si riferiscono.**

  Wie findest du mein T-Shirt? Ich finde es sehr hübsch.
  Come trovi la mia maglietta? La trovo molto carina.

  Wie findest du meinen Rock? Ich finde ihn ein bisschen zu kurz!
  Come trovi la mia gonna? La trovo un po' troppo corta!

  Wie findest du meine Kette? Ich finde sie sehr elegant.
  Come trovi la mia collana? La trovo molto elegante.

Ganz einfach, oder? (Davvero facile, non trovate?) Vediamo se avete capito tutto con un semplice esercizio.

Übung 35.

Inserite il pronome personale corretto, facendo attenzione al caso!

1. Guten Tag, Herr Kunz. Haben .... Zeit für ....?
2. Ihr seid so süß zusammen: .... seid ein nettes Pärchen (una bella coppietta).
3. Kennst .... Lili? Ja, ich treffe .... jeden Samstag!
4. Johann trinkt das Bier aus. Er trinkt .... aus.
5. Ich liebe mein neues Hemd: .... ist ganz modisch.
6. Kannst du mich morgen bitte anrufen? Ja klar, ich rufe .... morgen um 10 Uhr an.
7. Max liebt Lilifer sehr und sie liebt .... auch.
8. .... hast eine neue Brille: kannst du .... jetzt besser sehen?
9. Ich sehe mir heute einen Film mit Leonardo di Caprio an: möchtest du .... auch sehen?
10. Ich kaufe einen Rucksack: .... ist sehr praktisch.

★ Willkommen in Deutschland ★

MAHLZEIT
Tutti a tavola!

Voi italiani siete convinti che in Germania viviamo solo di Würste e Sauerkraut. Vi dimostro che non si mangia bene solo nel Belpaese! Innanzitutto anche da noi, come in Italia, le tradizioni culinarie cambiano molto tra Nord e Sud.

Per esempio nei Länder settentrionali, grazie allo sbocco sul mare, il pesce è abbondante e viene cucinato nei modi più deliziosi! Ci sono aringhe, gamberi, sogliole, anguille affumicate... utilizzati per preparare piatti che ricordano molto quelli dei Paesi scandinavi. Se ci pensate ha senso: Germania e Danimarca sono proprio attaccate! Un'altra tradizione gastronomica del Nord è lo squisitissimo Eintopf, un piatto unico che abbina carne bollita a verdure e patate.
Spostandoci verso la Germania dell'Est troviamo, a Berlino, l'Eisbein (maiale bollito servito con crauti), i Krapfen, quelle "leggerissime" brioche fritte ripiene di crema strabordante, e l'ormai celeberrima Currywurst. Conoscete la storia di questa golosissima ricetta? Nasce a Berlino, negli anni '50, grazie a Herta Heuwer che ha l'idea di condire le salsicce tedesche con curry e salsa di pomodoro. Un successo inaspettato che dà vita, ancora oggi, a uno dei cibi da strada più diffusi e amati dai tedeschi.
La Turingia invece è il regno della Bratwurst, salsiccia arrostita resa unica da diverse miscele di spezie. Dove sono le verdure? Eccole: in Sassonia "piovono" asparagi nel Leipziger Allerlei e, tra l'altro, qui nasce anche lo Stollen, un delizioso dolce natalizio con uvetta e frutta secca.
Se ci spostiamo verso i Länder meridionali, incontriamo la regina delle torte tedesche, la Schwarzwälder Kirschtorte: come dice il nome è tipica delle zone della Foresta Nera, ma rallegra le nostre giornate con il suo meraviglioso trionfo di panna, cioccolato e ciliegie. A proposito di ciliegie, se passate da quelle parti non fatevi scappare la Kirschwasser (grappa alle ciliegie). Arrivando in Svevia, vi sarà già capitato di assaggiare i classici gnocchetti, gli Spätzle, la cui "paternità" è oggetto di un'aspra contesa tra svizzeri, austriaci e svevi. Ma ci interessa davvero? No, a noi basta gustarli al burro con speck e colate di Bergkäse (formaggio di montagna). Sempre in questa zona, non perdetevi i Maultaschen, ravioloni ripieni di carne, pane e cipolle.
No, non sono spariti i vostri adorati würstel: eccoli a Norimberga, dove spopolano i cosiddetti Nürnberger Bratwürste, le salsicce arrosto più corte e sottili tra tutte quelle del Nord, e ovviamente li incontrerete anche a Monaco nella versione Weißwürste, serviti bolliti con senape piccante.
Approdiamo, infine, nella vicina (per voi) Baviera. Forse i piatti di questa regione vi sono più familiari: in Italia non mancano di certo i ristoranti bavaresi e gli Schweinshaxen, stinchi di maiale arrosto, con Knödel e Kartoffelsalat. E ora avete ancora il coraggio di dire che in Germania si mangiano sempre le stesse cose? Non mi resta che augurarvi Guten Appetit (buon appetito) o, come si dice al Sud, Mahlzeit!

Lezione 3
Glossario

Sostantivi

der Schüler	scolaro
das Glück	fortuna
der Geburtstag	compleanno
die Flasche	bottiglia
der Wein	vino
die Leute	gente
das Süße	dolce/dolcetto
die Schachtel Pralinen	scatola di cioccolatini
die Packung	pacco
das Eis	gelato/ghiaccio
die Himbeere	lampone
die Vanille	vaniglia
der Hunger	fame
der Durst	sete
der Urlaub	vacanza
der Arzt	medico
der Kaffee	caffè
der Besuch	visita
die Hausaufgabe	compito a casa
die Arbeit	lavoro

Verbi

helfen	aiutare
feiern	festeggiare
trinken	bere
essen	mangiare
kaufen	comprare
mitnehmen	portare con sé
suchen	cercare
brauchen	servire, avere bisogno
tun	fare
nehmen	prendere
schwimmen	nuotare
stehlen	rubare
anrufen	chiamare al telefono
fahren	andare con un mezzo
gehen	andare a piedi
fliegen	volare
besuchen	far visita
lernen	studiare
wiedersehen	rivedere
rauchen	fumare
spielen	giocare
laufen	correre
arbeiten	lavorare

Aggettivi/Avverbi

rechts	destra
natürlich	naturalmente
sicher	certo
bisschen	un po'
genug	abbastanza
insgesamt	in tutto
allergisch	allergico
chaotisch	caotico
krank	malato
volljährig	maggiorenne

Frasi utili

Wie kann ich Ihnen/dir weiterhelfen?	Come posso aiutarla/ti?
Was für ein Glück!	Che fortuna!
Moment mal!	Aspetta un attimo!
Was macht das bitte?	Quanto viene?
Sonst noch was?	Altro?
Viel Spaß!	Buon divertimento!

LEZIONE 4

LEKTION 4

4.1 I verbi riflessivi

Ormai mi conoscete e avete capito che sono molto impegnata e che adoro stare con i miei amici. Proprio questa sera c'è una festa e ci vado con Astrid, la mia coinquilina.

Dialogo

Valerie: (mit sich selbst sprechend): Ich freue mich unheimlich: Heute gehe ich zur Party! Ich muss mich bei meiner Mitbewohnerin bedanken: Sie kommt mit mir. Leider ist sie immer so langsam: Sie ist schon seit einer Stunde im Badezimmer! Ich möchte nicht zu spät kommen. Ich möchte es mir nicht vorstellen: Wir kommen an und die Party ist schon vorbei!
Kennt ihr sie? Sie heißt Astrid und sie ist auch Deutsche, wie ich. Sie kann früh morgens nicht aufstehen und abends schläft sie sofort ein.

Valerie: Astrid, bist du noch im Badezimmer?

Astrid: Ja ich schminke mich gerade, aber ich bin fast fertig.

Valerie: Ok, ruhig bleiben. Ich will mich mit Astrid nicht streiten. Ich warte am besten und trinke ein Bier!

Traduzione

Valerie: (parlando tra sé e sé): Sono contentissima! Oggi vado alla festa! Devo ringraziare la mia coinquilina che viene con me. Purtroppo però è così lenta. È in bagno già da un'ora! Non voglio arrivare tardi. Non voglio neanche immaginarlo... arrivare a festa finita!
La conoscete? Si chiama Astrid, anche lei è tedesca come me. Fa fatica a svegliarsi al mattino e la sera si addormenta subito.

Valerie: Astrid, sei ancora in bagno?

Astrid: Sì! Mi sto truccando, ma ho quasi finito.

Valerie: Ok, rimaniamo calmi. Non voglio litigare con Astrid. Preferisco aspettare e bere una birra!

DAS VIDEO!

GUARDA QUESTO VIDEO E I RIFLESSIVI NON AVRANNO PIÙ SEGRETI PER TE!
WWW.GIRLS4TEACHING.COM/UNIT/INSTANT-TEDESCO-REFLEXIVE-VERBEN

Avete notato qualche cosa di nuovo? In questo episodio ho usato molti verbi riflessivi.

- sich freuen — essere felici, rallegrarsi
- sich bei jemandem bedanken — ringraziare qualcuno
- sich schminken — truccarsi

Altri esempi con i verbi riflessivi.

Nach dem Frühstück putzte ich mir die Zähne und dusche mich.
Dopo la colazione mi lavo i denti e faccio la doccia.

Ich ziehe mich an und bin bereit. Mi vesto e sono pronta.

Avete visto? In tedesco non li "laviamo" i denti, ma li "puliamo" (putzen). In tedesco i **reflexive Verben** (verbi riflessivi) funzionano come in italiano: **un'azione compiuta dal soggetto si "riflette"**, ricade sul soggetto stesso.

Ich dusche mich. Io lavo me stessa.

Ich	dusche	mich
soggetto	V1	oggetto, pronome riflessivo

Ecco alcuni verbi riflessivi: per coniugarli si aggiunge sich davanti all'infinito.

- sich duschen — lavarsi
- sich anziehen — vestirsi (è anche separabile)
- sich entspannen — rilassarsi
- sich erkälten — raffreddarsi
- sich verabreden — darsi appuntamento

4.1.1 I pronomi riflessivi

Tra italiano e tedesco c'è differenza nella costruzione della frase: in italiano il pronome riflessivo precede il verbo, **in tedesco lo segue**.

Ich dusche mich. Io mi faccio la doccia.

Che cos'è mich? È un **pronome riflessivo**! I verbi riflessivi sono sempre accompagnati da questi pronomi, che aggiungono all'azione il significato di "se stesso". Esattamente come in italiano.

Confrontiamo i pronomi riflessivi italiani con quelli tedeschi.

Italiano	mi	ti	si	ci	vi	si
Tedesco (pronome riflessivo accusativo)	mich	dich	sich	uns	euch	sich

Ecco alcuni esempi.

- sich unterhalten
  intrattenersi/conversare
  Wir unterhalten uns oft über Politik.
  Spesso conversiamo di politica.
- sich setzen
  sedersi
  Ich setzte mich neben Tanja
  Mi siedo vicino a Tanja.
- sich interessieren
  interessarsi
  Lisa interessiert sich für Kochrezepte.
  Lisa si interessa di ricette di cucina.

4.1.2 Riflessivo sì, riflessivo no

Abbiamo visto che i pronomi si accompagnano ai verbi riflessivi, facile no? Ma ho anche una brutta notizia! Non sempre i riflessivi tedeschi corrispondono ai verbi italiani con lo stesso significato. Eccone alcuni.

Verbi riflessivi solo in tedesco	
sich streiten	litigare
sich fürchten	avere paura
sich verspäten	essere in ritardo
sich freuen	essere contento

Verbi riflessivi solo in italiano	
sposarsi	heiraten
alzarsi	aufstehen
accorgersi	bemerken
chiamarsi	heißen
addormentarsi	einschlafen
svegliarsi	aufwachen

Vediamo di fare pratica!

Verbi riflessivi in tedesco, ma non in italiano

Heute streite ich mich mit Manuel. Oggi litigo con Manuel.

Er freut sich. Lui è contento.

Verbi riflessivi in italiano, ma non in tedesco

Luca si sposa per la seconda volta. Luca heiratet zum zweiten Mal.

Mi chiamo Valerie. Ich heiße Valerie.

Ora dovrebbe essere tutto kristallklar (chiarissimo)!
Esistono poi dei verbi che, pur reggendo di norma un accusativo, possono essere anche riflessivi. Nulla di strano, succede anche in italiano.

Ich wasche **mein Auto**. Che cosa lavo?	Lavo la mia macchina. La mia macchina, mein Auto.
Ich wasche **mich**. Che cosa lavo?	Mi lavo. Me stesso, mich.
Ich treffe **Fabiola** jeden Tag. Chi incontro?	Incontro Fabiola ogni giorno. Fabiola.
Wo treffen wir uns? Chi incontro?	Dove ci incontriamo? Noi, uns.

Dopo tutti questi esempi dovreste aver capito come si usano i riflessivi in tedesco!

Übung 36.

Inserite il pronome riflessivo corretto.

1. Interessierst du .... für klassische Musik?

   (sich interessieren für interessarsi di)

2. Streiten Sie .... oft mit Ihrem Partner?
3. Wir müssen .... so bald wie möglich wieder treffen.
4. Ich kämme .... und bin bereit!
5. Im Winter erkältet .... Greta sehr oft.

4.1.3 I verbi riflessivi al dativo

In alcuni casi dobbiamo imparare a riconoscere quando il pronome riflessivo ha un valore diverso da quello dell'oggetto.

- Mi lavo → Io lavo me stesso.
- Mi lavo la faccia → Io lavo a me stesso la faccia.
  Cosa lavo? La faccia.
  A chi la lavo? A me (mi).

Nel secondo esempio il pronome riflessivo ha la funzione di complemento di termine e risponde alla domanda "a chi?". Questa funzione è espressa in tedesco dal **caso dativo.**

Vi ricordate i casi di cui abbiamo parlato nella Lektion 3? **Nominativo – genitivo – dativo – accusativo**. Sapete già usare il nominativo (soggetto della frase) e l'accusativo (complemento oggetto).
Ora, invece, vi insegno come rendere in tedesco il **complemento di termine** con il caso dativo, che risponde alla domanda **wem?** (a chi?).

Ich wasche **mich**. Io mi lavo.
Ich wasche **mir** das Gesicht. Io mi lavo la faccia.

Anche in italiano i due "mi" hanno funzione diversa.

- Io mi lavo: lavo **me**
- Io mi lavo la faccia: lavo **a me** la faccia

Avete visto? Anche in Italiano cambia la funzione, ma non si percepisce dall'ortografia perché "mi" resta invariato! Noi tedeschi, invece, abbiamo due forme diverse.

Quindi, cos'è successo? Poiché un verbo non può essere accompagnato da due accusativi di seguito (due complementi oggetto), lasceremo all'accusativo "la cosa lavata" e metteremo al dativo il complemento di termine.

Ich wasche mir das Gesicht.
Cosa lavo? das Gesicht – **accusativo**
A chi lo lavo? mir – **dativo**

Come funzionano i pronomi riflessivi al dativo? Sarete felici di sapere che non cambiano molto rispetto a quelli all'accusativo.

Pronome personale **nominativo**	ich	du	er/sie/es	wir	ihr	sie/Sie
Pronome riflessivo **accusativo**	mich	dich	sich	uns	euch	sich
Pronome riflessivo **dativo**	mir	dir	sich	uns	euch	sich

Siete fortunati! Solo le prime due persone del singolare variano la forma.

Du sollst **dir** keine Sorgen machen!
Non devi farti problemi!

Ich gönne **mir** jetzt endlich eine Pause!
Ora mi concedo finalmente una pausa!

Ricordate la costruzione dei verbi separabili (trennbar)? E la regola secondo cui, in determinati casi, come nella coniugazione del verbo al presente, la particella iniziale si stacca e finisce al fondo della frase? Vediamo cosa succede **se un verbo separabile è anche riflessivo**.

- sich vorstellen
  Ich stelle **mich** vor: Ich bin Alessandra.
  Mi presento: mi chiamo Alessandra.
- sich etwas vorstellen
  Ich stelle **mir** das Buch interessant vor.
  Mi immagino che il libro sia interessante.
- jemanden vorstellen
  Ich stelle **meine Schwester** vor: Sie heißt Miriam.
  Presento mia sorella: si chiama Miriam.

Lo stesso verbo, vorstellen (che ha prefisso trennbar!), può quindi significare:

1. sich (**all'accusativo**) vorstellen	presentarsi
2. sich (**al dativo**) etwas vorstellen	immaginarsi qualcosa
3. jemanden (**all'accusativo**) vorstellen	presentare qualcuno

Ci sono davvero molti verbi, in tedesco, che possono essere usati come riflessivi sia senza complemento oggetto, sia seguiti da accusativo e, quindi, accompagnati anche dal pronome riflessivo al dativo.

sich anziehen Ich ziehe **mich** an.	vestirsi Mi vesto. **Accusativo**
sich etwas anziehen Ich ziehe mir eine Bluse an.	indossare qualcosa Mi metto una camicetta. **Dativo**
sich kämmen Ich kämme mich.	pettinarsi Mi pettino. **Accusativo**
sich etwas kämmen Ich kämme mir die Haare.	pettinarsi qualcosa Mi pettino i capelli. **Dativo**

Quando nella frase **non c'è un complemento oggetto**, useremo dunque il pronome riflessivo all'accusativo (mich – dich – sich usw).
Quando, invece, **c'è un complemento oggetto,** useremo il pronome riflessivo al dativo (mir – dir – sich).

REGOLA GENERALE

Soggetto + verbo riflessivo =
pronome riflessivo all'accusativo

Soggetto + verbo riflessivo +
complemento oggetto =
pronome riflessivo al dativo

Talvolta noi tedeschi usiamo i riflessivi in maniera colloquiale, come fate in Italia, anche quando non sarebbero necessari.

Ich schaue einen Film an. → Ich schaue mir einen Film an.
Guardo un film. → Mi guardo un film.

Avete visto come ho disposto i vari elementi della frase? In tedesco è molto importante rispettare le regole!

1	Soggetto	Ich
2	Verbo V1	schaue
3	Pronome riflessivo (accusativo o dativo)	mir
4	Accusativo vero e proprio (l'oggetto dell'azione)	einen Film
5	Verbo V2 (quando c'è)	an

ACHTUNG!
Il pronome riflessivo è sempre collegato al soggetto!

Übung 37.

Scegliete l'alternativa corretta.

1. Sie fühlt *ihr/sie/sich* nicht wohl.
2. Ich setze *sich/ihm/mich* neben Paula.
3. Wir verstehen *uns/sich/du* sehr gut.
4. Schämt ihr *euch/sich/dich* nicht?

Übung 38.

Inserite du (soggetto - nominativo), dich (oggetto - accusativo) o dir (termine - dativo).

1. Anton! Wo bist ....? Ich kann .... nicht sehen!
2. Bist .... heute zu Hause? Wann kann ich .... anrufen?
3. .... sollst .... sofort entschuldigen!
4. Kannst du .... bitte vorstellen?
5. Schämst .... nicht?
6. Du kämmst .... die Haare.

Übung 39.

Inserite mich o mir.

Jeden Tag klingelt mein Wecker um 6.45 Uhr. Ich stehe langsam auf, wasche .... , trockne .... ab und rasiere .... gründlich. Dann bereite ich .... das Frühstück vor. Nach dem Frühstück putze ich .... die Zähne, ziehe .... an und gehe los.

Seid ihr fertig? (Avete finito?)

4.2 Il caso dativo

Nel paragrafo precedente abbiamo visto che i verbi riflessivi possono reggere il dativo. In italiano corrisponde al complemento di termine e risponde alla domanda "a chi?", "a che cosa?" (wem?). Sehr gut! (Molto bene!)

Ich wasche mir das Gesicht. **Mi lavo la faccia.**

- Io lavo (chi, che cosa?)
- la faccia (accusativo)
- a chi? a me (complemento di termine)

Possiamo trovare il complemento di termine anche in frasi non riflessive.

Ich wasche **meiner Tochter** zweimal pro Woche die Haare.
Io lavo i capelli **a mia figlia** due volte alla settimana.

Guardiamo insieme la costruzione del caso dativo.

	Articolo determinativo	Articolo indeterminativo
Maschile	**dem** Vater	**einem** Vater
Femminile	**der** Mutter	**einer** Mutter
Neutro	**dem** Kind	**einem** Kind
Plurale	**den** Eltern	Eltern

E i pronomi personali? Si declinano anche loro, come avevamo visto per l'accusativo.

Nominativo	ich	du	er	sie	es	wir	ihr	sie/Sie
Accusativo	mich	dich	ihn	sie	es	uns	euch	sie/Sie
Dativo	mir	dir	ihm	ihr	ihm	uns	euch	ihnen/Ihnen

4.2.1 L'uso del dativo: i verbi

Oltre ai riflessivi dovete sapere che in tedesco ci sono dei verbi che sono seguiti "per forza" da un caso dativo. Presuppongono un complemento di termine per rispondere alla domanda "a chi?", "a che cosa?".

Io ti do il libro.

Io	ti "a chi?" a te	do	il libro "che cosa?"
soggetto	complemento di termine	predicato verbale	complemento oggetto

Ich gebe dir das Buch.

Ich	gebe	dir wem?	das Buch was?
nominativo	V1	dativo	accusativo

Chiaro, no? Un altro esempio potrebbe essere il verbo schenken (regalare). Il regalo lo fate a qualcuno? La persona che riceve il regalo è il nostro dativo (a chi dono un regalo?).

Werner regala un cellulare **a sua sorella**.
Che cosa regala? Un cellulare – **accusativo**.
A chi lo regala? A sua sorella – **dativo**.

Vediamo ora come funziona in tedesco.

Werner schenkt seiner Schwester ein Buch.
Wem? Seiner Schwester – **dativo**.
Was? Ein Buch – **accusativo**.

ACHTUNG!
L'ordine dei complementi, quando abbiamo solo sostantivi, è **dativo seguito da accusativo**, al contrario di ciò che succede in italiano.

Utilizziamo la stessa frase con il pronome personale riflessivo.

Werner **schenkt ihr** ein Handy.
Werner **le regala** un cellulare.

Provate ora, per esempio, a tradurre "La sciarpa appartiene a te".

Esatto! Der Schal gehört dir.

ACHTUNG!
Fate attenzione a non confondere i pronomi personali con i pronomi riflessivi al dativo!

Tipps und Tricks

Verbi + dativo

In tedesco, alcuni verbi, a differenza dei loro corrispondenti italiani, sono sempre seguiti da un dativo, come **helfen** (aiutare).

Io ti aiuto volentieri.
Ich helfe dir gerne.

Chi aiuto? **Te** – **complemento oggetto**
Wem helfe ich? **Dir** – **dativo**

Se foste in difficoltà in Germania, come lancereste il vostro SOS?

Entschuldigen Sie, können Sie mir bitte helfen?
Mi scusi, potrebbe per piacere aiutarmi?

Se invece parlate a un vostro amico direte

Hey Karl, kannst du mir bitte helfen?
Ehi Karl, potresti aiutarmi per piacere?

Guardate anche come funziona il verbo **schaden** (rovinare).

Il fumo danneggia la salute.

Das Rauchen schadet der Gesundheit.

Che cosa danneggia?
La salute – **accusativo**
Wem schadet es?
Der Gesundheit – **dativo**

4.2.2 La declinazione di nominativo, accusativo e dativo: una comparazione

Ecco come si declinano **gli articoli determinativi, indeterminativi e il negativo kein**. In grigio ho segnalato i casi in cui la declinazione si discosta dal caso nominativo.

	Maschile	Femminile	Neutro	Plurale
Nominativo	der Morgen	die Nacht	das Wetter	die Nächte
Accusativo	den Morgen	die Nacht	das Wetter	die Nächte
Dativo	dem Morgen	der Nacht	dem Wetter	den Nächte**n**

	Maschile	Femminile	Neutro	Plurale
Nominativo	ein Morgen	eine Nacht	ein Wetter	- Nächte
Accusativo	einen Morgen	eine Nacht	ein Wetter	- Nächte
Dativo	einem Morgen	einer Nacht	einem Wetter	- Nächte**n**

	Maschile	Femminile	Neutro	Plurale
Nominativo	kein Morgen	keine Nacht	kein Wetter	keine Nächte
Accusativo	keinen Morgen	keine Nacht	kein Wetter	keine Nächte
Dativo	keinem Morgen	keiner Nacht	keinem Wetter	keinen Nächte**n**

1. All'accusativo dovrete fare attenzione solo al maschile singolare: der → den/ein → einem/kein → keinem.
2. Per il dativo, invece, cambiano tutti e tre i generi, anche il plurale. Maschile e neutro sono uguali tra loro (dem – einem – keinem).

E i pronomi possessivi? Seguono la stessa declinazione di ein, eine, ein.

	Maschile	Femminile	Neutro	Plurale
Nominativo	mein Morgen	meine Nacht	mein Wetter	meine Nächte
Accusativo	meinen Morgen	meine Nacht	mein Wetter	meine Nächte
Dativo	meinem Morgen	meiner Nacht	meinem Wetter	meinen Nächte**n**

Per i possessivi vi riporto solo **mein** perché tutti gli altri (**dein** - **sein** - **ihr** ecc.) si comportano allo stesso modo.

Non avete notato nulla di strano? Guardate il plurale dativo Nächte**n**. Cos'ha di diverso rispetto a tutti gli altri plurali? Una **n** in più.
Questa è la regola per formare il **dativo plurale**: il sostantivo aggiunge una **n**, a meno che non termini già in **n** o in **s**. In questi due casi rimane invariato.

4.3 Le preposizioni

So, meine lieben Schüler, avete imparato alcuni casi, i verbi modali, irregolari, separabili... Tutto procede bene grazie alle mie magiche tabelle e alle semplici regole che vi ho insegnato. Come dite? Le eccezioni? Ne abbiamo viste veramente poche finora. Ne vedremo qualcuna in più con le preposizioni.

Le preposizioni stabiliscono un rapporto tra gli elementi della frase e possono trovarsi:

1. **davanti a un sostantivo** Ich fahre nach Hause.
   Vado a casa.
2. **davanti a un pronome** Ich schlafe heute bei dir.
   Oggi dormo da te.
3. **davanti a un avverbio** Die Mama ruft dich, gehe nach oben.
   Ti chiama la mamma, vai di sopra.

Cosa si intende con lo "stabilire rapporti tra gli elementi della frase"? Significa dare un senso logico a ogni parte della nostra frase. Difficile? No! Ve lo spiego prima in italiano.

Io vado a casa.		
Io (**soggetto**)	vado (**V1**)	a casa (**compl. di moto a luogo**)

Qui la preposizione "a" messa davanti alla parola "casa" completa il verbo "andare" ("vado") rendendo esplicita una meta. Ecco che, grazie alla preposizione "a", chiariamo il rapporto tra le parole "vado" e "casa", gli elementi della nostra frase (rispettivamente predicato verbale e complemento di moto a luogo).

Io sono a casa.		
Io (**soggetto**)	sono (**V1**)	a casa (**compl. di stato in luogo**)

Come sopra, "a" mette in relazione "sono" e "casa", ma non indica più la mia meta, bensì dove mi trovo ("a casa"). Ecco il nostro complemento **di stato in luogo**.

Io sono rientrato alle otto.		
Io (**soggetto**)	sono rientrato (**V1**)	alle (a+le) otto (**compl. di tempo**)

Qui la stessa preposizione "a" introduce il **complemento di tempo**: messa davanti a "le otto" indica l'ora precisa in cui "sono rientrato", quindi stabilisce ancora una volta il rapporto tra il predicato verbale e l'orario.

Und auf Deutsch? Wie funktioniert das? (E in tedesco? Come funziona?) È quasi la stessa cosa. Le preposizioni possono avere significati diversi e dunque riferirsi **al tempo**, **al modo**, **alla causa** o **al luogo**.
Dove sta l'inganno? Ogni preposizione richiede di essere accompagnata da un caso specifico a seconda del complemento che esprime.

Quanti casi conosciamo? Ve li ricordate? **Nominativo** (soggetto) e **accusativo** (complemento oggetto). Ricordate anche il **caso dativo**? Bravissimi! L'abbiamo visto prima parlando dei verbi riflessivi e usato per esprimere il complemento di termine "a chi?".

Torniamo a noi! **Ogni preposizione richiede dopo di sé un caso specifico**. Ogni complemento "è governato" dalla preposizione che lo precede: è cioè alle sue "dipendenze". Potremmo dire che, all'interno di un complemento, la preposizione è la "regina", mentre il nome, con l'eventuale aggettivo (o gli aggettivi) e l'articolo, sono i "sudditi", che devono inginocchiarsi a lei, flettersi. Cosa vuol dire? L'avevamo già detto quando, nella lezione 3, parlavamo dell'accusativo.

der → den
die → die
das → das
die → die

Ausgezeichnet! (Perfetto!) Questo era il caso accusativo.
E il caso dativo come si "inginocchia"? L'abbiamo appena visto.

der → dem
die → der
das → dem
die → den

Ora abbiamo finalmente chiaro come una preposizione regge un caso; in più conosciamo bene i casi nominativo, accusativo e dativo.

Ma quali sono le preposizioni? In italiano:

di	a	da	in	con	su	per	tra	fra

In tedesco ne abbiamo alcune in più! Per ogni situazione specifica c'è una preposizione. In questa lezione vedremo quelle di tempo e quelle di luogo.

4.3.1 Le preposizioni di luogo

Cominciamo a parlare delle **preposizioni di luogo**, cioè quelle che stabiliscono una relazione di tipo "geografico" tra il verbo e il complemento. Queste preposizioni indicano:

- il luogo in cui sta qualcosa o qualcuno;
- il luogo dove sta andando qualcuno o qualcosa.

Sì, esatto, in italiano sono i complementi di **stato** e **moto a luogo**.
In tedesco le preposizioni di luogo rispondono quindi a due domande:

Wo bin ich?	Dove sono?	Stato in luogo → **dativo**
Wohin gehe ich?	Dove vado?	Moto a luogo → **accusativo**

A questi due complementi possiamo aggiungere il **moto da luogo**, che indica il luogo da dove arriva qualcuno o qualcosa.

Woher komme ich?	Da dove vengo?	Provenienza → **dativo**

Quando si è davanti alla domanda **woher?** (da dove?) o **wo?** (dove?), la preposizione regge il **dativo**, mentre se la domanda è **wohin?** (Verso dove?) la preposizione regge **l'accusativo**.

4.3.2 Le preposizioni di luogo con doppia reggenza: dativo e accusativo

Inizio subito a mostrarvi un gruppo di preposizioni che, a seconda della loro funzione, possono reggere un **dativo** (se rispondono a wo? – dove?) o un **accusativo** (se rispondono a wohin? – verso dove?). Eccole qui:

an	a, su
auf	sopra, su
hinter	dietro
in	dentro
neben	vicino
über	sopra
unter	sotto
vor	davanti
zwischen	tra

Questo fatto della **doppia reggenza** vi getta sempre un po' nello scompiglio, ma in realtà è tutto molto logico! Per convincervi vi mostro questi esempi con la preposizione **auf** (sopra, con contatto):

Die Vase steht auf dem Tisch.
Il vaso è sul tavolo.

Wo steht die Vase?
Dov'è il vaso?
Auf **dem** Tisch. Sul tavolo.

Ich stelle die Vase auf den Tisch.
Io metto il vaso sul tavolo.

Wohin stelle ich die Vase?
Dove metto il vaso?
Auf **den** Tisch. Sul tavolo.

Dativo	Accusativo
Keine Bewegung! Movimento NO	**Bewegung!** Movimento SÌ

Avete visto come è facile? Auf può reggere:

- il **dativo** se indica stato in luogo. Dov'è il vaso? Sul tavolo.
- l'**accusativo** se indica moto a luogo. Dove metto il vaso? Lo metto sul tavolo.

Non è difficile! Per aiutarvi a memorizzare tutte le preposizioni di luogo che reggono sia accusativo sia dativo, vi ho preparato una bella illustrazione del mio dolce Haustier (animale domestico) Franz, das Stachelschwein (il riccio). Vive nel mio giardino in Germania!

Wo ist Franz, das Stachelschwein? **Wohin** geht Franz?
Dov'è Franz, il riccio? Dov'è Franz?

	Wo? (Dove?) + dativo	**Wohin?** (Verso dove?) + accusativo
auf sopra con contatto	Das Stachelschwein Franz ist auf einem Stein. Il riccio è sopra una pietra.	Valerie setzt das Stachelschwein Franz auf einen Stein. Valerie mette il riccio Franz su una pietra.
an bordo, linea di confine	Das Stachelschwein Franz steht an der Tür des Käfigs. Il riccio Franz si trova sulla porta della gabbia.	Das Stachelschwein Franz geht an die Tür des Käfigs. Il riccio Franz va alla porta della gabbia.
hinter dietro	Das Stachelschwein Franz schläft hinter dem Baum. Il riccio Franz dorme dietro l'albero.	Das Stachelschwein Franz stellt sich hinter den Baum. Il riccio Franz si mette dietro l'albero.

in **dentro**	Das Stachelschwein Franz ist im Wasser. Il riccio Franz è in acqua.	Das Stachelschwein Franz geht ins Wasser. Il riccio Franz entra in acqua.
vor **davanti**	Das Stachelschwein Franz steht vor der Erdbeere. Il riccio Franz sta di fronte alla fragola.	Das Stachelschwein Franz stellt sich vor die Erdbeere. Il riccio Franz si mette di fronte alla fragola.
über **sopra senza contatto**	Eine Spinne baumelt über dem Stachelschwein Franz. Un ragno penzola sopra il riccio Franz.	Ein Vogel fliegt über das Stachelschwein Franz. Un uccello vola sopra il riccio Franz.
unter **sotto**	Das Stachelschwein Franz isst eine Erdbeere unter dem Stuhl. Il riccio Franz mangia una fragola sotto la sedia.	Das Stachelschwein Franz geht unter den Stuhl und dort isst es eine Erdbeere. Il riccio Franz va sotto la sedia e lì si mangia una fragola.
neben **di fianco**	Das Stachelschwein Franz liegt neben dem Kind. Il riccio Franz è sdraiato di fianco al bambino.	Das Stachelschwein Franz legt sich neben das Kind. Il riccio Franz va a sdraiarsi di fianco al bambino.
zwischen **tra, fra**	Das Stachelschwein Franz sitzt zwischen den Erdbeeren. Il riccio Franz sta seduto tra le fragole.	Das Stachelschwein Franz setzt sich zwischen die Erdbeeren. Il riccio Franz si siede tra le fragole.

Mit meinem Schema ist alles klar, oder? (Con il mio schema è tutto chiaro?) La tabella ci fa capire quale caso inserire, **nominativo** o **accusativo**, dopo una preposizione che potrebbe reggerli entrambi. Was für ein süßes Tierchen! (Che dolce animaletto il mio Franz!) Eccolo ancora all'opera.

Ich bin zwischen euch.
Sono tra di voi.

Ich bin vor euch.
Sono davanti a voi.

Ich bin hinter euch.
Sono dietro di voi.

Ich bin neben dir, Franz, links!
Sono di fianco a te, Franz, a sinistra!

Ich bin neben dir, Franz, rechts!
Sono di fianco a te, Franz, a destra!

Ich bin unter euch.
Sono sotto di voi.

Ich bin über euch.
Sono sopra di voi.

Pass auf! Ich könnte unter dir sein!
Attento! Potrei essere sotto di te!

Visto com'è semplice? La nostra lingua non è difficile, è logica!

Ci sono alcuni gruppi di parole con i quali le preposizioni assumono significati un po' "diversi" da quelli visti con Franz.

	in + dativo	**in + accusativo**
Edificio paesaggio, monte, nazione, via	Ich schlafe im Hotel. Dormo in hotel. Monika hat ein Haus im Schwarzwald. Monika ha una casa nella Foresta Nera. Ich lebe in der Turkei. Vivo in Turchia. Sigfried wohnt in der Florastraße. Sigfried abita in Florastraße (Via…).	Ich fahre ins Hotel. Vado in hotel. Monika fährt in den Schwarzwald. Monika va nella Foresta Nera. Ich fahre in die Türkei. Vado in Turchia. Ich gehe in die Florastraße. Vado in Florastraße (Via...).
	auf + dativo	**auf + accusativo**
Posto, montagna, arcipelago, isole (senza articolo)	Der Teller steht auf dem Tisch. Il piatto è sul tavolo. Ich war schon auf der Zugspitze. Sono già stato sullo Zugspitze (monte). Wir sind auf den Malediven. Siamo alle Maldive. Wir sind auf Kreta. Siamo a Creta.	Ich stelle den Teller auf den Tisch. Metto il piatto sul tavolo. Ich gehe auf die Zugspitze. Salgo (vado) sullo Zugspitze. Ich fliege auf die Malediven. Volo alle Maldive. Ich fliege auf/nach Kreta. Vado a Creta in aereo.

	an + dativo	an + accusativo
Mare, fiume, lago, spiaggia, riva	Markus und Hildegard machen Urlaub am Mittelmeer. Markus e Hildegard trascorrono le loro vacanze nel Mediterraneo. Samuel lag heute Nachmittag am Strand. Oggi pomeriggio Samuel è stato sdraiato sulla spiaggia.	Markus und Hildegard fliegen morgen ans Mittelmeer. Domani mattina Markus e Hildegard prendono l'aereo per andare nel Mediterraneo. Samuel geht an den/zum Strand. Samuel va in spiaggia.

Non avete notato nulla di strano tra gli esempi? Siete stati distratti! Guardate di nuovo queste due frasi con la preposizione neben.

neben + dativo (stato in luogo)	**neben + accusativo** (moto a luogo)
Das Stachelschwein Franz **liegt** neben dem Kind. Il riccio Franz sta sdraiato di fianco al bambino.	Das Stachelschwein Franz **legt** sich neben das Kind. Il riccio Franz si mette (sdraiato) di fianco al bambino.

Questa coppia di verbi, **liegen – sich legen**, fa parte della categoria dei **verbi di posizione**! In tedesco abbiamo alcune coppie di verbi che si assomigliano nella pronuncia e nel significato, ma esprimono due diversi momenti della stessa azione. Uno indica lo **stato in luogo**, l'altro il **moto a luogo**. Studiarli insieme alle preposizioni, viste con Franz, ci aiuta a capire meglio se un oggetto si trova (stato in luogo, dativo) o viene messo (moto a luogo, accusativo) in un luogo.

Ecco le quattro coppie di verbi di posizione.

Stato in luogo, dativo	Moto a luogo, accusativo
sitzen (stare seduto)	setzen (sedersi)
stehen (stare in posizione verticale)	stellen (porre in posizione verticale)
liegen (giacere, stare in posizione orizzontale)	legen (porre in posizione orizzontale)
hängen (stare appeso)	hängen (appendere)

E ora vediamo come usarli.

Wo? **(Dove?)** Risultato di un'azione (dativo)	**Wohin?** **(Verso dove?)** Moto – Spostamento (accusativo)
sitzen (sedere) Ich sitze auf dem Sessel. Sono seduto sulla poltrona.	**sich setzen** (sedersi) Ich setze mich auf den Sessel. Mi siedo sulla poltrona.
stehen stare in piedi (verticalmente) Die Tasse steht auf dem Tisch. La tazza è sul tavolo.	**sich stellen** (mettersi/mettere) Ich stelle die Tasse auf den Tisch. Metto la tazza sul tavolo.
liegen (essere disteso/sdraiato) Ich liege im Bett. Sono a letto.	**sich legen** (adagiarsi/stendersi) Ich lege mich ins Bett. Mi metto a letto.
hängen Die Lampe hängt über dem Tisch. Il lampadario è appeso sopra al tavolo.	**hängen** Ich hänge die Lampe über den Tisch. Appendo il lampadario sopra al tavolo.

Se c'è movimento (Bewegung) vuol dire che la preposizione sarà seguita dall'accusativo. Al contrario, se non c'è alcun movimento (keine Bewegung) sarà al dativo. Esercitatevi un po' prima di andare avanti!

Übung 40.

Inserite la preposizione giusta nel caso giusto!
Per aiutarvi ho messo il genere della parola tra parentesi.

1. Der Brunnen (fontana) steht mitten .... Marktplatz (der).
2. Er setzt sich .... Fenster (das).
3. Wir stellen das Bett .... Wand (die).
4. Sie legt die Bluse .... Schublade (cassetto – die).
5. Das Poster von Leonardo di Caprio hängt .... Bett.
6. Das Kind sitzt ruhig hinten .... Auto (das).
7. Ich bin todmüde: ich lege mich ein Moment .... Bett.
8. Michael sitzt .... mir.
9. Der Fernseher (TV) steht .... Regal (das) und .... Lampe (die).
10. Gehst du auch .... Restaurant? Wir sind schon .... Restaurant!

4.3.3 Le preposizioni di luogo che reggono il dativo

Fortunatamente non esistono solo preposizioni che "oscillano" tra dativo e accusativo: alcune reggono solo il dativo. Ecco quali sono.

ab	gegenüber	seit
aus	mit	von
bei	nach	zu

Tranne la preposizione mit (con), tutte le altre possono introdurre il complemento di luogo.

ab • punto di partenza	Ich fliege morgen mit Germanwings ab Köln. Parto domani da Köln con la Germanwings.
aus • moto da luogo chiuso	Lisa geht aus dem Supermarkt. Lisa esce dal supermercato.
aus • provenienza	Christian kommt aus Köln. Christian è di Köln.
bei • località vicina	Pavia liegt bei Mailand. Pavia è nei pressi di Milano.
bei • persona	Ich wohne noch bei meinen Eltern. Vivo ancora dai miei genitori.
bei • posto di lavoro (azienda)	Herr Müller arbeitet bei Haribo. Il signor Müller lavora alla Haribo.
gegenüber • di fronte	Gegenüber der Bank gibt es einen Kindergarten Di fronte alla banca c'è un asilo.
(Solo posposta con persone)	Mir gegenüber sitzt Florian. Di fronte a me è seduto Florian.

nach • nomi di località	Ich fahre nach Deutschland/Köln. Vado in Germania/Köln.
nach • direzione	An der Ampel biegen Sie nach rechts ab. Al semaforo svolti a destra.
von • punto di partenza	Gerda kommt gerade von der Schule. Gerda è appena arrivata da scuola.
von • complemento di specificazione	Das sind die Brillen von meiner Mutter. Questi sono gli occhiali di mia madre.
zu • meta	Ich fahre zu meinem Freund Lukas. Vado dal mio ragazzo Lukas.

Übung 41.

Inserite la giusta preposizione con il dativo.

1. .... Mailand nach Berlin sind es ungefähr (circa) 1000 km.
2. Ich nehme mein Handy .... der Tasche.
3. Dieser Zug fährt .... Innsbruck.
4. Wohin fahrt ihr in Urlaub? .... Griechenland?
5. Ich fahre .... meinen Eltern. (Achtung! Complemento di compagnia!)
6. Ich wohne in Monza. Das liegt .... Mailand.
7. Das Hotel liegt dem Rathaus ....
8. Sie kommen gerade .... der Schule.

4.3.4 Le preposizioni di luogo che reggono l'accusativo

Abbiamo visto le preposizioni che reggono solo il dativo. C'è un gruppo di preposizioni che, invece, regge solo l'accusativo.

bis	entlang	gegen	um
durch	für	ohne	

Tranne für (per) e ohne (senza) le altre preposizioni possono introdurre tutte un complemento di luogo.

bis • località come punto di arrivo
Bis Frankfurt muss du noch zwei Stunden fahren.
Fino a Francoforte devi guidare ancora per due ore.

durch • attraverso
Die Katze springt durch das Fenster.
Il gatto salta dalla (attraverso) la finestra.

entlang • lungo (posposta)
Ich spaziere den Rhein entlang.
Passeggio lungo il Reno.

gegen • contro (con contatto)
Das Auto fuhr gegen den Baum.
La macchina andò a finire contro l'albero.

um • attorno
Die Kinder sitzen um den Weihnachtsbaum.
I bambini siedono attorno all'albero di Natale.

E ora facciamo pratica con le preposizioni all'accusativo.

Übung 42.

Inserite le preposizioni che reggono l'accusativo.

1. Sie kauft immer Geschenke .... ihren Mann.
2. Möchten sie Kaffee mit oder .... Zucker?
3. Die Tür ist sehr klein: Der Tisch kann nicht .... die Tür gehen!
4. Unsere Gäste sitzen .... den Tisch und haben viel Spaß!
5. Sie gehen immer .... den Wald spazieren.
6. Dieser Bus fährt nur .... Rom.
7. Gehen Sie die Goethestraße ....
8. Lukas ist mit dem Motorrad .... einen Bus gefahren (è finito contro un bus).

4.3.5 Le preposizioni articolate

Come in italiano, anche in tedesco abbiamo le preposizioni articolate. Non sapete quali sono? Leggete questa frase.

Lisa è a casa della nonna.

"**a**" è una preposizione semplice
"**della**" è una preposizione articolata composta da "di + la" = della

In tedesco possiamo formare le preposizioni articolate (preposizione + articolo flesso) con queste preposizioni.

an (DAT) + dem = **am**	Robert liegt am Strand. (der Strand) Roberto è sdraiato in spiaggia.
an (ACC) + das = **ans**	Papa und Mama fahren morgen ans Meer. (das Meer) Mamma e papà domani vanno al mare.
bei (DAT) + dem = **beim**	Das Postamt befindet sich beim Hauptbahnhof. (der Bahnhof) L'ufficio postale si trova presso la stazione centrale.
in (ACC) + das = **ins**	Lisa und Simon gehen ins Kino. (das Kino) Lisa e Simon vanno al cinema.
in (DAT) + dem = **im**	Meine Tochter liegt schon im Bett. (das Bett) Mia figlia è già a letto.

von (DAT) + dem = **vom**	In den Kneipen trinke ich nur Bier vom Fass. (das Fass) Nelle birrerie bevo solo birra alla spina.
zu (DAT) + der = **zur**	Ich muss zur Apotheke gehen. (die Apotheke) Devo andare in farmacia.
zu (DAT) + dem = **zum**	Ich brauche Zucker: Ich gehe zum Supermarkt. (der Supermarkt) Mi serve lo zucchero: vado al supermercato.

4.3.6 Alcune particolarità

Abbiamo visto tutte le preposizioni.

Con il dativo	Con l'accusativo	Con dativo/accusativo
aus	durch	an
bei	für	auf
mit	gegen	hinter
nach	ohne	in
seit	um	neben
von	entlang	über
zu		unter
ab		vor
gegenüber		zwischen

Vediamo alcune eccezioni per quanto riguarda i complementi di luogo.

Wir sind im Kino.
Siamo al cinema (stato in luogo, **dativo**: in dem).
Wir gehen ins Kino.
Andiamo al cinema (moto a luogo, **accusativo**: in das).

Per esempio, con la parola "casa" (das Haus) non possiamo ricorrere alla stessa preposizione alternata tra accusativo e dativo.

Ich bin zu Hause.	Sono a casa.
Ich gehe nach Hause.	Vado a casa.

Ci sono altri sostantivi che richiedono due preposizioni diverse a seconda che si tratti di **stato in luogo** o **moto a luogo**.

	Wo?	Wohin?
Città/nazione (senza articolo)	**in + dativo** Ich lebe in Berlin Vivo a Berlino.	**nach + dativo** Ich fliege nach Berlin. Volo a Berlino/ Vado a Berlino in aereo.
Piazza, con nome	**an + dativo** Valeria spaziert am Goetheplatz. Valeria passeggia in Goetheplatz.	**zu + dativo** Valeria geht zum Goetheplatz. Valeria va (a piedi) in Goetheplatz.
Negozio, banca, posta	**in + dativo** Laura kauft Aspirin in der Apoteke. Laura compra dell'aspirina in farmacia. **Eccezione** Fabian ist **in/auf** der Post. Fabian è alla posta.	**zu + dativo** Laura fährt zur Apoterke. Laura va in farmacia. **Eccezione** Ich muss **auf** die Bank. Devo andare in banca.

	bei + **dativo**	**zu** + **dativo**
Persona	Ich war bei meiner Mutter. Sono stato da mia madre. **Eccezione** Ich bin **zu** Hause. Sono a casa.	Ich fahre zu meinen Eltern. Vado dai miei genitori. **Eccezione** Ich gehe **nach** Hause. Vado a casa.

Übung 43.

Inserite la preposizione e l'articolo flesso appropriati.

1. Loris ist erkältet. Er muss .... Apotheke (f).
2. Morgen fahre ich .... Hamburg.
3. Ich habe gesagt, du musst .... unten.
4. Der Apfelsaft steht .... Kühlschrank (m).
5. Simone hängt das Bild .... Wand (f).
6. Papa parkt das Auto .... Garage (f).
7. Ich gehe .... Büro (n).
8. .... der Post ist eine Bank.
9. Wir machen Urlaub .... Sizilien.
10. Frankfurt liegt .... Main.
11. Frau Luise unterhält (discute) sich .... Freudplatz.
12. Lydia wohnt .... Schweiz.
13. Sylvia und Franziska liegen .... Strand.

★ Willkommen in Deutschland ★

Italia e Germania...

EINE HASSLIEBE-BEZIEHUNG

(odi et amo)

I nostri due Paesi sono legati da un rapporto di odio-amore che dura da secoli. Siamo uniti da relazioni socio-economiche, ma soprattutto ci legano vicissitudini culturali. Tra i tanti viaggi di artisti tedeschi in Italia, il più conosciuto è quello di Goethe, narrato nel celebre diario Italienische Reise, scritto tra il 1813 e il 1817. Ecco alcuni versi dedicati all'Italia:

Kennst du das Land, wo die Zitronen blühn
Im dunklen Laub die Goldorangen glühn,
Ein sanfter Wind vom blauen Himmel weht,
Die Myrte still und hoch der Lorbeer steht...

Conosci la terra dove fioriscono i limoni,
splendono arance dorate tra le foglie scure
soffia un vento mite dal cielo blu
il mirto è calmo e l'alloro svetta...

Perché questo amore? Certo, la Germania non offre paesaggi così caldi e accoglienti, ma la vera risposta è da trovarsi in queste parole, sempre di Goethe:

Leben und Weben ist hier, aber nicht Ordnung und Zucht...

Qui trovo vita e animazione ma non ordine e disciplina...

Forse per gli stessi motivi i tedeschi, biondi e pallidi, si riversarono, nel primo dopoguerra, in Italia alla ricerca di mare, sole e spaghetti. Inizia così la nostra "colonizzazione" di zone come la Riviera Adriatica e l'amato Gardasee (Lago di Garda). Ai nostri occhi gli italiani sono sympathisch und spontan, sorglos und phantasievoll (simpatici e spontanei, spensierati e pieni di fantasia), insomma ein Traum (un sogno)!
Ma per alcune cose ci fidiamo solo della nostra Heimatland (madrepatria). Preferiamo acquistare macchine e case in Germania; i vostri treni sono sempre in ritardo e stare in coda nei vostri uffici postali per noi è un tormento! Voi adorate la nostra Pünktlichkeit (puntualità), i capelli biondi e l'Oktoberfest; sognate un sistema come il nostro, dove, per esempio, ci si ferma alle strisce pedonali... Potete dirmelo in confidenza: un po' non ci sopportate perché per voi vogliamo sempre primeggiare e siamo come tante "api operose" (fleißige Bienen) che danno lezioni agli altri. Vero?

4.4 Preposizioni di tempo

Passiamo alle principali preposizioni di tempo. Rispondono generalmente alla domanda wann? (quando?).

Wann rufst du Sabine an? Ich rufe sie um 10 Uhr an.
Quando telefoni a Sabine? La chiamo alle 10,00.

Wann putzt du dir die Zähne? Am Morgen und am Abend.
Quando ti lavi i denti? Al mattino e alla sera.

Per le preposizioni di tempo, zum Glück (fortunatamente), non dobbiamo ragionare troppo quando scegliamo il caso da abbinare.
Tutte le preposizioni sono seguite dal dativo tranne:

- **um + accusativo**
  Accompagna sempre un orario, quindi non dovete declinare nulla! Um 10 Uhr. Alle 10,00.
- **bis + accusativo**
  Nelle espressioni bis morgen/bis bald (a domani/a presto). Non occorre declinare nulla. Bis si trova di solito accoppiato a zu + **dativo**. Bis zum Ende. Fino alla fine.

a partire da	**ab**	ab Mittwoch ab dem zweiten Oktober	da mercoledì dal due di ottobre
giorno, momento della giornata, data	**an**	am Montag am Abend am zwanzigsten Juli	lunedì di sera il 20 luglio
fino a	**bis (+zu)**	bis bald/bis 18 Uhr/bis zu deinem Geburtstag	a presto/fino (entro) le 18/fino al tuo compleanno
ora, mese o stagione	**in**	im Mai/im Sommer in einer Stunde	a maggio/d'estate tra un'ora
dopo	**nach**	fünf nach zehn nach der Schule	le cinque e dieci dopo la scuola
da	**seit**	seit einem Monat	da un mese

alle (ora)	**um**	um acht Uhr	alle otto
da... a ...	**von...** **bis**	vom 9.4. bis zum 1.5.	dal nove aprile al primo maggio
prima/fa	**vor**	fünf vor zehn vor Weinachten vor drei Monaten	dieci meno cinque prima di Natale tre mesi fa

ACHTUNG!
In tedesco l'anno non è mai preceduto da una preposizione!
2001 kaufte ich mein Auto. Nel 2001 comprai la mia auto.

– Wie alt bist du? Quanti anni hai?
– Ich bin 20 Jahre alt. Ho 20 anni.
– Und wann bist du geboren? E quando sei nato?
– Ich bin am 19. Mai geboren. Sono nato il 19 maggio.

Per rassicurarvi un po' vi svelo un trucco: ci sono delle preposizioni che potrete usare senza paura di sbagliare in determinati casi:

- **um** per gli orari precisi
  Wir fangen **um** 15 Uhr an. Iniziamo alle 15,00.
- **im** per le stagioni e i mesi
  Im Sommer ist es warm. D'estate fa caldo.
  Im Mai machen wir Urlaub. A maggio andiamo in vacanza.
- **am** per le date, le parti della giornata e i giorni della settimana
  Am 9. Juni ist die Schule vorbei. Il 9 giugno finisce la scuola.
  Am Abend bin ich immer müde. Di sera sono sempre stanco.
  Am Mittwoch fährt Laura nach Frankreich. Mercoledì Laura va in Francia.

Eccezione

- **In der Nacht** schlafen wir ruhig. Di notte dormiamo tranquilli.

Avete visto? Molte volte il complemento di tempo si trova all'inizio della frase, obbligando così il soggetto a spostarsi dopo il verbo!

Quando la data è preceduta dalla preposizione **am**, al numero si aggiunge la desinenza **-ten** (da 1 a 19) o **-sten** (da 20 a 31). Questo si trasforma così in **ordinale**.

Am er**sten** Mai haben wir frei.
Il 1° maggio non lavoriamo.

Am einunddreißig**sten** August sind meine Ferien vorbei.
Le mie ferie finiscono il 31 agosto.

Per indicare che il numero è diventato ordinale dovete aggiungere un puntino, in basso, vicino alla cifra (1. Mai, 31. August).

4.4.1 Alcune espressioni temporali

Un altro modo per esprimere il **complemento di tempo** è con l'**accusativo semplice**.

Ich lese **den ganzen Vormittag.**	Ho letto tutta la mattina.
Nächste Woche braucht Maria das Auto!	La prossima settimana Maria ha bisogno dell'auto!
Jeden Samstag fährt Jonas nach Mailand.	Jonas va a Milano ogni sabato.

Per esprimere un'azione che si ripete regolarmente ogni settimana, ogni giorno ecc., come per un'abitudine o un impegno fisso, ci basta aggiungere una **s** al sostantivo che indica il tempo.
Mittwochs kaufe ich ein. Faccio la spesa tutti i mercoledì.

Abends sieht Andreas fern.	Di sera (è un'abitudine) Andrea guarda la TV.

ACHTUNG!
Per indicare la durata di un'azione che avviene per un un certo periodo continuativo (per), in tedesco si utilizzano:

- **für** + accusativo
- **lang** (posposta)
- **accusativo semplice**

Jürgen resta a Firenze per una settimana.
Jürgen bleibt **für eine Woche** in Florenz.
Jürgen bleibt **eine Woche (lang)** in Florenz.

Per esprimere il complemento di tempo potete usare degli avverbi:

jetzt (ora)	nun (adesso)	später (più tardi)	gerade (in questo momento)
heute (oggi)	morgen (domani)	gestern (ieri)	dann/danach (dopo)

Jetzt habe ich leider keine Zeit, ich rufe dich **später** an!
Adesso non ho tempo, ti chiamo più tardi!

Olga, hast du deine Hausaufgaben gemacht?
Nein, ich mache sie jetzt **gerade**!
Olga, hai fatto i compiti? No, li sto facendo proprio ora.

Heute bleibe ich zu Hause aber **morgen** gehe ich mit Morgan aus.
Oggi resto a casa, ma domani esco con Morgan.

Ich stehe auf und **dann** bereite ich das Frühstück vor.
Mi alzo e dopo preparo la colazione.

Tipps und Tricks

Come si usa *gerade*

In tedesco non esiste il gerundio come in italiano. Ma non disperate! Abbiamo trovato un modo facilissimo per ovviare a questa mancanza. Ci basta aggiungere gerade (in questo momento, ora) all'azione che si sta compiendo.

Ich lese **gerade**. Sto leggendo.

Ci sono altri metodi per rendere, in tedesco, il gerundio italiano, ma ve li mostrerò più avanti. Iniziate a memorizzare questo!

Übung 44.

Inserite la preposizione corretta.

1. Kommen Sie .... Mittwoch mit mir ins Theater?
2. Wie lange bleibst du in Italien? .... August .... Ende Oktober.
3. .... Sommer müssen die Schüler jeden Tag lernen und Hausaufgaben machen.
4. Wann bist du geboren? .... zweiten April 1986.
5. .... Samstagabend gehen Martin und Fabian in die Disko.
6. Ich mache für ein paar Tage eine Pause, ... Mittwoch fange ich wieder an.

4.4.2 La frequenza

Dialogo

Karl: Hallo Tanja, was machst du am Abend?
Valerie: Ich gehe ins Kino: Es gibt einen Film von Tarantino, meinem Lieblingsregisseur. Möchtest du mitkommen?
Karl: Ja klar! Du bist ein richtiger Filmfan... **Wie oft** gehst du ins Kino?
Valerie: Sehr oft... fast immer! Einmal pro Woche. Gehst du auch gern ins Kino?
Karl: Nein, ich gehe lieber ins Theater. Aber mit dir komme ich gerne mit!

Traduzione

Karl: Ciao Valerie, che fai stasera?
Valerie: Vado al cinema: c'è un film di Tarantino, il mio regista preferito. Vuoi venire con me?
Karl: Già! Tu sei una vera cinefila. Quanto spesso vai al cinema?
Valerie: Molto spesso... quasi sempre! Una volta alla settimana. Anche a te piace andare al cinema?
Karl: No, preferisco il teatro. Ma con te vengo volentieri!

La domanda wie oft significa "quanto spesso": per rispondere possiamo usare uno degli avverbi di frequenza.

nie	mai
selten	raramente
manchmal	a volte
oft	spesso
immer	sempre

Come avete visto nel dialogo, io adoro andare al cinema e ci vado sehr oft, einmal pro Woche (molto spesso, una volta alla settimana).

einmal pro Woche	una volta alla settimana
zweimal pro Monat	due volte al mese
dreimal pro Jahr	tre volte all'anno
und so weiter und so fort!	eccetera eccetera!

Übung 45.

Wie oft?

1. Wie oft gehst du ins Kino?

   ....

2. Wie oft isst du Nudeln?

   ....

3. Wie oft spielst du Gitarre?

   ....

4. Wie oft triffst du dich mit deinen Freunden?

   ....

5. Wie oft machst du Urlaub?

   ....

Tipps und Tricks

Lieblings-...

Per dire "Il mio regista preferito è Tarantino" ho usato una parola composta con Lieblings-, che si usa per esprimere una preferenza. Ricordate, come per le parole composte, che il genere è sempre quello della parola più a destra.

die Lieblingsfarbe	il colore preferito
das Lieblingsessen	il cibo preferito
der Lieblingsfilm	il film preferito

4.5 C'è-ci sono

Avete notato l'espressione che ho usato per dire che al cinema proiettano un film di Tarantino? Facciamo un *rewind* sul dialogo.

Ich gehe ins Kino: Es gibt einen Film von Tarantino...

È l'espressione **es gibt** quella che dovete imparare super gut und super schnell (bene e in fretta). Significa "**c'è/ci sono**" sia al singolare sia al plurale. Visto che siete voi italiani, ora, a complicarvi la vita?

Ricordatevi che es gibt **è sempre accompagnato da un accusativo**.
Es gibt + einen Film/ein Buch/eine Novelle
C'è un film/un libro/un racconto

Guardate come si comporta **nelle frasi interrogative**.
Was **gibt es** heute zum Essen? Es gibt Pizza! Yeeeeeeeah!
Cosa c'è oggi da mangiare? C'è la pizza! Yeeeeeeeah!

Tipps und Tricks

L'uso di es

Avete imparato a usare es come pronome personale, terza persona singolare, genere neutro.

Kaufst du das Handy? Ja, ich kaufe es. Compri il cellulare? Sì, lo compro.

Ma es è utilizzato anche con altre funzioni.

1. Per indicare **le ore** (come già sapete!)
   Es ist 21 Uhr. Sono le 21,00.
2. Per dire e chiedere **"come va"**
   Wie geht es dir? (Wie geht's?) Come (ti) va?
   Es geht mir gut, danke. Tutto bene, grazie.
3. Per rispondere **al telefono o al citofono**
   Wer ist da? Chi è?
   Ich bin es (Ich bin's), Stephan. Sono io, Stephan.
4. In **alcune espressioni** come "ne vale la pena"
   Es lohnt sich nicht. Non ne vale la pena.

In seguito vi mostrerò gli altri usi del nostro caro "tuttofare" es.

4.6 Focus sulle particelle modali

Adesso vorrei accompagnarvi nel "vivo" della mia Sprache (lingua). Ecco **le particelle intraducibili** che la rendono ricca di espressività e intonazione. Cercherò di darvi, per ognuna di esse, una traduzione. Vi consiglio, fin da subito, di imparare a riconoscerle e a utilizzarle con la pratica.

- **aber**

L'abbiamo già incontrata molte volte.

Ich möchte in die Disko gehen, **aber** ich bin sehr müde: Ich bleibe (lieber) zu Hause.
Vorrei andare in discoteca, ma sono molto stanca: resto a casa.

In questo caso significa "ma": esprime una proposizione avversativa.
E in questa frase?

Das ist **aber** sehr schön!
Questo è molto bello! / Ma che bello questo!

Non possiamo tradurlo letteralmente perché serve a dare una precisa intonazione, per rimarcare il concetto di bellezza.

- **denn**

Wo ist **denn** Julian?
Allora, Julian dov'è?

La frase funziona anche senza denn (Wo ist Julian?), ma suona un po' più "anonima". Con denn capisco che è un po' che Julian non si fa vedere.

- **mal**

L'avete riconosciuto? C'era nelle forme einmal, zweimal ecc.
Qui lo usiamo diversamente.

Kannst du das bitte **mal** machen?
Puoi farlo un attimo per piacere?

Come per denn, il concetto è chiaro anche senza mal (Kannst du das bitte machen?). Grazie a mal c'è una sfumatura in più. È una piccola esortazione che serve a far capire al mio interlocutore che, per esempio, non posso svolgere una determinata cosa in quel momento e ho proprio bisogno di lui.

- **ja**

Vuol dire "sì", ma lo usiamo anche per sottolineare qualcosa.

Das ist **ja** wunderbar!
Ma è fantastico!

- **wohl**

Significa sostanzialmente "bene".

Ich fühle mich **wohl**.
Mi sento bene.

Tuttavia, messo "a caso" in tedesco può avere il significato di "certamente", "perfettamente". In questo caso, è inutile tentare delle traduzioni imprecise, meglio fare degli esempi!

Lucia ist sehr hübsch: Das kann man **wohl** sagen!
Lucia è molto carina: si può ben dirlo!

Non fate però l'errore di tradurlo sempre con "ben". Queste particelle, a seconda del contesto, hanno sfumature differenti.

- **doch**

Normalmente viene usato nelle frasi per contrastare un'affermazione già fatta. In questo caso ha una funzione simile a quella di "ma", "tuttavia".

Die Sonne scheint, **doch** es ist noch kalt.
Il sole splende, eppure/tuttavia fa ancora freddo.

Come particella modale, invece, serve a rafforzare un'affermazione.

Pass **doch** auf!
Sta' un po' attento!

4.7 L'imperativo

Passt doch auf! (Fate attenzione!) Avete riconosciuto la forma della frase? Si tratta dell'**imperativo**. Esprime un ordine, un'imposizione, un invito, una proposta o un'esortazione più o meno cortese. In italiano utilizzate:

1. Luca, **smettila** e **fai** i compiti! → seconda persona singolare
2. **Andiamo** al cinema! → prima persona plurale
3. **Non aspettatemi**. → seconda persona plurale
4. Prego signor Rossi, **si accomodi**. → forma di cortesia

Ora proviamo a vedere le stesse frasi in tedesco. È molto facile!

1. Luca, **hör auf** und **mach** die Hausaufgaben!
2. **Gehen** wir ins Kino!
3. **Wartet** nicht auf mich!
4. Bitte Herr Rossi, **nehmen Sie** Platz.

Vediamo caso per caso.

1. **Mach**: l'imperativo alla seconda persona singolare si forma con la stessa persona dell'indicativo (machst) senza "-st" (mach~~st~~). Il soggetto du non va espresso.
2. **Gehen wir**: la prima persona plurale corrisponde a quella dell'indicativo, con la differenza che il pronome wir si mette dopo il verbo.
3. **Wartet**: la seconda persona plurale corrisponde a quella dell'indicativo, ma senza il soggetto espresso.
4. **Nehmen Sie**: la forma di cortesia è uguale a quella dell'indicativo, ma il pronome personale soggetto Sie segue il verbo.

Ricapitolando:

	MACHEN
du	mach!
ihr	macht!
wir	machen wir!
Sie	machen Sie!

Per rendere l'ordine o l'invito **negativo**, basta mettere la negazione nicht dopo il verbo.

Komm nicht vor 15 Uhr bitte! Per favore non venire prima delle 15,00!

Inoltre, se abbiamo a che fare con **verbi separabili** spostiamo il **prefisso in fondo alla frase**.

Luca, hör mal auf! Luca, adesso smettila!

Ecco, con le forme dell'imperativo vanno "a nozze" le particelle doch, bitte, mal, aber ecc. studiate prima.

Schreib mal wieder! Riscrivilo un po'!
Pass doch auf Ma stai un po' attento!

Übung 46.

Formate delle frasi all'imperativo con gli elementi dati.

1. du – nicht – so viel – rauchen

   ....

2. Sie – schreiben – bitte – einen Brief

   ....

3. du – zeigen – mir – den neuen Pulli

   ....

4. ihr – nicht – so lang – schlafen

   ....

5. wir – machen – eine Party

   ....

6. du – bitte – aufräumen – mal

   ....

7. ihr – bestellen – ein Taxi

   ....

4.8 Gli aggettivi e i pronomi dimostrativi

L'altro giorno sono andata a fare shopping con Tanja.

Dialogo

Valerie: Hey Tanja, wie findest du diesen Rock?
Tanja: Ich finde ihn ein bisschen zu kurz! Jener ist sehr schön und elegant. Kauf jenen!
Valerie: Uhm... Vielleicht hast du recht. Welche Jacke passt zu jenem Rock?
Tanja Die Jacke da!
Valerie: Ok, also ich kaufe den Rock und die Jacke. Danke Tanja, du bist echt nett!
Tanja: Bitte sehr! Ich helfe dir gerne. Und das Einkaufen macht mir Spaß!

Traduzione

Valerie: Ehi Tanja, come ti sembra questa gonna?
Tanja: La trovo un po' troppo corta! Quella è molto bella ed elegante. Comprala!
Valerie: Uhm... forse hai ragione. E quale giacca sta bene con quella gonna?
Tanja: Quella giacca là!
Valerie: Ok, allora prendo la gonna e la giacca. Grazie Tanja, sei proprio gentile!
Tanja: Di nulla! Ti aiuto volentieri! Mi diverte fare shopping!

E a proposito di vestiti, guck mal (guardate qui)!

- tragen indossare, portare
  Ich trage immer diesen Pulli: wie langweilig.
  Indosso sempre questo maglione: che noia.
- anziehen mettersi qualcosa
  Für die Party ziehe ich den neuen Rock an.
  Per la festa mi metto la gonna nuova.

DAS VIDEO!

VIDEO DER LEKTION: ANCHE A TE PIACE FARE SHOPPING? VUOI VEDERE COME ME LA CAVO CON GLI ABBINAMENTI? GUARDA DAS VIDEO SU: GIRLS4TEACHING.COM/UNIT/INSTANT-TEDESCO-EINKAUFEN

Quel negozio era davvero pieno di vestiti ovunque; io e Tanja non sapevamo quale scegliere. Guarda questo, prova quello, quell'altro è più bello, quale dici? Aiuto! Grazie ai pronomi dimostrativi ce l'abbiamo fatta.

1. **dieser, diese, dieses** (questo) si riferisce a cosa o persona vicina a chi parla. Si declina come l'articolo indeterminativo der, die, das.

	Maschile	Femminile	Neutro	Plurale
Nominativo	dieser	diese	dieses	diese
Accusativo	diesen	diese	dieses	diese
Dativo	diesem	dieser	diesem	diesen

2. **jener, jene, jenes** (quello) si riferisce a cosa o persona lontana da chi parla. Si declina esattamente come dieser, ma lo usiamo di meno rispetto a dieser, diese, dieses. Nel parlato lo sostituiamo sovente con der, die, das + dort.

	Maschile	Femminile	Neutro	Plurale
Nominativo	jener	jene	jenes	jene
Accusativo	jenen	jene	jenes	jene
Dativo	jenem	jener	jenem	jenen

ACHTUNG!
Se vi serve un pronome dimostrativo, non disperate! Le forme dei pronomi dimostrativi, in tedesco, combaciano perfettamente con quelle degli aggettivi.

Dieses Haus ist klein, **jenes** ist groß und gemütlich.
Questa casa è piccola, quella è grande e accogliente.

4.8.1 Il pronome interrogativo *welcher*

Quale gonna prendo? Questa o quella?
Il pronome interrogativo che ci serve in questa situazione è **welcher**?, **welche**?, **welches**? che significa "quale?" tra gli oggetti proposti.

Keine Angst! (Non preoccupatevi!) Non dovete imparare nulla di nuovo, perché si declina come dieser, jener, der, die, das.

	Maschile	Femminile	Neutro	Plurale
Nominativo	welcher	welche	welches	welche
Accusativo	welchen	welche	welches	welche
Dativo	welchem	welcher	welchem	welchen

Übung 47.

Completate con dieser, dieses, diese declinato correttamente.
Attenti al caso! Vi ho messo tra parentesi il genere del nome.

1. In .... Restaurant (n) isst man sehr gut.
2. Nach .... Prüfung (f) möchte ich mich entspannen.
3. .... Buch (n) finde ich interessant, ... Film (m) ist im Gegensatz (al contrario) sehr langweilig!
4. Verstehst du .... Hausaufgaben (f pl.)? Sie sind so kompliziert!
5. Welches Auto (n) ist das Auto von Silvia? .... oder jenes?
6. .... Hund (m) ist sehr ruhig, jener ist zu aggressiv.

★ Willkommen in Deutschland ★

DEUTSCHLAND GEGEN ITALIEN

Germania contro Italia

Abbiamo riso e scherzato con l'attrazione reciproca, gli scambi culinari, le vacanze al sole, i piccoli difetti di ognuno, tedeschi e Spaghettifresser... und so weiter und so fort (mangiaspaghetti... e così via).

È giunto il momento di dedicarci a cose serie: Fußball (il calcio)! Non so quanto siate tifosi; seguo il calcio solo da "lontano", ma nessuno è tanto distante dalla realtà da non conoscere l'eterna rivalità Italien – Deutschland sul campo a undici! Entrambe le nationalen Mannschaften (squadre nazionali) vantano una marea di titoli sia a livello europeo sia mondiale. Tantissime sono le finali che le hanno viste protagoniste una contro l'altra e si parla sogar (addirittura) di "derby d'Europa". Andiamo con ordine e ripercorriamo insieme le partite più avvincenti.

1962: Cile Le squadre si incontrano per la prima volta in una competizione mondiale ed è pareggio.

1970: Messico Das Jahrhundertspiel (la partita del secolo). No, non sono io a esagerare! La semifinale del mondiale messicano resta, ancora oggi, una delle partite più emozionanti disputate dalle nostre due squadre. In campo, il gioco si fa spietato fino ai supplementari, quando la Germania Ovest – allora la mia patria era ancora divisa in due dal Berliner Mauer (muro di Berlino) e anche la nazionale di calcio risentiva di questa frattura – fa di tutto per non soccombere, dando prova di una grandissima resistenza fisica e mentale. Ne uscì sconfitta al 111° minuto.

1978: Argentina Si ripete la stessa storia: di nuovo mondiali, Deutschlands Niederlage in semifinale (sconfitta della Germania Ovest). Il risultato della partita, però, è 0-0. Avete ottenuto l'accesso alla finale solo grazie al punteggio!

1982: Madrid Dura sconfitta per noi tedeschi: 3-1. Restano famosi gli ormai storici Tore (i goal) architettati dal "trio delle meraviglie" Conti-Tardelli-Rossi. Nelle orecchie di mio papà risuona ancora straziante l'urlo liberatorio di Tardelli al suo secondo goal!

1988: Germania Ovest - Europei Ultima partita con la Germania Ovest (dopo il 1989 sarebbe tornata a essere Germania). Niente di eccezionale, pareggio che lascia tutti contenti, anzi... sconfitti.

1996: Inghilterra - Europei Italien und Deutschland sono nello stesso girone (die Runde): lo scontro tra titani si chiude con uno 0-0. Questa volta il pareggio manda a casa gli Azzurri. Noi vinciamo il titolo contro la Repubblica Ceca.

2006: Dortmund Il mondiale firmato Schwarz-Rot-Gold (nero-rosso-oro), i colori della nostra Fahne (bandiera). Avete letto bene: non è Gelb (giallo), ma Gold!
Semifinale ancora una volta italo-tedesca, giocata fino ai supplementari e decisa dai gol di Grosso e Del Piero. Per onor di cronaca ricordo che la vittoria della semifinale vi ha portato al titolo mondiale. Avete vinto a Berlino contro la Francia ai rigori. Der Himmel über Berlin ist blau! (Il cielo sopra Berlino è blu!), si sentiva ripetere dagli italiani parafrasando uno dei film più celebri di Wim Wenders, e noi non sapevamo se essere contenti per la sconfitta francese o per la vittoria azzurra.

2010: Sudafrica In occasione dei Weltmeisterschaften (mondiali) voi venite eliminati quasi subito, noi in semifinale contro l'Uruguay e ci aggiudichiamo il terzo posto. Non c'è scontro diretto, ma sul web tedesco, in quei giorni, gira questo "tormentone":

Wer den Cup gewinnt, ist scheiß egal,
Non me ne frega un bip di chi vincerà la coppa,
nur Italien nicht, Italien nicht
ma per piacere non l'Italia, non l'Italia!
Wer den Cup gewinnt, ist scheiß egal,
Non me ne frega un bip di chi vincerà la coppa,
nur Italien nicht noch mal...
tutto ma non ancora l'Italia...

2010: Varsavia Das ist genug, danke (Basta così, grazie), ma a voi non basta! Nella semifinale interrompete, grazie a una doppietta di Balotelli, il nostro record di 15 partite imbattute.

2016: Bordeaux Partita sudata da entrambe le parti e giocata fino all'ultimo... anzi, fino ai rigori! Minuti di tensione che vedono protagonisti i due Torwarte, portieri, Neuer e Buffon: riusciamo finalmente a sconfiggere gli azzurri dopo ben 18 tiri in porta!

E le prossime sfide? Ne riparliamo al prossimo incontro! Möge der Bessere gewinnen! (E che vinca il migliore!)

4.9 Riepilogo di tutti i casi

Declinazione degli **articoli determinativi**

	Maschile	Femminile	Neutro	Plurale
Nominativo	**der** Hund	**die** Katze	**das** Pferd	**die** Pferde
Accusativo	**den** Hund	**die** Katze	**das** Pferd	**die** Pferde
Dativo	**dem** Hund	**der** Katze	**dem** Pferd	**den** Pferden

Declinazione degli **articoli indeterminativi e del Negationsartikel kein**

	Maschile	Femminile	Neutro	Plurale
Nominativo	**(k)ein** Hund	**(k)eine** Katze	**(k)ein** Pferd	**(keine)** Pferde
Accusativo	**(k)einen** Hund	**(k)eine** Katze	**(k)ein** Pferd	**(keine)** Pferde
Dativo	**(k)einem** Hund	**(k)einer** Katze	**(k)einem** Pferd	**(keinen)** Pferden

Declinazione degli **aggettivi possessivi**

MEIN	Maschile	Femminile	Neutro	Plurale
Nominativo	**mein** Hund	**meine** Katze	**mein** Pferd	**meine** Pferde
Accusativo	**meinen** Hund	**meine** Katze	**mein** Pferd	**meine** Pferde
Dativo	**meinem** Hund	**meiner** Katze	**meinem** Pferd	**meinen** Pferden

DEIN	Maschile	Femminile	Neutro	Plurale
Nominativo	**dein** Hund	**deine** Katze	dein Pferd	**deine** Pferde
Accusativo	**deinen** Hund	**deine** Katze	dein Pferd	**deine** Pferde
Dativo	**deinem** Hund	**deiner** Katze	**deinem** Pferd	**deinen** Pferden

SEIN (neutro)	Maschile	Femminile	Neutro	Plurale
Nominativo	**sein** Hund	**seine** Katze	**sein** Pferd	**seine** Pferde
Accusativo	**seinen** Hund	**seine** Katze	**sein** Pferd	**seine** Pferde
Dativo	**seinem** Hund	**seiner** Katze	**seinem** Pferd	**seinen** Pferden

IHR (suo di lei)	Maschile	Femminile	Neutro	Plurale
Nominativo	**ihr** Hund	**ihre** Katze	**ihr** Pferd	**ihre** Pferde
Accusativo	**ihren** Hund	**ihre** Katze	**ihr** Pferd	**ihre** Pferde
Dativo	**ihrem** Hund	**ihrer** Katze	**ihrem** Pferd	**ihren** Pferden

UNSER	Maschile	Femminile	Neutro	Plurale
Nominativo	**unser** Hund	**unsere** Katze	**unser** Pferd	**unsere** Pferde
Accusativo	**unseren** Hund	**unsere** Katze	**unser** Pferd	**unsere** Pferde
Dativo	**unserem** Hund	**unserer** Katze	**unserem** Pferd	**unseren** Pferden

EUER	Maschile	Femminile	Neutro	Plurale
Nominativo	**euer** Hund	**eure** Katze	**euer** Pferd	**eure** Pferde
Accusativo	**euren** Hund	**eure** Katze	**euer** Pferd	**eure** Pferde
Dativo	**eurem** Hund	**eurer** Katze	**eurem** Pferd	**euren** Pferden

IHR/IHR (loro e Suo)	Maschile	Femminile	Neutro	Plurale
Nominativo	**ihr/Ihr** Hund	**ihren/Ihren** Pferden	**ihr/Ihr** Pferd	**ihre/Ihre** Pferde
Accusativo	**ihren/Ihren** Hund	**ihre/Ihre** Katze	**ihr/Ihr** Pferd	**ihre/Ihre** Pferde
Dativo	**ihrem/Ihrem** Hund	**ihrer/Ihrer** Katze	**ihrem/Ihrem** Pferd	**ihren/Ihren** Pferden

Declinazione dei **pronomi personali**

Nominativo	ich	du	er	sie	es	wir	ihr	sie	Sie
Accusativo	mich	dich	sich	sich	sich	uns	euch	sie	Sie
Dativo	mir	dir	ihm	ihr	ihm	uns	euch	ihnen	Ihnen

Lezione 4
Glossario

Verbi

sich etwas	dativo
vorstellen	immaginarsi qualcosa
sich streiten	litigare
sich freuen	rallegrarsi
sich bei jemandem bedanken	ringraziare qualcuno
sich schminken	truccarsi
sich duschen	farsi la doccia
sich anziehen	verstirsi
putzen	pulire
springen	saltare
sich ausruhen	rilassarsi
sich erkälten	raffreddarsi
sich verabreden	darsi appuntamento
sich unterhalten	intrattenersi/conversare
sich für etwas	accusativo
interessieren	interessarsi di/a qualcosa
sich fürchten	aver paura
sich schämen	vergognarsi
sich verspäten	attardarsi
heiraten	sposarsi
aufstehen	alzarsi
bemerken	notare
heißen	chiamarsi
aufwachen	svegliarsi
schaden + dat.	nuocere a qualcosa/qualcuno
helfen + dat.	aiutare qualcuno
sitzen	essere seduto
stehen	stare in piedi
liegen	essere disteso/essere sdraiato
hängen	appendere/essere appeso
sich setzen	mettersi a sedere
stellen	mettere in verticale
legen	mettere orizzontalmente

Sostantivi

die Mitbewohnerin	coinquilina
das Rauchen	il fumo/fumare
die Gesundheit	salute
das Stachelschwein	porcospino
die Bewegung	movimento
der Brunnen	fontana
die Schublade	cassetto
der Fernseher	TV
die Brille	occhiali
die Ampel	semaforo
die Tasche	borsa
das Motorrad	moto
das Geschenk	regalo
der Zucker	zucchero
die Lieblingsfarbe	colore preferito
das Lieblingsessen	cibo preferito
der Lieblingsfilm	film preferito
die Niederlage	sconfitta
das Tor	gol
die Runde	girone
die Fahne	bandiera
die Weltmeisterschaft	mondiali di calcio

Aggettivi / Avverbi

unheimlich	terribilmente
langsam	lento
fertig	pronto
kristallklar	chiarissimo/ cristallino
ausgezeichnet	ottimo
todmüde	stanco morto
ungefähr	all'incirca
nie	mai
selten	raramente
manchmal	a volte
oft	spesso
immer	sempre
jetzt	ora
heute	oggi
nun	ora
morgen	domani
gestern	ieri
später	più tardi
gerade	proprio adesso
danach	dopo
aber	ma
denn	allora

Frasi utili

bei meinen Eltern	dai miei genitori
bei Mailand	nei pressi di Milano
Spaß haben	divertirsi
zum Glück	per fortuna
Wie oft?	quanto spesso?
einmal pro Woche	una volta alla settimana
Es gibt	C'è/ci sono
noch einen Schluck Wein	ancora un goccio di vino
Ich bin's, Stephan.	Sono io, Stephan. (al telefono)
Es lohnt sich nicht.	Non vale la pena.
Ich fühle mich wohl.	Mi sento bene/a mio agio.
Das ist genug, danke.	È abbastanza, grazie.
Bist du fertig?	Sei pronto/a? Hai finito?

LEZIONE 5

LEKTION 5

5.1 Dialogo: vacanze spagnole

Siamo già arrivati alla lezione 5? Wie die Zeit vergeht, wenn man sich amüsiert! (È proprio vero che il tempo vola quando ci si diverte!)

Dialogo

Valerie: Hallo Lukas! Wie geht's?
Lukas: Gut danke Valerie, und dir? Wo warst du die ganze Zeit?
Valerie: Ich war in Spanien... Ich habe dort mit meiner Mitbewohnerin Ferien gemacht!
Lukas: Wow, Spanien? Wie geil! Warum Spanien?
Valerie: Weil meine Mitbewohnerin die Sonne und das Meer liebt und... Paella! Und ich auch!
Lukas: Hahaha. Wo seid ihr gewesen?
Valerie: Wir haben Barcelona gesehen, und dort haben wir viele Museen besichtigt.
Lukas: Ja, Barcelona ist so schön! AC/DC haben vor kurzem dort gespielt...
Valerie: Ja, das weiß ich! Das ist meine Lieblingsband...Und natürlich sind wir zu dem Konzert gegangen!
Lukas: Ach Valerie! Ohne Spaß?!? Ich bin so neidisch! Und wart ihr auch am Meer?
Valerie: Selbstverständlich! Das Wetter hat mitgespielt und wir haben am Strand in der Sonne gelegen!
Lukas: Ihr habt es aber gut! Du Glückliche! Und habt ihr auch Marina getroffen? Sie lebt seit 2 Jahren in Madrid.
Valerie: Nein, leider nicht. Wir sind nicht in Madrid gewesen. Wir hatten keine Zeit mehr. Wie geht's ihr?
Lukas: Ok, verstehe. Ihr geht's prima, ich habe gerade mit ihr telefoniert!
Valerie: Wir könnten sie nächstes Jahr zusammen besuchen!
Lukas: Gute Idee! Ich muss jetzt zur Universität! Ciao Valerie, bis bald!
Valerie: Ok, ich muss auch weg. Bis bald, Lukas!

Traduzione

Valerie: Ciao Lukas! Come va?
Lukas: Bene, grazie, Valerie. E tu? Dove sei stata per tutto questo tempo?
Valerie: Sono stata in Spagna. Ho trascorso una vacanza là con la mia coinquilina!
Lukas: Wow! In Spagna? Fico! Perché proprio in Spagna?
Valerie: Perché la mia coinquilina ama il sole, il mare e la *paella*! E anch'io!
Lukas: Ahahah! Dove siete state?
Valerie: Abbiamo visto Barcellona e visitato molti dei suoi musei.
Lukas: Barcellona è così bella! Gli AC/DC hanno da poco suonato lì.
Valerie: Sì, lo so! Sono il mio gruppo preferito e naturalmente siamo andate al concerto!
Lukas: Valerie! Davvero? Che invidia! E siete anche state al mare?
Valerie: Ovviamente! Il tempo ha fatto la sua parte e abbiamo preso il sole in spiaggia!
Lukas: Ve la siete spassata, insomma! Beate voi! Avete incontrato Marina? Vive a Madrid da due anni.
Valerie: No, purtroppo no. Non siamo state a Madrid. Non avevamo più tempo. Come sta?
Lukas: Ah, capisco. Sta benissimo, le ho appena parlato al telefono!
Valerie: Potremmo andare a trovarla, insieme, l'anno prossimo!
Lukas: Buona idea! Ora devo andare all'università. Ciao Valerie, a presto!
Valerie: Anch'io devo andare. A presto Lukas!

DAS VIDEO!

VIDEO DER LEKTION: SEI INVIDIOSO, ANCHE TU, DELLE MIE VACANZE IN SPAGNA? RIASCOLTAMI MENTRE NE PARLO CON LUKAS!
GUARDA DAS VIDEO SU:
GIRLS4TEACHING.COM/UNIT/INSTANT-TEDESCO-SPANISCHER-URLAUB

5.2 Il *Perfekt*

Nel dialogo ho parlato delle mie vacanze. Per raccontare il mio soggiorno in Spagna ho usato i tempi del passato.

Hast du Marina besucht?
Sei andata a trovare Marina?

Wir haben einen Stadtrundgang gemacht.
Abbiamo fatto un giro della città.

Il tempo verbale utilizzato nelle frasi si chiama **Perfekt**. In italiano corrisponde al **passato prossimo** e lo usiamo per parlare di un fatto avvenuto nel passato.

Letztes Jahr sind wir nach Spanien gefahren.
L'anno scorso siamo andati in Spagna.

Se utilizziamo il Perfekt per parlare di un avvenimento passato da poco e ancora legato al presente, ci facciamo aiutare, ancora una volta, dalla particella **gerade**.

Philipp hat Louis **gerade** gesehen.
Philipp ha appena visto Louis.

Il Perfekt è un tempo composto. È formato dall'ausiliare "**essere**" o "**avere**" **coniugato e dal participio passato del verbo principale**.

Ausiliare essere / avere + Participio passato

Vi ricordate i due ausiliari, vero? Ripassiamoli insieme prima di proseguire!

	SEIN	HABEN
ich	bin	habe
du	bist	hast
er/sie/es	ist	hat
wir	sind	haben
ihr	seid	habt
sie/Sie	sind	haben

So che l'avete già capito, ma per evitare incomprensioni ve lo riscrivo. Il participio passato sta nella posizione del V2 (vi ricordate la Verbklammer?), quindi va messo in fondo alla frase affermativa.

Ich (V1) habe Tickets für das Museum und für das Konzert (V2) gekauft.
Ho comprato i biglietti per il museo e per il concerto.

Soggetto (Vorfeld)	V1	Mittelfeld		V2
Ich	habe	Tickets	für das Museum	gekauft

Per le **frasi interrogative** sposteremo il **V1 in prima posizione**.

Hast du Tickets für das Museum gekauft?
Hai comprato i biglietti per il museo?

V1	Soggetto	Mittelfeld		V2
Hast	du	Tickets	für das Museum	gekauft?

5.2.1 Participio passato dei verbi deboli

Gut, formare il participio passato dei verbi deboli (regolari) è facilissimo! **Aggiungiamo ge- davanti al verbo e -t in fondo alla radice** (verbo all'infinito senza "-en").

machen →	**ge-**	-mach-	**-t**

Du **hast** einen großen Fehler **gemacht**.
Hai fatto un grosso errore.

Letzte Woche **haben** Jakob und Wilhelm ein neues Auto **gekauft**.
La settimana scorsa Jakob e Wilhelm hanno comprato una macchina nuova.

Fin qui tutto chiaro. Vediamo gli altri verbi "particolari".

1. **I verbi con radice che termina con -t o -d prendono una -e prima della finale -t** (non è una regola strana, serve solo a rendere il participio più facilmente pronunciabile!).

arbeiten →	**ge-**	-arbeit-	**-e-**	**-t**

Lucia hat 5 Jahre lang mit ihm gearbeitet.
Lucia ha lavorato con lui per cinque anni.

2. **I verbi che finiscono in -ieren**, come kontaktieren, kommunizieren ecc. **non prendono il prefisso ge-, ma solo il suffisso -t**

kontaktieren →	**kontaktier-**	**-t**

Haben Sie Herr Mauer schon **kontaktiert**?
Ha già contattato il signor Mauer?

5.2.2 Participio passato dei verbi separabili e inseparabili

I verbi separabili (se non ve li ricordate tornate di corsa alla lezione 3) formano il participio passato come i verbi deboli (regolari), con la differenza che **si inserisce -ge- tra il prefisso e la radice**.

zumachen →

zu	**-ge-**	-mach-	**-t**

Ich **habe** die Tür **zugemacht**.
Ho chiuso la porta.

La prima grande **differenza** che troviamo nella formazione del participio passato riguarda i verbi con **prefisso inseparabile**. Non hanno bisogno della particella -ge-; aggiungono semplicemente **il suffisso -t alla fine della radice**.

entschuldigen →

entschuldig-	**-t**

Ich habe mich bei Karl entschuldigt.
Mi sono scusato con Karl.

Vi riassumo, con una tabella, i participi dei verbi deboli e le particolarità.

Verbi deboli	Finale in -t o -d	Finale in -ieren	Verbi separabili	Verbi inseparabili
prefisso **ge-** + radice + **-t**	**ge-** + radice + **-et**	radice + **-t**	prefisso **ge-** + radice + **-t**	prefisso + radice + **-t**
kaufen ↓ **ge**kauf**t**	arbeiten ↓ **ge**arbeit**et**	adoptieren ↓ adoptier**t**	ausmachen ↓ aus**ge**mach**t**	zerstören ↓ zerstör**t**

Übung 48.

Formate il participio passato dei seguenti verbi deboli.

1. zeigen (mostrare) ....
2. suchen (cercare)..
3. warten ....
4. arbeiten ....
5. parken ....
6. aufräumen ....
7. zumachen ....
8. einkaufen ....
9. absagen ....
10. zerstören ....
11. erzählen (raccontare) ....
12. telefonieren ....

5.2.3 Participio passato dei verbi forti

Come ci comportiamo con i **verbi forti**? Sì, quelli irregolari! Qui è un "pasticcio". Per adesso vi dico che basta aggiungere il prefisso ge- e il suffisso -en (al posto di -t che usavamo per i verbi deboli).

kommen →

ge-	-komm-	**-en**

Wir sind so bald wie möglich **gekommen**.
Siamo venuti il prima possibile.

Il difficile sta nel fatto che ci sono moltissimi verbi forti che, proprio perché sono irregolari, non seguono regole precise per la formazione del participio passato! Purtroppo per voi non vi resta che impararli auswendig (a memoria).

In alcuni casi, come abbiamo visto con kommen, la radice rimane uguale; in altri invece (molti altri!) la radice presenta una vocale tematica diversa.

nehmen →

ge-	-nomm-	**-en**

Wir haben die Prüfungen ernst **genommen**.
Abbiamo preso gli esami sul serio.

Come posso aiutarvi? Ecco uno schema con i participi irregolari più usati. Poco per volta li imparerete tutti (soprattutto quando ve li mostrerò insieme al tempo Präteritum dei verbi forti, che presenta molte irregolarità)!

Infinito	Participio	Significato
bleiben	geblieben	restare
denken	gedacht	pensare
essen	gegessen	mangiare
fahren	gefahren	andare (con un mezzo)
finden	gefunden	trovare
geben	gegeben	dare
gehen	gegangen	andare (a piedi)
helfen	geholfen	aiutare
kommen	gekommen	venire
lesen	gelesen	leggere
schreiben	geschrieben	scrivere
sehen	gesehen	vedere
sein	gewesen	essere
sprechen	gesprochen	parlare
treffen	getroffen	incontrare
trinken	getrunken	bere
verstehen	verstanden	capire

Übung 49.

Inserite il participio passato dei verbi tra parentesi.

1. Julia ist nach Spanien .... (fahren).
2. Peter und Silvia haben *The lord of the rings* .... (lesen).
3. Gestern hast du viel .... (trinken).
4. Bei Simon haben wir eine leckere Torte .... (essen).
5. Deine Eltern sind in aller Eile (di fretta) .... (kommen).
6. Gott sei Dank (grazie a Dio) hat Merat mir gestern .... (helfen).

5.2.4 L'uso degli ausiliari *sein* e *haben* con il *Perfekt*

La maggior parte delle volte, come avrete notato, si utilizza l'ausiliare **haben** per formare il Perfekt.

Ich **habe** Tina angerufen.
Ho telefonato a Tina.

Du **hast** zu meinem Geburtstag eine Torte gebacken.
Per il mio compleanno hai fatto una torta.

Wir **haben** uns vor dem Bahnhof getroffen.
Ci siamo incontrati davanti alla stazione.

Tuttavia abbiamo anche incontrato delle frasi dove l'ausiliare per la formazione del Perfekt è **sein**.

Meine Freunde **sind** sofort gekommen.
I miei amici sono arrivati subito.

Schritt für Schritt **ist** Lukas Manager geworden.
Passo dopo passo Lukas è diventato manager.

Vediamo più da vicino quando usare haben o sein.
Usiamo **haben** in questi casi.

1. **Per i verbi transitivi** (quelli seguiti da un accusativo)

Ich habe eine Pizza in diesem Restaurant gegessen.
Ho mangiato una pizza in questo ristorante.

Wir haben zusammen eine Reise gemacht.
Abbiamo fatto un viaggio insieme.

2. **Per i verbi riflessivi**

   Sie hat sich in Simon verliebt.
   Si è innamorata di Simon.

3. **Per i verbi che indicano fenomeni atmosferici** (regnen, schneien e così via)

   Es hat gestern viel geregnet.
   Ieri ha piovuto molto.

4. **Per i verbi di stato** (liegen, sitzen, stehen)

   Du hast lange in der Sonne gelegen.
   Sei rimasto sdraiato al sole a lungo.

ACHTUNG!
Il **participio passato** di questi verbi è irregolare:

liegen – gelegen
sitzen – gesessen (da non confondere con essen – gegessen)
stehen – gestanden

Vi ricordate i verbi di stato? Se questo argomento vi sembra nuovo andate a rivederlo alla lezione 4.

5. **Per i verbi che indicano una durata, un inizio oppure la fine di qualcosa**

   Der Film hat 2 Stunden gedauert.
   Il film è durato due ore.

ACHTUNG!
Voi italiani, con questi verbi, avete l'abitudine di sbagliare la formazione del Perfekt perché utilizzate sempre l'ausiliare "essere". Non fate confusione quando trovate dauern (durare), beginnen (iniziare), enden (finire), usw (ecc.) e ricordatevi di usare l'ausiliare haben!

Usiamo, invece, **sein** in questi altri casi.

1. **Per i verbi di movimento**

   Ihr seid mit dem Auto gefahren.
   Voi siete andati con la macchina.

2. **Con sein, werden, bleiben e altri verbi che indicano un cambiamento di stato**

   Du bist Direktor geworden – Gratuliere!
   Sei diventato direttore. Congratulazioni!

   Sie sind das ganze Wochenende im Freien geblieben.
   Sono rimasti tutto il weekend all'aria aperta.

3. **Con i verbi passieren e geschehen**

   Was ist passiert? / Was ist geschehen?
   Che cosa è successo?

ACHTUNG!
In italiano i participi passati dei verbi di moto, stato e trasformazione devono concordare con il sostantivo a cui si riferiscono, nel genere e nel numero.

Luisa è **andata** via.
Marco è **tornato**.
Noi siamo **arrivati**.

In tedesco questa cosa non succede mai! **Noterete, infatti, che i participi passati restano invariati.**

Luisa ist **weggegangen**.
Marco ist **zurügekommen.**
Wir sind **angekommen**.

Übung 50.

Inserite correttamente l'ausiliare sein o haben.

1. .... du richtig gehört?
2. .... Sie diese oder jene Kette gekauft?
3. Ihr .... ein Ferienhaus in Stuttgart gesucht.
4. Wie lange .... der Film gedauert?
5. Sie .... lange auf Peter gewartet.
6. Warum .... du nicht länger (più a lungo) geblieben?
7. Ich .... am 8. Juni geboren.
8. Wir .... alle Schweinebraten bestellt.
9. Laura .... sich schnell angezogen und .... zur Haltestelle gefahren.
10. Warum .... Sie nicht gekommen?
11. China .... sich in den letzten Jahren schnell entwickelt (svilupparsi).
12. Die Rolling Stones .... mehr als 169,100,000 Platten verkauft.
13. Nach dem Unfall .... sein Vater leider gestorben.
14. Ich komme nicht mehr, tut mir leid, ich .... es mir anders überlegt.
15. Die Konferenz .... schon begonnen.

Übung 51.

Rispondete, come nell'esempio, alle domande di questa mamma un po' apprensiva.

Hast du deine Hände gewaschen?
Nein, ich habe sie noch nicht (non ancora) gewaschen.
Ja, ich habe sie schon gewaschen. Nein, aber ich mache es gerade.

1. Habt ihr euer Zimmer aufgeräumt? …
2. Hat Lisa ihr Brötchen gegessen? …
3. Hast du deine Hausaufgaben schon gemacht? …
4. Hat Vater die Heizung (riscaldamento) angestellt? (accendere) …
5. Habt ihr meine Blumen (fiori) gegossen? (innaffiare) …
6. Ist der Briefträger (postino) gekommen? …

Tipps und Tricks

L'idea

In Italia usate la parola "idea" in tantissimi contesti, mentre noi tedeschi usiamo diverse espressioni a seconda delle situazioni.

Ich habe es mir anders überlegt. Ho cambiato idea.	Ich habe keine Ahnung. Non ne ho idea.	Du hast eine gute Idee gehabt! Hai avuto una bella idea!

5.3 La data e l'anno

Vi ricordate quando, parlando delle preposizioni di tempo, vi ho insegnato a indicare la data?

Ich bin am 19. Mai geboren.
Sono nato/a il 19 maggio.

In tedesco, per indicare **una data**, usiamo i **numeri ordinali**. Diciamo letteralmente "sono nato il diciannovesimo di maggio". Vediamo come formare i numeri ordinali che seguono am nella data.

- Dal 2 (zwei) al 19 (neunzehn) vi basta aggiungere **-ten** al numero: am vierzehn**ten**, am sechs**ten**, am zwei**ten**…

ACHTUNG!
Ci sono delle forme di ordinali irregolari:

1 → am ersten
3 → am dritten
7 → am siebten
8 → am achten

- Dal 20 (zwanzig) in avanti dovrete invece aggiungere **-sten**: am zwanzig**sten**, am dreiundvierzig**sten**, am fünfundsiebzig**sten**…

  Come diremo "Bianca è nata il 20 febbraio"?
  Bianca ist am zwanzigsten Februar geboren.

ACHTUNG!
Come scriveremo "Bianca è nata il 20 febbraio"?
Bianca ist am 20. 02. geboren.

Sì, avete letto bene! Il numero che indica il giorno e il mese deve sempre essere **seguito da un puntino**. Non scrivete mai la data separando i numeri con una sbarra (/), come fate in italiano!

~~14/11/2001~~ 14. 11. 2001

Quando indichiamo **un anno** non serve aggiungere **nessuna preposizione davanti al numero**.

2016 sind die nächsten Olympischen Spiele.
Nel 2016 ci sono le Olimpiadi.

Altrimenti potete usare l'espressione **im Jahr** da anteporre all'anno.

Im Jahr 2005 bin ich in Portugal gewesen.
Nel 2005 sono stato in Portogallo.

Übung 52.

Provate a rispondere a queste semplici domande.

1. Wann bist du geboren?

   ....

2. Wann hat Kolumbus Amerika entdeckt? (scoperto)

   ....

3. Wann ist die Berliner Mauer gefallen? (caduto)

   ....

4. Wann ist Weihnachten? (Natale)

   ....

5. Wann ist Papst Johannes Paul gestorben?

   ....

★ Willkommen in Deutschland ★

DEINE FERIEN BEI UNS!

La tua vacanza da noi!

Sentirmi parlare di viaggi non vi ha fatto venire voglia di partire? Se non avete una meta precisa potreste sfruttare la vostra conoscenza del tedesco per programmare un giro in Germania!
Il mio Paese offre soluzioni per tutti i gusti, tutte le tasche e tutte le Jahreszeiten (stagioni).

Se decidete di andare in Germania a dicembre, non perdetevi i famosi mercatini di Natale, **die Christkindlmärkte**! Ne abbiamo davvero tanti! E non crediate di trovare solo decorazioni per il vostro Weihnachtsbaum (albero di Natale): molti, infatti, sono attratti soprattutto dalle bancarelle che offrono le classiche prelibatezze tedesche, tipicamente invernali.
Troverete, per esempio, il Glühwein (vino caldo speziato/vin brulé) o il Punsch (punch) al rum che vi scalderanno nelle gelide serate della stagione fredda; le frittelle, i panini con Wurst e crauti e una varietà di dolci infinita. Per non parlare degli splendidi allestimenti: non potrete fare a meno di sentirvi immersi in una Wintermärchen (fiaba d'inverno).

I più famosi sono quelli di **Nürnberg** (Norimberga), **München** (Monaco), **Stuttgart** (Stoccarda), **Köln** (Colonia), **Rothenburg** e **Dresden** (Dresda). Dall'Italia sono comodamente raggiungibili quelli del Südtirol o dell'Austria, incorniciati da incantevoli paesaggi alpini. Sempre durante l'inverno, non perdetevi i paesaggi innevati mentre fate nordic walking nella **Schwarzwald** (Foresta Nera). Non mancano, infatti, percorsi strutturati per ogni livello di difficoltà. In pratica, ogni città è circondata da zone verdi dove è possibile praticare – per i più sportivi, ma non solo – attività all'aria aperta come gite in bicicletta, escursioni fluviali o lunghe camminate, immersi nella Natur (natura).

Siete tipi spericolati? Kein Problem (nessun problema), c'è qualcosa anche per voi. Negli ultimi anni, noi tedeschi, siamo "impazziti" per gli **Extremsportarten** (gli sport estremi) e ovviamente ci siamo subito attrezzati per poterli praticare un po' ovunque!

Siete persone tranquille e non cercate il brivido, ma vi interessate di enogastronomia? La **Deutsche Weinstraße** (Strada tedesca del vino) nel Rheinland-Pfalz è quello che fa per voi! È un percorso turistico che si snoda tra mercati vinicoli, degustazioni, zone chiuse al traffico, antichi borghi e **Schlösser** (castelli).

Se invece vi attira l'idea di vivere un'esperienza più "sentimentale" ed emozionante, potete percorrere la **Romantische Straße** (Strada romantica). Si trova in Bayern (Baviera) tra i castelli da favola di Ludwig (avete presente il castello delle principesse Disney? Per disegnarlo si sono ispirati a **Neuschwanstein** in Bayern!) e **Würzburg**, in mezzo a piccoli borghi fatati, chiesette, case a traliccio e costruzioni medievali. La Romantische Straße, di quasi 400 km, praticabile mit dem Auto, mit dem Fahrrad oder mit dem Bus (in auto, bicicletta o autobus) offre una successione straordinaria di paesaggi e panorami che si alternano lungo il tragitto, dai pendii alpini fino alla Valle del Meno.

Vi ho già parlato di Berlino e della sua night life. Se siete appassionati di rock e musica elettronica, andate al **Rock'n'Heim Festival**, nei dintorni di Mannheim; o al **Bochum Total**, nel Nordrhein-Westfalen; oppure al **Schlagermove** ad Hamburg (Amburgo) o al **Breminale** a Bremen (Brema), sempre per la musica rock, solo per citarvi alcuni eventi musicali.

Noi tedeschi siamo molto cool in fatto di musica! Potete trovare festival di genere diverso, più indie, tipo l'**Abifestival** e l'**Appletree** nel Niedersachsen (Bassa Sassonia), l'**OpenOhr Festival** a Mainz e tanti altri.

E poi arte e architettura a non finire... Siamo un paese molto frisch (dinamico) e di tendenza, un crocevia nel cuore dell'Europa. E non è un caso che i maggiori artisti contemporanei facciano a gara per venire a esporre da noi... Quindi, che aspettate?

CASTELLO DI NEUSCHWANSTEIN

5.4 Il *Präteritum* di *sein* e *haben*

Per esprimere il passato possiamo usare anche il Präteritum, soprattutto quando utilizziamo sein e haben. Il Präteritum ha una funzione simile al vostro passato remoto, al passato prossimo e addirittura anche all'imperfetto.

Wo warst du?	Dov'eri?
Ich war zu Hause!	Ero a casa!

Imparerete a usare il Präteritum più avanti (abituatevi a familiarizzare con questo "tempo" perché non c'è un'esatta corrispondenza con i tempi passati italiani). Per ora mi limiterò a insegnarvi come coniugare gli ausiliari sein e haben perché potranno esservi molto utili se state parlando, per esempio, delle vostre vacanze dell'anno scorso.

	SEIN	HABEN
ich	war	hatte
du	warst	hattest
er/sie/es	war	hatte
wir	waren	hatten
ihr	wart	hattet
sie/Sie	waren	hatten

L'ausiliare sein cambia totalmente la sua radice. Il verbo haben, invece, non la modifica eccessivamente ed è caratterizzato dalle desinenze proprie della coniugazione dei verbi regolari al Präteritum.
Chi ben comincia è a metà dell'opera!

Übung 53.

Inserite gli ausiliari al Präteritum.

1. Du .... immer gute Ideen. (haben)
2. In der Schule .... Lisa immer sehr fleißig. (sein)
3. Gestern .... ich Kopfschmerzen. (haben)
4. .... Sie als Kind Angst vor Hunden? (haben)
5. Ich habe euch angerufen, aber ihr .... nicht zu Hause! (sein)
6. Bei den Hausaufgaben .... ich Schwierigkeiten. (haben)
7. Gestern .... sie die ganze Zeit weg. (sein)
8. Damals .... David und ich sehr verliebt. (sein)

Übung 54.

Trasformate queste frasi al Präteritum.

1. Ich habe einen Hund und zwei Papageien. ....
   ....
2. Du bist meine beste Freundin! ....
   ....
3. Günter Grass ist mein Lieblingsschriftsteller. ....
   ....
4. Lisa ist in Dänemark. ....
5. Wir haben die Fahrkarten. ....
6. Ihr habt Glück! (fortuna) ....
7. Sarah und Thomas sind sehr beschäftigt (occupati). ....
   ....

Tipps und Tricks

Amore e fortuna

- "Avere fortuna" si dice in tedesco **Glück haben**.

  Ich **hatte Glück** in der Liebe.
  Ho avuto fortuna in amore.

  Zum Glück sind sie pünktlich angekommen!
  Per fortuna sono arrivati in tempo!

- L'aggettivo "fortunato" si traduce con **glücklich**, che però vuol dire anche "felice". Il significato lo potete dedurre dal contesto.

- Per dire, invece, che non si è fortunati si usa **Pech haben**.

  Glück im Spiel, Pech in der Liebe.
  Fortunato nel gioco, sfortunato in amore.

  Ich hatte Pech im Spiel.
  Ho avuto sfortuna al gioco.

- E se invece uno ha fortuna nell'amore? Come si dice essere innamorati? Si dice **verliebt sein**, un'espressione che indica lo stato, la condizione dell'essere innamorati.

  Wir waren sehr verliebt.
  Eravamo molto innamorati.

- Infine, **sich in jemanden (accusativo) verlieben** esprime l'azione dell'innamorarsi, il momento in cui scatta la scintilla...

  Ich habe mich in Ryan Gosling verliebt.
  Mi sono innamorata di Ryan Gosling.

  Ryan Gosling? Ja, das ist nicht schwer zu glauben! Er ist so hübsch und elegant.
  Ryan Gosling? Eh, ci credo! Lui è così bello ed elegante!

5.5 Le congiunzioni coordinanti *und*, *aber*, *denn*, *sondern*

La festa

Astrid und ich sind zur Party gegangen. Peter war auch da, **aber** wir haben ihn nicht gesehen, **denn** es war dort ganz voll. Wir haben zusammen Bier getrunken **und** auch die Torte gegessen. Fabio hatte Geburtstag: Er hat nicht nur das Essen und Trinken vorbereitet, **sondern** er hat auch einen DJ eingeladen! Es ist so geil gewesen.

Traduzione

Astrid e io siamo andate alla festa. C'era anche Peter, ma non l'abbiamo incontrato perché c'era molta gente. Abbiamo bevuto birra e mangiato la torta. Era il compleanno di Fabio, che non solo ha preparato da bere e da mangiare, ma ha anche invitato un DJ. È stato davvero fico!

DAS VIDEO!

VUOI RIASCOLTARMI MENTRE RACCONTO LA FESTA ALLA MIA AMICA?
GUARDA DAS VIDEO SU:
GIRLS4TEACHING.COM/UNIT/INSTANT-TEDESCO-DIE-PARTY

Tipps und Tricks

Geil!

Quando parlate con i vostri amici in Germania volete sembrare davvero tedeschi? Negli ultimi anni si è sviluppata l'abitudine, in contesti colloquiali, di intercalare con **geil** e **cool** (grande, grandioso, forte, fico). Cool arriva dall'inglese; geil originariamente voleva dire «lussurioso», «lascivo», ma oggi ha quasi perso questo significato. Non suona più come una parola "spinta"! Wie geil!
Altre espressioni per manifestare apprezzamento possono essere: großartig, fantastisch, echt toll, prima, klasse, spitze.

Kommst du mit? Ja? Wow! Großartig!
Vieni anche tu? Sì? Wow, grandioso!

Dieser Typ ist echt geil.
Quel tipo è davvero fico.

Torniamo al nostro racconto della festa. Se controllate bene, nel testo ho segnalato in grassetto alcune parole. Sono **congiunzioni** e servono a coordinare due frasi principali tra loro.

aber	ma
denn	perché
und	e
oder	o
sondern	ma/bensì

Nikolaus hat sich ein Auto gekauft, **aber** er hat keinen Führerschein: Das macht keinen Sinn!
Nikolaus si è comprato una macchina **ma** non ha la patente: non ha senso!

Valerie hat im Sommer keine Reise gemacht, **denn** sie hat kein Geld.
Valerie non ha fatto nessun viaggio quest'estate **perché** non ha soldi.

Filippa kommt aus Schweden **und** Leo kommt aus Italien.
Filippa viene dalla Svezia **e** Leo viene dall'Italia.

Du kannst die Übung allein machen, **oder** ich kann dir helfen.
Puoi fare l'esercizio da solo **oppure** ti posso aiutare.

Gestern sind wir **nicht** ins Kino gegangen, **sondern** wir haben Fußball gespielt.
Ieri **non** siamo andati al cinema, **ma** abbiamo giocato a calcio.

La frase che segue queste congiunzioni è, come noterete, **una principale** (non secondaria: vi spiegherò le secondarie tedesche a tempo debito!), quindi la sua costruzione sarà come quelle che avete visto finora.

Ich lese und Mario sieht fern.
Io leggo e Mario guarda la TV.

Soggetto	V1	Congiunzione	Soggetto	V1	V2
Ich	lese	und	Mario	sieht	fern

Lisa spricht Italienisch, aber sie spricht nicht Deutsch
Lisa parla italiano, ma non parla tedesco.

Sogg.	V1	Complemento	Cong.	Sogg.	V1	Complementi	
Lisa	spricht	Italienisch,	aber	sie	spricht	nicht	Deutsch

- Non sono impazzita, avete visto bene: in tedesco le due frasi sono sempre separate **da una virgola** (**Komma**), tranne quando c'è und.

- Infine, quando dopo und, sondern, oder il soggetto è lo stesso della prima frase principale, **questo può eccezionalmente restare sottinteso**.
  Negli altri casi, invece, ricordate di esprimerlo sempre.

  Ich war fertig und (ich) bin gegangen.
  Ero pronto e sono andato.

  Peter lernt nicht, sondern (er) spielt mit der Xbox.
  Peter non studia, ma gioca con l'Xbox.

Tipps und Tricks

Sondern e aber

Le due congiunzioni hanno un significato molto simile (ma). Tuttavia **sondern** è reso meglio con "**bensì**", perché segue quasi sempre una frase negativa... Meglio guardare ein paar Beispiele (alcuni esempi).

Lisa ist nicht mit ihrem Freund gegangen, **sondern** sie ist zu Hause geblieben.
Lisa non è andata con il suo ragazzo, bensì è rimasta a casa.

Ich liebe China nicht so sehr, **aber** das Essen finde ich super!
Non amo tanto la Cina, ma il cibo lo trovo buonissimo!

Übung 55.

Inserite la congiunzione adatta.

1. Es geht mir jetzt besser .... ich kann weiterarbeiten.
2. Thomas geht zur Party .... er kennt niemand da!
3. Ich bin nicht gekommen, ... ich war krank.
4. Wir haben nicht nur Obst gekauft, ... auch das Essen vorbereitet.
5. Luca! Räum sofort (subito) dein Zimmer auf .... ich helfe dir bei Mathe nicht!
6. Meine Schwester schläft noch .... meine Mutter liegt im Bett .... liest ein Buch.
7. Ich muss zum Arzt gehen, ... ich fühle mich gar nicht wohl!
8. Ich möchte einen Hund kaufen .... meine Schwester hat Angst!
9. Linda will nicht mehr zur Uni gehen, ... sie will sich einen Job finden.
10. Wir machen keinen Spaziergang (passeggiata), ... es ist heute zu kalt.
11. Möchtest du etwas in Ruhe trinken, ... hast du keine Zeit?
12. Sie sind in Italien geboren, ... sie leben in der Türkei.

Übung 56.

Provate a tradurre le seguenti frasi (vi aiuto con alcune parole).

1. Studio tedesco da tre anni ma non parlo ancora bene.

   ....

2. Stasera volete uscire (ausgehen) oppure ci vediamo un film?

   ....

3. Lydia vuole andare in Spagna perché ama il sole e il mare.

   ....

4. Io vorrei andare a sciare (Ski laufen) ma non c'è neve!

   ....

5. Sebastian deve studiare perché ha un esame domani.

   ....

6. Tina e Lisa non vengono oggi ma domani.

   ....

7. Georg vuole diventare (werden) insegnante ma sua mamma non è d'accordo (einverstanden). ....

   ....

8. Questa collana è molto bella ma molto costosa (teuer).

   ....

9. Ieri sera siamo restati a casa e siamo andati a letto (ins Bett) presto (früh). ....

   ....

10. L'hotel non era solo economico (billig) ma anche in centro (im Zentrum).

    ....

5.6 L'inversione soggetto-verbo

È il momento di riprendere una regola sehr wichtig (molto importante), anzi wesentlich (fondamentale)! Vi ricordate cosa abbiamo detto a proposito della Verbklammer nelle frasi principali, nella lezione 1? Zusammenfassend (riassumendo), il verbo coniugato occupa sempre la seconda posizione nella frase (V1) e, se c'è un'altra parte del predicato verbale (participio, infinito che accompagna il modale, prefisso separabile), questa va necessariamente in fondo (V2), dopo tutti i complementi.

Ich habe mit Maria gesprochen.
Ho parlato con Maria.

Soggetto	V1	Complementi	V2

Abbiamo anche visto che questa regola ha le sue eccezioni.

1. **Nella frase interrogativa**

Hast du das Buch über Berlin gelesen?
Hai letto il libro su Berlino?

V1	Soggetto	Complementi	V2

2. **Quando in prima posizione abbiamo un complemento**.
Lo spostamento di un complemento all'inizio della frase serve a dargli rilevanza rispetto agli altri componenti dell'enunciato.

Im Oktober bin ich nach Griechenland gefahren.
A ottobre sono andata in Grecia.

Mit Marion habe ich gesprochen, nicht mit dir!
Con Marion ho parlato, non con te!

Mit dem Auto fahre ich zur Universität,
mit dem Fahrrad ins Schwimmbad.
Con l'auto vado all'università, con la bici in piscina.

Complemento (che voglio sottolineare)	V1	Soggetto	Altri complementi	V2

5.7 I falsi amici tedesco-italiano

Non fatevi trarre in inganno da tutte quelle parole che assomigliano all'italiano. La maggior parte sono **falsi amici**. Hanno un suono simile, ma un significato totalmente diverso! Eccone alcuni per evitarvi Missverständnisse (incomprensioni) quando sarete in Germania.

- Se un vostro amico vi dice che ha un **Traum (der)** nel cuore sta parlando del suo sogno nel cassetto, non di un trauma.
- Heute ist es sehr kalt. Oggi fa molto freddo. (È inverno, non estate!) Infatti **kalt** significa «freddo», warm «caldo».
- **Der Termin** è l'appuntamento che prendete dal dottore. La scadenza per consegnare un documento si traduce usando die Frist, das Ende.
- Ich möchte **ein Regal** kaufen. No, non è il mio compleanno! Ho bisogno di una mensola per tutti i miei libri di lingue! Das Geschenk è "regalo".
- Ich treffe eine Nonne. Dai, questa la sapete! Come si dice nonna auf Deutsch? Esatto, die Oma. **Die Nonne** significa "la monaca", "la suora".
- Se qualcuno ha una strana **Art** di fare le cose, non è un pittore. Ha solo un modo di fare tutto suo, la sua eigene Art und Weise. "Arte" è die Kunst.
- State attenti se ordinate una pizza mit Peperoni (in tedesco è singolare). Vi arriverà un piatto piccante! **Peperoni** significa «peperoncino», mentre der Paprika è il peperone.
- **Das Tempo** in Deutschland indica solo ed esclusivamente il tempo musicale. Dovete sapere che il linguaggio tecnico della musica è pieno zeppo di terminologia italiana, per ovvie ragioni. Ah già, il tempo atmosferico è **das Wetter**, il tempo cronologico è **die Zeit**.
- Se per il vostro matrimonio offrite dei **Konfetti** vi guarderanno tutti stupiti! Sono i vostri coriandoli, mentre i confetti sono die Bonbons.
- Se dico Ich arbeite für eine italienische **Firma** (Lavoro per una società italiana) parlo di una ditta! Quella che faccio sui documenti è die Unterschrift.

- Sul mare del Nord, per offrirvi le cozze diranno Möchten Sie Miesmuscheln. **Die Kotze** è invece "il vomito", e l'espressione zum Kotzen vuol dire che qualcosa è nauseabondo!
- Sono sicura che grazie all'inglese sapete già riconoscere questo falso amico: **die Kamera** (la macchina fotografica). Das Zimmer è la camera, che può essere Schlafzimmer (camera da letto), Badezimmer (bagno), Wohnzimmer (soggiorno) ecc.
- Wie **groß** seid ihr? Non vi sto chiedendo quanto siete grossi (dick) ma quanto siete alti!
- Se durante una lezione Ihr macht euch **Notizen**, state prendendo appunti. La notizia del TG è eine Nachricht. Il TG, infatti, si chiama die Nachrichten oppure Tagesschau.
- **Eine Dose** Cola non è una porzione (die Dosis), ma una lattina.
- Se volete chiedere una tonnellata di tonno direte **eine Tonne** Thunfisch!
- Uno studente meritevole in Germania è sempre premiato con **das Stipendium** (borsa di studio), il lavoratore percepisce invece das Gehalt (stipendio).
- Io non sono la vostra Frau **Professor** (professore universitario), sono piuttosto una Lehrerin (docente, anche del liceo).
- Ich **putze** mir die Zähne! Non ho mangiato pesante e non voglio dire che mi puzzano i denti! Li sto pulendo, "puzzare" è stinken.
- Was ist passiert? (Cos'è successo?) **Passieren** è «accadere, succedere». "Passare" si traduce vorbeigehen.
- Vi sottopongo nuovi vocaboli perché ich möchte euren Wortschatz erweitern (voglio arricchire il vostro lessico). **Das Lexikon** è l'enciclopedia.
- **Die Lampe** significa «lampada», non è il lampo, der Blitz.
- *Mord im Orient-Express*, vi dice qualcosa? È il famoso romanzo di Agatha Christie *Assassinio sull'Orient-Express*. **Der Mord** (assassinio), der Tod (morte).

Vi bastano? Non sono finiti! Ci sono tantissimi altri falsi amici tra il tedesco e l'italiano: divertitevi a trovarli e annotate qui sotto quelli che vi sembrano più wichtig (importanti) con la loro Übersetzung (traduzione)...

....

....

....

....

....

....

Ach so, Moment mal! (Però, aspettate un minuto!) Lo so che adesso vi state lamentando. Non è vero che noi tedeschi complichiamo tutto! Alcune parole hanno lo stesso significato anche in italiano.

- Das internationale **Institut** für die deutsche Sprache heißt Goethe-Institut.
  L'istituto internazionale per la lingua tedesca si chiama Goethe Institut.
- Eine **Konferenz** über das Klima ist dringend nötig.
  È estremamente urgente una conferenza sul clima.
- Ich liebe **Musik**.
  Amo la musica.
- Ich finde den neuen **Film** von Wes Anderson sehr interessant.
  Trovo il nuovo film di Wes Anderson molto interessante.
- In der **Politik** kommt es oft zum offenen Konflikt.
  In politica spesso si arriva a conflitti aperti.
- Nach dem Schwimmen bin ich todmüde. Ist das **normal**?
  Dopo aver nuotato sono stanco morto. Ma è normale?
- Albert Einstein war ein großes **Genie**.
  Albert Einstein era un grande genio.

Lezione 5
Glossario

Sostantivi

die Hauptstadt	capitale
das Konzert	concerto
der Strand	spiaggia
die Heizung	riscaldamento
die Blume	fiore
der Briefträger	postino
das Weihnachten	Natale
der Baum	albero
der Weihnachtsbaum	albero di Natale
das Märchen	favola
der Glühwein	vin brulé
der Kopfschmerz	mal di testa
die Schwierigkeit	difficoltà
das Glück	fortuna
das Pech	sfortuna
der Akku	caricabatterie
der Handy-Akku	caricabatterie per il cellulare
das Komma	virgola
der Spaziergang	passeggiata
der Arzt	dottore
die Kette	collana
der Rundgang	tour
das Zentrum	centro
das Missverständnis	incomprensione, malinteso
der Traum	sogno
der Termin	appuntamento
die Frist	termine, scadenza
das Ende	fine
das Regal	mensola, scaffale
das Geschenk	regalo
die Nonne	monaca, suora
die Kunst	arte

die Peperoni	peperoncino
der Paprika	peperone
das Tempo	ritmo, tempo musicale
das Wetter	tempo atmosferico
die Zeit	tempo cronologico
die Konfetti (plural)	coriandoli
die Bonbons	confetti
die Firma	azienda, ditta
die Unterschrift	firma
die Miesmuscheln	cozze
die Kamera	macchina fotografica
die Notizen	appunti
die Nachrichten	TG
die Nachricht	notizia
die Dose	lattina
die Dosis	dose
das Genie	genio
der Konflikt	conflitto
das Klima	clima
das Institut	istituto
die Konferenz	conferenza
der Wortschatz	lessico
das Lexikon	enciclopedia
der Blitz	lampo
die Lampe	lampada
der Mord	assassinio
der Tod	morte
die Tonne	tonnellata
der Thunfisch	tonno
das Stipendium	borsa di studio
das Gehalt	stipendio

Verbi

besuchen	far visita
kontaktieren	contattare
zeigen	mostrare
suchen	cercare
finden	trovare
entdecken	scoprire
sterben	morire
absagen	annullare
erzählen	raccontare
denken	pensare
sich verlieben	innamorarsi
jmdm. gratulieren	congratularsi con qualcuno
anstellen	accendere
gießen	annaffiare
ausgehen	uscire
Ski laufen	sciare
zusammenfassen	riassumere
stinken	puzzare
vorbeigehen	passare vicino a
erweitern	ampliare

Aggettivi / Avverbi

neidisch	invidioso
selbstverständlich	ovvio
ernst	serio/seriamente
glücklich	felice/fortunato
beschäftigt	occupato
geil, phantastisch, echt toll, großartig, prima, klasse, spitze	forte, grande, grandioso, fantastico, fico
sofort	subito
einverstanden	d'accordo
teuer	costoso
billig	economico
wesentlich	fondamentale
wichtig	importante
aber	ma
und	e
sondern	ma, bensì
kalt	freddo
warm	caldo
dick	grasso
groß	alto
dringend	urgente
todmüde	stanco morto

Frasi utili

in aller Eile	in fretta
im Freien	all'aria aperta
Pech haben	avere sfortuna
Glück haben	avere fortuna
Ich bin einverstanden.	sono d'accordo
ohne Spaß	sul serio, senza scherzare
vor kurzem	da poco
du Glückliche	beata te
Ihr habt es aber gut.	voi ve la spassate/beati voi
gute Idee	buona idea
Ich habe keine Ahnung.	Non ne ho idea.
noch nicht	non ancora
zum Kotzen	fa schifo
auf eigene Art und Weise	a modo proprio
Was ist passiert?	Cos'è successo?
Was ist los?	Cosa c'è?
Was ist geschehen?	Cos'è successo?
Moment mal!	Aspetta un attimo!

LEZIONE 6

LEKTION 6

6.1 Il comparativo

Sapete dirmi se questa maglietta è più bella dell'altra? No? Rimboccatevi le maniche, si inizia con una nuova lezione. Ecco einen Minidialog von heute Vormittag zwischen mir und Astrid (un minidialogo, di questa mattina, tra me e Astrid).

Dialogo

Valerie: Astrid sag mal, welches Sweatshirt findest du **schöner**, das blaue oder das rosarote?
Astrid: Mir gefällt keins von beiden. Schau mal, dieses bunte T-Shirt finde ich sehr **schön**.
Valerie: Ja, stimmt. Ich hatte es nicht gesehen. Es ist **am schönsten**!

Traduzione

Valerie: Astrid, ascolta, quale felpa trovi più bella, quella blu o quella rosa?
Astrid: A me non piace nessuna delle due. Guarda questa colorata, la trovo molto bella.
Eva: Si è vero. Non l'avevo vista. È la più bella!

Soffermatevi sulle parole in grassetto: indicano i gradi dell'aggettivo.

Positivo	Comparativo	Superlativo
schön	**schöner**	**am schönsten**

Noi tedeschi formiamo il **comparativo di maggioranza** (più bello di…) aggiungendo la desinenza **-er** all'aggettivo.

Per il **superlativo** (il più bello) anteponiamo all'aggettivo la preposizione articolata **am** e aggiugiamo la desinenza **-sten**. Nulla di più facile, vero?

1. Das Auto von Karl ist schnell**er als** das Auto von Michael.
   La macchina di Karl è più veloce di quella di Michael.

2. Aber das Auto von Fabio ist **am** schnell**sten**.
   La macchina di Fabio, però, è la più veloce.

Ecco la prima frase.

Das Auto von Karl	ist schneller als	das Auto von Michael
La macchina di Karl	è più veloce della	macchina di Michael

Als introduce la comparazione e regge solo il nominativo. Il comparativo tedesco, a differenza di quello italiano, non concorda con il genere e il numero a cui si riferisce e rimane sempre lo stesso.

> Marika ist schön**er als** Astrid.
> Marika è **più bell-a** di Astrid.
>
> Marika und Astrid sind schön**er als** Sarah und Ute.
> Marika e Astrid sono **più bell-e di** Sarah e Ute.
>
> Georg ist schön**er als** Florian.
> Georg è **più bell-o di** Florian.

Eravate convinti che il tedesco fosse difficile? In questo caso credo che siate voi italiani a complicarvi la vita, nicht wahr? (non è vero?)

In tedesco abbiamo un paio di aggettivi (ok, forse qualcuno in più) con il comparativo e il superlativo irregolari, ma sono veramente pochi.

Aggettivo	Comparativo	Superlativo	Irregolarità
gut (buono)	besser (meglio)	am besten (la cosa migliore)	Aggettivi irregolari propri. Achtung: mehr e weniger (di più, di meno) non hanno mai desinenze.
viel (molto)	mehr (di più)	am meisten (più di tutto)	
gern (volentieri)	lieber	am liebsten	
dunkel (scuro/buio)	dunkler	am dunkelsten	Cambia la successione delle lettere.
teuer (caro)	teurer	am teuersten	
warm (caldo)	wärmer	am wärmsten	Gli aggettivi monosillabi aggiungono l'Umlaut al comparativo e al superlativo.
jung (giovane)	jünger	am jüngsten	
klug (intelligente)	klüger	am klügsten	

wild (selvaggio/ vivace)	wilder	am wildesten	Gli aggettivi che terminano in -d, -t, -s, -ss, -ß, -sch, -x, -z al superlativo prendono la desinenza -est.
breit (largo)	breiter	am breitesten	
hübsch (carino)	hübscher	am hüschesten	
nahe (vicino)	näher	am nächsten	Irregolarità proprie
hoch (alto)	höher	am höchsten	

- Tutto chiaro? Vediamo come si forma il **comparativo di uguaglianza**.

  Monika ist **so groß wie** Carla.
  Monica è **alta tanto quanto** Carla.

Il comparativo di uguaglianza si forma così:				
so/genauso	+	**aggettivo**	+	**wie**

Attenzione!
L'aggettivo non prende alcuna desinenza.

- Se volessimo dire che Monika **non è alta tanto quanto** Carla? Semplicissimo!

  Monika ist **nicht so groß wie** Carla.
  Basta aggiungere nicht davanti a so.

- Come diciamo, invece, che Monica **è meno alta di** Carla (**Comparativo di minoranza**)?

  Monika ist **weniger groß als** Carla.

Formiamo il comparativo di minoranza in questo modo.				
weniger	+	**aggettivo**	+	**als**

Übung 57.

Scrivete il comparativo di maggioranza e il superlativo.

1. alt ....
2. reich ....
3. scharf ....
4. teuer ....
5. lustig ....
6. leise ....
7. nah ....
8. jung ....
9. heiß ....
10. klug ....

Übung 58.

Completate con il comparativo.

1. schnell (veloce) MIt dem Auto bist du .... als mit dem Zugl.
2. warm (caldo) In Italien ist es .... als in Deutschland.
3. lang (lungo) Im Winter sind die Nächte .... als im Sommer.
4. schön (bello) Ich arbeite gern, aber Urlaub ist einfach .... als Arbeit.
5. hoch (alto) Der Mont Blanc ist um 330 Meter .... als das Matterhorn.

Übung 59.

Completate con il comparativo di uguaglianza.

1. Luise ist 13 Jahre alt und Werner auch.
   Luise ist .... Werner.
2. Ich bin 1.75 Meter groß und Maria auch.
   Ich bin .... Maria.
3. Das Motorrad fährt schnell, das Auto nicht.
   Das Auto fährt .... das Motorrad.
4. Fisch kostet viel. Kartoffeln kosten weniger.
   Kartoffeln kosten .... Fisch.
5. Ich finde Pop-Musik schön. Techno auch.
   Pop-Musik finde ich .... Techno.
6. Ich trinke gern Rotwein, aber nicht Bier.
   Ich trinke Bier .... Rotwein.

Übung 60.

Completate con il superlativo.

1. Gut spielen – welcher Tennisspieler
   Welcher Tennisspieler spielt am besten?

2. Schnell fahren – welches Auto

   ....

3. Gut unterrichten – welche Lehrerin

   ....

4. Lang sein – welche Nächte

   ....

5. Breit sein – welche Straße

   ....

6. Groß sein – welcher Junge

   ....

6.2 Mi piace: *schmecken, mögen, gefallen*

Avete visto come sono facili i comparativi e i superlativi? Voglio raccontarvi cosa mi è successo l'altro ieri, am Freitagabend meine ich (intendo venerdì sera). Fabio si è "sbilanciato" e mi ha portato fuori a cena. Sapete dove? In un ristorante tedesco. Tja… ich wollte eigentlich etwas Italienisches probieren… vielleicht nächstes Mal… (Mah, veramente volevo provarne uno italiano… Forse la prossima volta.)

Ho fotografato la Speisekarte (menu), così vi verrà l'acquolina in bocca...

SUPPEN

- **Gemüsesuppe** (Zuppa di verdure)
- **Gulaschsuppe** (Gulasch)
- **Bohnensuppe mit Rindfleisch** (Zuppa di fagioli con carne di manzo)
- **Kürbissuppe** (Zuppa di zucca)

HAUPTSPEISEN

- **Sauerbraten mit Kartoffelklößen** (Arrosto marinato all'aceto con canederli di patate)
- **Wiener Schnitzel mit Kartoffelsalat** (Cotoletta alla milanese con insalata di patate)
- **Currywurst mit Pommes** (Salsiccia di maiale con salsa di pomodoro al curry e patatine fritte)
- **Schweinebraten auf Pilzsauce mit Mehlklößen** (Arrosto di maiale in salsa di funghi con gnocchi di farina)
- **Kalbsrippchen mit Sauerkraut und Kartoffelbrei** (Costolette di vitello con crauti e purè di patate)

NACHSPEISEN

- **Käsekuchen** (Torta alla ricotta)
- **Mürbeteigkuchen mit Erdbeermarmelade** (Crostata con marmellata di fragole)
- **Schwarzwälder Kirschtorte** (Torta di ciliegie della Foresta Nera)

GETRÄNKE

- **Mineralwasser** (Acqua minerale)
- **Rotwein** (Vino rosso)
- **Weißwein** (Vino bianco)
- **Weißbier** (Birra di frumento)
- **Pilsner Bier** (Birra Pilsner)

Dialogo

Valerie:	Gott sei Dank gibt es sofort einen Tisch.
Fabio:	Ja, das ist wirklich Glück. Valerie, dein T-Shirt gefällt mir sehr gut!
Valerie:	Oh, danke Fabio!
Kellner:	Ihre Speisekarte, meine Herrschaften.
Valerie:	Danke schön. So, was nimmst du Fabio? Magst du Schweinebraten?
Fabio:	Nein, das schmeckt mir nicht. Das ist mir zu fett. Ich nehme eine Bohnensuppe mit Rindfleisch. Und dann noch eine Nachspeise.
Valerie:	Nimmst du keine Vorspeise?
Fabio:	Aber es gibt keine. Und du? Was nimmst du?
Valerie:	Ich weiß es noch nicht, lass mich schauen. Eigentlich mag ich alles, mal sehen... ich will auch keine Hauptspeise nehmen...
Fabio:	Schmeckt dir die Gulaschsuppe?
Valerie:	Ja warum nicht! Und dazu auch einen Salat
Fabio:	Und zum Trinken?
Valerie:	Mineralwasser und Rotwein. Was meinst du?
Fabio:	Ja ok... Rotwein passt gut zu Rindfleisch und Gulasch.
Valerie:	Aber ich habe noch einen Wunsch...
Fabio:	Was für einen Wunsch hast du denn?
Valerie:	Ich habe Lust, heute Abend in die Disko zu gehen.
Fabio:	Dann gehen wir!
Valerie:	Ja! Super!

Traduzione

Valerie:	Grazie a Dio c'è subito un tavolo libero.
Fabio:	Sì, questa è veramente fortuna. Valerie, la tua maglietta mi piace proprio molto!
Valerie:	Oh, grazie Fabio!
Cameriere:	I vostri menu, signori.
Valerie:	Grazie. Allora, Fabio, cosa prendi? Ti piace l'arrosto di maiale?
Fabio:	No, non mi piace. È troppo grasso. Prendo una zuppa di fagioli con carne di manzo, poi un dessert.

Valerie:	Non prendi un antipasto?
Fabio:	Ma non ce ne sono. E tu? Cosa prendi?
Valerie:	Non lo so ancora. Veramente mi piace tutto. Non voglio prendere un piatto unico.
Fabio:	Ti piace il gulasch?
Valerie:	Sì, perché no? E anche un'insalata.
Fabio:	E da bere?
Valerie:	Dell'acqua minerale e del vino rosso. Che ne pensi?
Fabio:	Sì, va bene. Il vino rosso è un buon abbinamento con la carne di manzo e il gulasch.
Valerie:	Ho ancora un desiderio.
Fabio:	Che desiderio?
Valerie:	Questa sera ho voglia di andare in discoteca.
Fabio:	Andiamoci, allora!
Valerie:	Sì! Fantastico!

DAS VIDEO!

IM RESTAURANT. GUARDA DAS VIDEO SU:
GIRLS4TEACHING.COM/UNIT/INSTANT-TEDESCO-IM-RESTAURANT

Ci siamo trovati bene in quel ristorante! Fabio hat sogar unsere Speisen fotografiert und sie auf Instagram gepostet. (Fabio ha persino fotografato i piatti e li ha postati su *Instagram*). Poi abbiamo ordinato ancora einen Nachtisch (un dessert) e siamo andati a ballare. Di *selfie* quella sera hab' ich viele gepostet... Meine Startseite war voll mit Fotos (ne ho postati molti. La mia bacheca era piena di fotografie).
Ich hab' wirklich Spaß gehabt. Mi sono proprio divertita.

Torniamo alla cena e al dialogo. Avete notato quanti modi abbiamo per dire "mi piace"? In tutto sono tre.

1. Il verbo **schmecken + dativo**.

   Vuol dire che è un verbo "re", ricordate? Fa "flettere" il complemento che segue (se non vi viene in mente, andate a rileggere la lezione 4). Ma attenzione! Si usa solo se **riferito a cibi e bevande**.

Das Rindfleisch schmeckt mir nicht.
La carne di manzo non mi piace.

2. Il verbo **gefallen + dativo**.

Anche gefallen vuole il dativo e si comporta come schmecken, ma si utilizza solo se **riferito a cose e persone**.

Dein T-Shirt gefällt mir sehr gut!
La tua maglietta mi piace molto!

3. Il verbo **mögen + accusativo**.

È un verbo irregolare seguito dal complemento oggetto (accusativo). Questa espressione per dire "piacere" è il nostro jolly! Può essere usato con **cibi, cose, persone, animali** ecc.

Ich mag Kalbfleisch am liebsten!
Più di tutto mi piace la carne di vitello!

Visto che finora abbiamo parlato di cibo, volete sapere come diciamo "mmm, buono"?: mmh lecker!
Prima di chiudere il paragrafo vediamo la coniugazione del verbo **mögen**.

ich	mag
du	magst
es/sie/es	mag
wir	mögen
ihr	mögt
Sie/sie	mögen

Übung 61.

Completate le frasi con le parole nel riquadro.

gefallen	schmecken	magst	mögen	mag
gefallen	mag	gefällt	schmeckt	magst

1. – Guten Morgen Frau Schneider, wie kann ich Ihnen weiterhelfen?
   – Guten Morgen Herr Satzniss ich möchte ein Kilo Karotten, ein Pfund Kartoffeln und zwei Kilo Äpfel.
   – Oh Frau Schneider, ich habe leider keine Äpfel mehr, aber ich habe diese Birnen hier, (a) .... Sie Birnen?
   – Nein Herr Satzniss mir (b) .... keine Birnen.
2. – Diese Fotos (c) .... mir sehr. (d) .... du sie auch?
   – Eigentlich nicht, mir (e) .... keine Land schaften. Ich (f) .... lieber Porträts.
3. – (g) .... du Rindfleich?
   – Nein ich esse kein Fleich. Es (h) .... mir nicht.
4. – Hallo Samantha, hast du Zeit für eine Tasse Tee?
   – Ja ich habe Zeit, aber ich (i) .... keinen Tee.
5. – Mir (j) .... das Haus gar nicht. Was meist du?
   – Mir auch nicht…

Übung 62.

Inserite le forme di mögen.

1. Ich .... keine Bananen.
2. .... du Gurken (cetrioli)?
3. Herr Müller .... gern Schweinebraten.
4. Frau Kölsch .... keine Schokolade.
5. Das Mädchen .... kein Geflügel (pollame).
6. Wir .... Käse.
7. .... du Fisch?
8. Die Kinder .... keinen Senf.
9. Und Sie Frau Wagner, ... Sie Milch?

★ Willkommen in Deutschland ★

FACEBOOK

Vi piacerebbe imparare nuovi vocaboli legati al linguaggio di Facebook auf Deutsch? Ne conoscete già alcuni come “postare una foto”: ein Foto posten! Ve l’ho scritto prima quando vi raccontavo del dopocena in der Disko (in discoteca). Sapete anche cosa vogliono dire Startseite (bacheca) e l’espressione gefällt mir (mi piace, sui social). Come si dice, invece, “aggiungere un amico”? Einen Freund/Eine Freundin hinzufügen.

Achtung: das Verb hinzufügen è separabile e in questa forma ha uno strano -zu- in mezzo: Keine Angst, ve lo spiego al paragrafo 6.6. Ecco altri vocaboli utili per restare in contatto, su Facebook, con i vostri amici in Germania.

facebook

Benachrichtigung	notifica
kommentieren	commentare
3 Personen gefällt das	Piace a tre persone
Was machst du gerade...	A cosa stai pensando... (anche se machen significa “fare”)
Neue Meldungen	nuove notifiche
Gruppen und Favoriten	gruppi e preferiti
Nachricht schreiben	scrivere un messaggio
gespeichert	salvato
Veranstaltungen	eventi
Fotoalbum erstellen	carica un album fotografico
Profil bearbeiten	personalizza il profilo
Bekannte	conoscenti
teilen	condividere

6.3 *Die Nebensätze,* le frasi subordinate

Una frase secondaria o, come la chiamiamo noi, **ein Nebensatz** (**NS**), è una frase che da sola non ha senso.

> Siccome ho fame…
> Visto che sono stanca…

Una frase secondaria, utilizzando paroloni difficili, non ha autonomia sintattica e da sola non può avere senso compiuto, in quanto funge da completamento per le frasi principali (**Hauptsätze – HS**).
Attenzione: a livello grammaticale ein Nebensatz è comunque una frase completa, perciò necessita di un soggetto e di un verbo coniugato.
In tedesco anche quando **il soggetto** è uguale a quello della principale, **va ripetuto**. Schau mal, hier ist ein Beispiel (Guarda, ecco un esempio).

Ich gehe nicht zur Schule, (Hauptsatz) weil ich Fieber habe. (Nebensatz)	Non vado a scuola (principale) perché ho la febbre (secondaria)

Avete notato che, mentre in italiano "io" (soggetto) non compare mai, in tedesco ich è ripetuto ben due volte? Noi tedeschi non diamo nichts (nulla) per sottointeso, anzi, tendiamo a puntualizzare!

Die Nebensätze (le proposizioni subordinate) sono sempre introdotte da una congiunzione che attribuisce un preciso significato alla frase. Nell'esempio appena citato, noterete la congiunzione **weil** (perché) che introduce una frase subordinata causale. In tedesco esistono, così come in italiano, altre congiunzioni.

Ich weiß, **dass** ich zur Schule gehen muss.	Io so che devo andare a scuola.
congiunzione **dass** → introduce le **subordinate dichiarative**	

Ich kann nicht mitkommen, **weil** ich keine Zeit habe.	Non posso venire perché non ho tempo.
congiunzione **weil** → introduce le **subordinate causali**	

Sylvia ist im Krankenhaus, **da** sie sich einen Fuß verletzt hat.	Sylvia è in ospedale perché si è ferita al piede.
congiunzione **da** → anche questa introduce le **subordinate causali**	

6.3.1 L'ordine delle parole nelle frasi subordinate

Hey Leute! Habt ihr nichts bemerkt? (Ehi gente, non avete notato nulla?) Andate a riguardare le secondarie. Cosa precede la congiunzione? In tedesco, prima della congiunzione che introduce una secondaria c'è sempre una virgola (**Komma**) che separa la principale dalla subordinata. Dimenticarsi la virgola è come scrivere "ho mangiato" senza "h". **È obbligatoria**!

Cosa segue la congiunzione? Sehr gut! (Ottimo!) Il **soggetto**. E dopo? In italiano c'è il verbo, in tedesco no! Questo perché nelle frasi subordinate in tedesco **il verbo coniugato va messo in fondo alla frase**.

Sappiamo che nelle Hauptsätze il V1 si trova subito dopo il soggetto. Nelle Nebensätze l'ordine è diverso! Riprendiamo la frase già vista.

Ich gehe nicht zur Schule, weil ich Fieber habe.

Congiunzione	Soggetto	Complementi	V1
..., weil	ich	Fieber	habe

Il verbo haben va messo al fondo della frase. Ripeto... il tedesco va "ascoltato" fino alla fine perché è lì che troverete il senso della frase.

Ma che succede se in una secondaria c'è un **verbo composto**? Un esempio:

Carola non può andare a giocare perché deve mangiare il panino con il prosciutto.
Carola kann nicht spielen, weil sie das Schinkenbrötchen essen muss.

Congiunzione	Soggetto	Complemento	V2	V1
..., weil	sie	das Schinkenbrötchen	essen	muss

In questa frase abbiamo sie muss essen (deve mangiare), dove müssen è il **V1** che si coniuga e va messo in fondo alla frase secondaria. Il verbo essen, **V2**, si posiziona subito prima di quest'ultimo **V1**.

La stessa cosa succede con i **tempi composti da sein o haben + verbo**.

Ich bin nicht gekommen, weil ich keine Zeit gehabt habe.
Non sono venuto perché non ho avuto tempo.

In questa frase abbiamo il tempo composto, coniugato alla prima persona singolare, habe + il suo participio passato gehabt.

Congiunzione	Soggetto	Complemento	V2	V1
..., weil	ich	keine Zeit	gehabt	habe

Ich bin nicht zur Schule gekommen, weil ich heute Morgen nach dem Weckerklingeln eingeschlafen bin.
Non sono venuto a scuola perché questa mattina, dopo che è suonata la sveglia, mi sono addormentato.

Congiunzione	Soggetto	Complemento	V2	V1
..., weil	ich	heute Morgen nach dem Weckerklingeln	eingeschlafen	bin

Prima di passare alle subordinate, nello specifico, volevo darvi ancora alcuni consigli sull'ordine dei complementi. Noi seguiamo la regola detta **TE-CA-MO-LO**. Non ne avete mai sentito parlare? Das kann nicht wahr sein (non può essere vero), devo sempre dirvi tutto!

1	TE	Tempus	→ complemento di tempo
2	CA	Causa	→ complemento di causa
3	MO	Modus	→ complemento di modo
4	LO	Locus	→ complemento di luogo

Fate attenzione all'ordine dei complementi in questa frase.

Der Chef hat Eri ausgeschimpft, weil er sich am Montagmorgen wegen Straßenverkehr in der Stadtmitte verspätet hat.
Il capo ha sgridato Eri perché lunedì mattina è arrivato in ritardo per via del traffico in centro.

Congiunzione	Soggetto	Pronome riflessivo	Complemento di tempo
..., weil	er	sich	am Montagmorgen

Complemento di causa	Complemento di luogo	V2	V1
wegen Straßenverkehrs	in der Stadtmitte	verspätet	hat

Prima di terminare questo paragrafo, c'è ancora una cosa da non dimenticare: la Nebensatz talvolta può precedere la Hauptsatz. In questo caso la Nebensatz occupa la posizione 1 della Hauptsatz, il Vorfeld, provocando così l'inversione "verbo/soggetto" di cui avevamo già parlato. Ricordate?

Ecco un esempio.

Nebensatz	Hauptsatz			
Posizione 1 (Vorfeld)	V1	Soggetto	Complemento	V2
Da ich mich nicht wohl fühle,	kannst	du	mein Rindsfilet	essen
Dato che non mi sento bene,	puoi	tu	il mio filetto di manzo	mangiare

La frase principale, che segue la subordinata, comincerà dunque con il verbo coniugato (V1). Seguiranno in ordine il soggetto, i complementi e, in ultima posizione, il verbo (V2, participio o infinito a seconda dei casi).

Nulla di nuovo per voi.
Questo accadeva anche quando l'elemento della frase messo in evidenza all'interno della nostra principale era, per esempio, un complemento di tempo: anche in quel caso il soggetto slittava a destra del verbo.

6.4 Le subordinate causali con *weil, da* e *denn*

È arrivato il momento di vedere, una per una, le **proposizioni subordinate**. In questo paragrafo vi illustrerò le dichiarative con dass, le frasi infinitive e le subordinate causali. Cominciamo subito con le causali introdotte dalle congiunzioni **weil**, **da** e **denn**, usate spesso con lo stesso significato.

> Warum hast du keine Hausaufgaben gemacht? Weil ich krank war.
> Perché non hai fatto i compiti? Perché ero malato.

Vediamo un esempio per ciascuna congiunzione.

1. Markus ist zu spät, **weil** er den Zug nach Düsseldorf verpasst hat.
   Markus è in ritardo **perché** ha perso il treno per Düsseldorf.

2. **Da** er sonst nichts tun kann, sitzt er im Eis-Café und isst einen Schokobecher mit Sahne.
   Dato che non può farci nulla, adesso è in gelateria e mangia una coppa di gelato al cioccolato con la panna.

3. Er fährt für eine Woche nach Düsseldorf zu seiner Freundin, **denn** er hat Urlaub.
   Va per una settimana a Düsseldorf dalla sua fidanzata, **perché** è in ferie.

Weil e da obbligano il verbo a spostarsi alla fine della frase, mentre **denn** (come già avevamo visto nella lezione 5) introduce una proposizione che ha l'identica struttura della Hauptsatz, quindi **il verbo rimane al suo posto**!

Direi che adesso potete far pratica!

Übung 63.

Unite le frasi come nell'esempio usando weil oppure da.

1. Frau Mayer kauft Mehl. Sie will einen Kuchen backen.
   Frau Schneider kauft Mehl, weil sie einen Kuchen backen will.
2. Ich kann nicht mitspielen. Ich habe keine Zeit. ....

   ....
3. Herr Jakobs kauft Nudel. Er will Spaghetti kochen. ....

   ....
4. Monika ist froh. Sie hat eine nette Freundin gefunden. ....

   ....
5. Franz ist noch nicht gekommen. Der Zug hat Verspätung. ....

   ....
6. Stephan hat Kopfschmerzen. Er hat die ganze Nacht nicht geschlafen.

   ....
7. Frau Schröder kann nicht zur Tanzschule. Sie muss auf ihre Kinder aufpassen. ....

   ....
8. Ramona ist zu spät. Der Wecker hat nicht geklingelt. ....

   ....
9. Morgen geht Jochen nicht arbeiten. Er hat einen Termin beim Arzt.

   ....

10. Georg muss morgen um 7 Uhr aufstehen. Er muss das Auto in die Werkstatt (officina) bringen (portare). ....

....

....

Übung 64.

Completate con denn o weil.

1. Ich esse nichts, ... ich habe keinen Hunger mehr.
2. Laura hat Kartoffeln gekauft, ... sie einen Kartoffelsalat kochen will.
3. Luise und Hans fahren in die Berge, ... sie Urlaub machen wollen.
4. Caterina hat heute viel zu tun, ... sie bekommt morgen Besuch.
5. Lara bestellt eine Pizza, ... sie keine Lust zu kochen hat.
6. Mark ist so glücklich, ... er ist verliebt.
7. Sara isst keine Gurken, ... sie Gurken zu scharf findet.
8. Fabian gibt am Samstag eine Party, ... er hat Geburtstag.
9. Barbara isst keinen Lachs (salmone), ... sie keinen Fisch mag.
10. Valerie räumt auf, ... das Haus ist ein Durcheinander (disordine).

Übung 65.

Collegate le frasi formando le secondarie facendo molta attenzione alla regola del TECAMOLO, come nell'esempio!

1. Er geht nicht ans Telefon - er liest.
   Er geht nicht ans Telefon, weil er liest.

Er liest ein Buch.

, weil ....

Er liest auf dem Balkon ein Buch.

....

Er will auf dem Balkon ein Buch lesen.

....

Er ist ans Telefon nicht gegangen. Er hat auf dem Balkon ein Buch gelesen.

Er ist nicht ans Telefon gegangen, weil ....

2. Monika hat keine Zeit. Sie räumt auf.

Monika hat keine Zeit , weil..

Sie räumt das Zimmer auf.

, weil ....

Sie will das Zimmer aufräumen.

....

Monika hat keine Zeit. Sie hat das Zimmer aufgeräumt.

Monika hat keine Zeit , weil ....

3. Karl ist in der Küche. Er kocht.

Karl ist in der Küche , weil ....

....

Er kocht Pasta.

, weil ....

....

Er kocht einen Teller Pasta.

....

Er will einen Teller Pasta kochen.

....

Karl ist in die Küche gegangen. Er hat einen Teller Pasta gekocht.

, weil er ....

4. Serena ist im Bad. Sie wäscht.

, weil ....

Sie wäscht die Wäsche.

, weil ....

Sie wäscht die Wäsche in der Waschmaschine.

, weil ....

Sie will die Wäsche in der Waschmaschine waschen.

, weil ....

Serena ist ins Bad gegangen. Sie hat die Wäsche in der Waschmaschine gewaschen.

, weil ....

6.5 Le dichiarative con *dass*

Gut, und jetzt schauen wir mal (bene, e ora vediamo) cosa sono e come funzionano le **dass-Sätze**. A livello teorico si tratta di frasi subordinate oggettive introdotte da dass (che) dichiarativo. Vediamo degli esempi.

Die Lehrerin hat gesagt, dass die Prüfung verschoben ist.
L'insegnante ha detto che l'esame è stato spostato.

Wahrscheinlich hat sie erfahren, dass diesen Freitag die Schule geschlossen ist.
Probabilmente ha saputo che questo venerdì la scuola è chiusa.

Bist du sicher, dass die Schule am Freitag geschlossen ist?
Sei sicuro che venerdì la scuola sia chiusa?

Come disponiamo i componenti della frase introdotta da dass? Esattamente come in quelle introdotte da weil e da.

1. Il **V1** sta sempre **in coda alla frase**.

   Die Mama hat gesagt, dass sie heute den Schweinebraten **macht**.
   La mamma ha detto che oggi **prepara** l'arrosto di maiale.

Hauptsatz			Nebensatz				
Sogg.	V1	V2		Sogg.	Avverbio	Complemento oggetto	V1
Die Mama	hat	gesagt,	dass	sie	heute	den Schweinbraten	macht

2. Con un verbo composto, il **V1** andrà sempre **in coda alla frase** e sarà **preceduto dal V2**.

   Der Chef hat uns mitgeteilt, dass seine Sekretärin in Rente **gegangen ist**.
   Il capo ci ha comunicato che la sua segretaria **è andata** in pensione.

Hauptsatz			
Soggetto	V1	Complemento oggetto	V2
Der Chef	hat	uns	mitgeteilt,

Nebensatz				
	Soggetto	Complemento oggetto	V2	V1
dass	seine Sekretärin	in Rente	gegangen	ist

3. Le secondarie introdotte da dass possono precedere la frase principale, occupando la **posizione 1** (**Vorfeld**) e determinando così l'**inversione V1-soggetto**.

   Dass du nicht kommen kannst, **habe** ich nicht gewusst.
   Che non potevi venire, non lo sapevo.

Nebensatz		Hauptsatz		
Posizione 1 (Vorfeld)	V1	Soggetto	Negazione	V2
Dass du kommen nicht kommen kannst,	habe	ich	nicht	gewusst

Übung 66.

Valerie scrive a Ute. Collegate le frasi.

1. Du kommst uns besuchen. Ich freue mich.
   Ich freue mich, dass du uns besuchen kommst.
2. Du kommst. Auch Florian freut sich.

   ....

3. Am Samstag muss ich arbeiten. Es tut mir leid.

   ....

4. Aber Florian hat Zeit. Er kann mit dir in ein Museum gehen. Er ist froh.

   ....

5. Am Samstagabend gehen wir zusammen ins Kino. Ich freu mich.

   ....

6. Wir sehen uns endlich wieder. Ich bin froh.

   ....

Übung 67.

Florian e Ute pensano a cosa mostrare a Valerie durante la sua visita. Costruite delle dass-Sätze.

1. Ute (glaubt): Valerie geht gerne in ein Museum.
   Ute glaubt, dass Valerie gerne in ein Museum geht.

2. Florian (sich sicher sein): Sie interessiert sich für moderne Kunst.

   ....

   ....

3. Ute (denken): Sie möchte auch das Naturkundemuseum besichtigen.

   ....

   ....

4. Florian (meinen): Sie möchte auch auf die Weihnachtsmärkte gehen.

   ....

   ....

5. Ute (sagen): Sie mag Glühwein.

   ....

   ....

6. Florian und Ute (hoffen): Valerie gefällt Wien.

   ....

   ....

6.6 L'infinito con *zu*

Tutti corretti, gli esercizi? Non tutti? *Errare humanum est*... non perdetevi d'animo. Qualche errore ist in Ordnung (ci sta)!
Voglio parlarvi, in questo paragrafo, dalla **Infinitivsatz** (infinitiva). Di cosa si tratta? Eccovi subito degli esempi in italiano e in tedesco.

Non ho voglia **di ballare** con quel tizio.
Ich habe keine Lust, mit diesem Typen **zu tanzen**.

- L'infinito tanzen (ballare) è preceduto da zu e ricopre l'ultima posizione nella frase.

- Attenzione, perché con i **verbi separabili zu** si inserisce tra prefisso e tema del verbo.

Sie hat vergessen, die Tür **zuzumachen**.
Ha dimenticato **di chiudere** la porta.

Il verbo zumachen (chiudere) suona stranissimo con, in mezzo, un altro zu? Vi sembra cacofonico?
No, per nulla, in tedesco suona benissimo, così come tutti gli altri verbi separabili.

Sie hat keine Zeit, das Fenster **aufzumachen**.
Non ha tempo **di aprire** la finestra.

ACHTUNG!
So di averlo già detto, ma voglio ripetervelo: tutte le subordinate in tedesco sono separate dalla principale da una virgola, Komma. Anche le Infinitivsätze seguono questa regola! Unica eccezione: potete evitare la virgola quando la frase secondaria è formata solo dal verbo.

Es hat angefangen zu regnen.
Ha iniziato a piovere.

Dovete sapere che auf Deutsch ci sono molti verbi che reggono un infinito con zu. I più importanti sono:

1.	anfangen/beginnen (iniziare)	Ich habe angefangen/begonnen zu kochen. Ho cominciato a cucinare.
2.	bitten (pregare)	Ich bitte dich, mir zu helfen. Ti prego di aiutarmi.
3.	beschlossen/ entscheiden (decidere)	Wir haben beschlossen, am Montag zu streiken. Abbiamo deciso di scioperare lunedì.
4.	erlauben (dare il permesso)	Mama hat uns nicht erlaubt auszugehen. La mamma non ci ha permesso di uscire.
5.	sich freuen (rallegrarsi)	Ich freue mich, Vater zu werden. Sono contento di diventare padre.
6.	haben (Angst, Zeit, Lust...)	Ich habe keine Zeit, mit dir zu sprechen. Non ho tempo per parlare con te.
7.	hoffen (sperare)	Ich hoffe, dich bald wieder zu sehen. Spero di rivederti presto.
8.	raten (consigliare)	Ich rate dir, Englisch weiter zu lernen. Ti consiglio di continuare a studiare inglese.
9.	verbieten (vietare)	Er hat uns verboten zu rauchen. Ci ha vietato di fumare.
10.	vergessen (dimenticare)	Er hat vergessen, Obst und Gemüse einzukaufen. Ha dimenticato di comprare frutta e verdura.
11.	versprechen (promettere)	Sie hat uns versprochen, zu kommen. Ci ha promesso di venire.

12.	versuchen (cercare)	Sylvia versucht, ein Buch zu schreiben. Sylvia cerca di scrivere un libro.
13.	vorhaben (avere intenzione)	Ich habe nicht vor, lange zu schlafen. Non ho intenzione di dormire troppo.
14.	vorschlagen (consigliare)	Ich schlage dir vor, dich etwas besser zu benehmen. Ti consiglio di comportarti meglio.

Non so se vi siete accorti che in italiano l'infinito può essere preceduto da "a", "per" o "di"... in tedesco solo da zu! Il tedesco è difficile? Fatemi il piacere!

ACHTUNG!
Attenzione alla posizione del pronome personale retto dal verbo all'infinito nella Infinitivsatz. Va messo sempre all'inizio della secondaria, subito dopo la virgola!

Ich habe vergessen, dich zu warnen.
Mi sono dimenticato di avvisarti.

Übung 68.

Formate delle frasi.

1. der Maler: beginnen – streichen
   Der Maler beginnt zu streichen.

2. der Maler: beginnen – die Wände – streichen

   ....

   ....

3. Die Mama: vergessen – das Fenster aufmachen

....

....

4. Die Schwester: anfangen – sich schminken

....

....

5. Der Schüler: aufhören – die Hausaufgaben machen

....

....

6. Die Mama: sich freuen – die Großeltern zu Gast haben

....

....

7. Mein Vater: verboten – in die Disco gehen

....

8. Die Arbeitnehmer (lavoratori dipendenti): entscheiden – am Montag streiken ....

....

9. Der Arbeitgeber (datore di lavoro): versprechen – die Schichten (turni di lavoro) – verbessern ....

....

10. Die Mutter: anfangen – kochen

....

....

6.6.1 L'infinito con *zu* per formare il gerundio

Nelle lezioni precedenti abbiamo già visto come formare il gerundio con l'aggettivo gerade (appena), ma vi avevo accennato anche ad altri modi per rendere questo tempo, che non hanno alcuna corrispondenza diretta con l'italiano. Eccone alcuni.

1. **dabei sein + zu + infinito**

   Ich bin dabei, ein Buch zu lesen.
   Sto leggendo un libro.

2. La stessa frase può essere resa con **gerade** (come già visto).

   Ich lese gerade ein Buch.
   Sto leggendo un libro.

3. Possiamo addirittura usare **le due forme** contemporaneamente.

   Ich bin gerade dabei, ein Buch zu lesen.
   Sto leggendo un libro.

4. Un altro modo per rendere il gerundio è la formula **am + infinito sostantivato**.

   Hallo Valerie, Wo bist du denn?
   Ciao Valerie, ma dove sei?

   Hi Mark, ich bin am Essen, kannst du bitte später anrufen?
   Ciao Mark, sto mangiando. Puoi telefonarmi più tardi?

L'infinito diventa un nome e quindi va scritto con la **lettera maiuscola**. Il genere dell'infinito sostantivato è sempre il **neutro**.

ACHTUNG!
La formula am + infinito non può articolarsi con altri complementi, quindi diremo:

Ich bin am **Putzen.**
Io sto pulendo.

Non possiamo dire, infatti:

~~ich bin das Fenster am Putzen~~

Übung 69.

Trasformate le frasi usando le strutture dabei sein, … + zu + infinito e gerade dabei sein, … + infinito.

1. Er schreibt gerade einen Brief.

   ....

2. Sylvia und Marika kochen gerade eine Gulaschsuppe.

   ....

3. Franz bringt gerade das Auto in die Werkstatt.

   ....

4. Die Kellnerin (cameriera) deckt gerade den Tisch.

   ....

5. Mein Bruder Karl putzt gerade den Keller.

   ....

6. Mein Vater liest gerade ein Buch.

....

7. Die Lehrerin wiederholt gerade die Lektion.

....

8. Das Kind spielt gerade mit dem Computer.

....

9. Gerard isst gerade einen Becher Eis mit Sahne.

....

10. Die Kinder spielen gerade im Garten mit dem Hund.

....

11. Markus spült gerade das Geschirr.

....

12. Der Ingenieur misst (misurare) gerade den Flur.

....

6.7 Altre forme per rendere il gerundio

Non è sempre facile riuscire a rendere il **gerundio** in tedesco, anche perché può assumere diversi significati a seconda della frase.

1. Mi telefonò **dicendo** che aveva preso l'influenza.

   Qui il gerundio esprime **contemporaneità**. Sono due frasi coordinate che quindi possiamo collegare con und.
   Sie rief mich an **und** sagte, dass sie eine Grippe bekommen hat.

2. **Guidando** non si può parlare al telefono.

   Anche in questo caso c'è **contemporaneità**. Un'alternativa con lo stesso significato potrebbe essere "quando/mentre si guida".
   Wenn/**Während** man mit dem Auto fährt, darf man nicht telefonieren.

3. **Essendo** molto stanca, tornò a casa.

   Ora il gerundio veicola un significato causale (la causa dell'azione), perciò la soluzione adottata dal tedesco è una subordinata causale.
   Da sie müde war, ging sie nach Hause.

4. **Sbagliando** si impara.

   Il detto italiano cosa esprime? Il modo con cui si impara. Vi anticipo così la preposizione **durch** che indica una modalità, mentre la congiunzione **indem** introduce una subordinata modale.
   Man lernt **durch** Fehler./**Indem man Fehler macht**, lernt man.

5. Mi disse **sorridendo** che voleva bere un'altra birra.

   Anche in questo caso il gerundio italiano esprime il modo. Ma c'è un'alternativa all'esempio del punto 4.: si utilizza il **participio presente** (che vedremo più avanti), seguito da una **dass-Satz**.
   Er sagt mir **lächelnd**, **dass** er noch ein Bier trinken wollte.

6. Pur **avendo** una settimana intera, non riesco mai a finire in tempo.

   Il significato qui è «anche se, nonostante» (**auch wenn**, **obwohl**).
   Auch wenn ich eine ganze Woche Zeit **habe**, kann ich die Arbeit nie pünktlich beenden.
   Obwohl ich eine ganze Woche Zeit **habe**, kann ich die Arbeit nie pünktlich beenden.

★ Willkommen in Deutschland ★

KARNEVAL IM VERGLEICH

Carnevale e carnevali a confronto

Come in altri Paesi del mondo, auch bei uns in Deutschland wird Karneval gefeiert (anche da noi in Germania si festeggia il carnevale), una festa tradizionale che da sempre mischia sacro e profano, cristiano e pagano.
Definito anche come die fünfte Jahreszeit (quinta stagione), il nostro carnevale inizia ogni anno l'11 novembre, alle ore 11.11 con la consegna simbolica della città ai "matti", come il folle Hoppeditz: un pupazzo agghindato da giullare installato nella piazza del municipio, che verrà bruciato il Mercoledì delle Ceneri, decretando così la fine dei lunghi festeggiamenti.

In Germania abbiamo tre tipi diversi di Carnevale:

Karneval

renano a Colonia, Bonn, Magonza e Düsseldorf.

Fastnacht

nel Sudovest del Paese.

Fasching

a Monaco di Baviera.

Tuttavia, quello più famoso è il Karneval renano che vede nelle città di Köln (Colonia) e Düsseldorf la massima espressione di vivacità, divertimento e un pizzico di follia. A Köln si può assistere a sfilate, in stile Rio de Janeiro, con carri spettacolari. Al passaggio del Rosenmontagszug (sfilata dei carri del Lunedì delle rose) sentirete la folla gridare Strüßjer (mazzetti di fiori), Kamelle (caramelle), e a queste acclamazioni pioveranno, dai carri, fiori e caramelle in abbondanza.

A Düsseldorf, invece, abbiamo il Weiberfastnacht (Carnevale delle zitelle), dove il "gentil sesso" domina in tutti i festeggiamenti del Giovedì Grasso. Un consiglio agli uomini: state attenti, se non volete vedere la vostra cravatta tagliata!

Particolari sono anche i tipici e tradizionali Narrenrufe: «richiami folli» che non hanno un preciso significato, ma che si sentono ripetutamente durante questi giorni di festa. A Köln si sente Kölle!, a cui si risponde Alaaf! A Düsseldorf, invece, è comune urlare Helau.

Non meno importante è il Fastnacht, caratterizzato da rievocazioni di antiche tradizioni medievali, durante le quali uomini con bizzarre maschere, streghe e demoni affollano le strade delle città. Spettacolari falò notturni, nella Foresta Nera, festival musicali a Schwäbisch Gmünd e parate in maschera a Friburgo animano il Fastnacht all'insegna della magia e del mistero.

Infine, troviamo il Fasching, che ci riporta indietro nel tempo, tra danze di guerra e antichi giochi cavallereschi tipici del Medioevo. Nelle strade del centro di Monaco di Baviera prende vita il München Narrisch (pazza Monaco) con balli, sfilate e parate in maschera che andranno in scena il Martedì Grasso anche tra le bancarelle del Viktualienmarkt e il tradizionale Tanz der Marktfrauen (Ballo delle venditrici).

Altri aspetti interessanti di queste festività sono senza dubbio lo street food (Brezel, Bratwurst und Currywurst, Berliner Krapfen), che per tradizione abbonda, e l'immancabile birra che in queste occasioni scorre a fiumi: non a caso un famoso motto recita Wo früher meine Leber war, ist heute eine Mini-Bar (Dove una volta c'era il mio fegato oggi c'è un minibar).

Grazie ai numerosi eventi, il carnevale tedesco rappresenta una delle attrazioni più importanti del Paese. Richiama turisti da tutta Europa e merita, almeno una volta, di essere visto e vissuto.
Attenzione al detto im Karneval herrscht Narrenfreiheit! (letteralmente «A carnevale vale la libertà di pazzia!»).

Lezione 6
Glossario

Verbi

unterrichten	fare lezione
dauern	durare
schmecken	piacere (per cibi e bevande)
mögen	piacere
gefallen	piacere (per persone e cose)
meinen	pensare/credere
glauben	credere
denken	pensare
fotografieren	fotografare
posten	postare
bearbeiten	elaborare
speichern	memorizzare
kommentieren	commentare
hinzufügen	aggiungere
erstellen	creare
teilen	condividere su internet
mitkommen	venire insieme a qualcuno
sich verletzten	ferirsi/infortunarsi
bemerken	notare

verweisen	rimproverare/richiamare
backen	cuocere al forno
mitspielen	giocare assieme a qualcuno
aufpassen	fare attenzione
kochen	cucinare
aufräumen	riordinare
lesen	leggere
verschieben	rimandare/spostare
schließen	chiudere
entscheiden	decidere
vorhaben	avere intenzione
versprechen	promettere
sich freuen	rallegrarsi/essere contento
erlauben	approvare
bitten	pregare
raten	consigliare
verbieten	vietare
versuchen	provare
vorschlagen	proporre
waschen	lavare

Aggettivi / Avverbi

bunt	colorato
schnell	veloce
klein	piccolo
viel	molto
gern	volentieri
dunkel	scuro/buio
warm	caldo
klug	saggio/intelligente
breit	largo
nah	vicino

hoch	alto (per cose)
groß	alto (per persone/grande)
reich	ricco
scharf	piccante
lustig	divertente
leise	basso/sommesso/a bassa voce
heiß	bollente
wahrscheinlich	probabilmente

Sostantivi

das Sweatshirt	felpa
der Fisch	pesce
die Suppe	zuppa
das Gemüse	verdura
die Bohnen	fagiolini
der Kübis	zucca
der Braten	arrosto
das Schwein	maiale
das Rind	manzo
das Kalb	vitello
das Lamm	agnello
das Schnitzel	fettina/cotoletta
der Salat	insalata
der Pilz	fungo
die Sauce	salsa
der Schinken	prosciutto
der Kuchen	torta
die Torte	torta con farcitura
der Mürbeteigkuchen	crostata
die Marmelade	marmellata
die Kartoffel	patata
das Sauerkraut	crauti
die Speisekarte	menu
der Nachtisch	dessert
die Hauptspeise	piatto unico
die Vorspeise	antipasto
das Fleisch	carne

das Geflügel	pollame
die Gurke	cetriolo
der Käse	formaggio
die Benachrichtigung	notifica
die Meldung	notizia
die Nachricht	notizia/ messaggio
das Fotoalbum	album fotografico
der Bekannte	conoscente
die Veranstaltung	evento
das Fieber	febbre
der Hauptsatz	frase principale
der Nebensatz	frase subordinata
das Krankenhaus	ospedale
der Fuß	piede
das Kinderspiel	gioco da ragazzi
die Waschmaschine	lavatrice
die Wäsche	biancheria
das Zimmer	camera
der Balkon	balcone
die Prüfung	esame
der Arbeitnehmer	lavoratore dipendente
der Arbeitgeber	datore di lavoro
der Flur	corridoio

Frasi utili

Gott sei Dank	grazie a Dio
Was nimmst du?	Cosa prendi?
das passt gut zu…	Questo si abbina bene a…
guten Appetit	buon appetito
zum Wohl	alla salute
Prost!	salute
lecker!	buono!
Was machst du gerade?	Che stai facendo?
Was denkst du gerade?	A cosa stai pensando?
sicher sein	essere sicuro
Danke, das ist genug.	Grazie, è abbastanza.

LEZIONE 7

LEKTION 7

7.1 Unsere WG

Cercare casa, in Italia come in Germania, non è facile. A complicare le cose, in molte città tedesche, le abitazioni affittate sono da arredare (unmöbliert), perciò, oltre alle spese di locazione, si devono sostenere anche quelle per l'acquisto dell'arredamento. Nei grandi centri urbani, per esempio a München, gli appartamenti migliori sono molto richiesti e si presentano anche dieci persone insieme per visionare un alloggio. Non dimentichiamo che, se i possibili locatari sono studenti, condivideranno l'appartamento con altri coinquilini. Per fortuna io e Astrid verstehen uns gut (andiamo d'accordo).

Als ich in Mailand ankam, suchte ich mir gerade eine WG. Was ist eine WG? Eine Wohngemeinschaft. Das ist eine Wohnung, wo jeder Student sein eigenes Zimmer hat und Küche und Bad mit den anderen teilt.
Ja, ihr wisst schon alles: ich wohne mit Astrid, meiner Mitbewohnerin. In unserer WG teilen wir nicht nur Küche und Badezimmer, sondern auch die Hausarbeiten: montags muss ich die Wäsche waschen, dienstags wirft Astrid den Müll weg, mittwochs räumt jede ihr Zimmer auf, donnerstags putzen wir das Badezimmer und freitags die Küche. So bleibt unsere Wohnung immer sauber und gemütlich.

Aber in Deutschland und in Italien leben viele Jugendliche noch bei ihren Eltern: das nennen wir auf Deutsch "Hotel Mama". Dort ist es am gemütlichsten und billigsten: du muss keine Miete bezahlen und das Essen und Bügeln macht die Mama.
Auf der anderen Seite suchen sich viele Studenten, wie ich, so bald wie möglich eine eigene Wohnung: Sie möchten ein freies und unabhängiges Leben führen.

Die Mieten in Mailand sind leider sehr hoch, da Mailand eine Großstadt ist: wir bezahlen für jedes Zimmer 450 € pro Monat.

Wir werden nächste Woche zu einer Möbelfabrik fahren, weil wir noch etwas für unsere Wohnung brauchen: einen Schreibtisch für Astrids Zimmer, ein Bücherregal, einen kleinen Nachttisch für mein Zimmer, eine große Lampe für die Küche, vier rote Hocker für die Küche. Ich brauche auch unbedingt einen Wecker: ich bin immer zu spät!

Traduzione

Appena arrivata a Milano mi sono subito cercata una WG. Cos'è? Un appartamento condiviso dove ogni studente ha la propria stanza e ha in comune con gli altri cucina e bagno.
Sì, lo sapete, vivo con Astrid, la mia coinquilina.
Nella nostra WG non condividiamo solo cucina e bagno, ma anche i lavori domestici: il lunedì lavo la biancheria, il martedì Astrid butta via la spazzatura, il mercoledì puliamo le nostre camere, il giovedì il bagno e il venerdì la cucina. Così il nostro appartamento è sempre pulito e accogliente.

In Germania e in Italia molti giovani vivono ancora con i genitori. In tedesco, quando è così, si dice Hotel Mama. Lì tutto è più comodo ed economico, non c'è l'affitto da pagare e la mamma cucina e stira per te. D'altra parte, ci sono anche molti studenti, come me, che cercano il prima possibile un appartamento per condurre una vita libera e indipendente.

A Milano, che è una metropoli, gli affitti sono purtroppo molto alti: paghiamo, per ogni stanza, 450 € al mese.

La prossima settimana andremo a far spese in un mobilificio perché abbiamo bisogno di alcune cose per il nostro appartamento: una scrivania per la stanza di Astrid, una libreria, un comodino per la mia camera da letto, una lampada grande per la cucina, 4 sgabelli rossi per la cucina. Poi, ho assolutamente bisogno di una sveglia: sono sempre in ritardo!

Tipps und Tricks

I giovani!

Attenzione a come traducete "i giovani":

der Junge, die Jungen/Jungs il ragazzo/i ragazzi
das Mädchen, die Mädchen la ragazza/le ragazze
die Jugendlichen i giovani, maschile e femminile

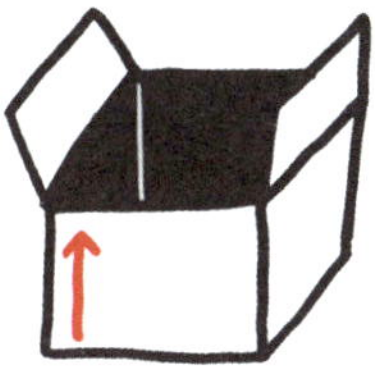

Übung 70.

Collegate il disegno al nome.

1. der Kalender
2. der Kühlschrank
3. der Mülleimer
4. das Brett
5. der Brotkorb
6. die Küchenuhr
7. der Besen
8. das Handtuch
9. der Spiegel
10. die Waage
11. der Wecker
12. die Schachtel

7.2 Il *Präteritum*

So meine lieben und fleißigen Schüler (Allora, cari studenti zelanti), ci stiamo addentrando sempre di più nella Deutsche Sprache. Nella lezione 5 abbiamo imparato a formare il participio passato (Partizip I) e a usare il Perfekt. In questo capitolo vi illustrerò l'uso del Präteritum, un altro modo per esprimere il passato. Il Präteritum è utilizzato soprattutto nei racconti o nelle relazioni. Serve a descrivere fatti ormai conclusi al passato. Indica:

1. **azioni concluse nel passato**;
   Im Jahr 2007 machte ich Urlaub in Mallorca.
   Nel 2007 passai le vacanze a Maiorca.
2. **fatti del passato**.
   Unser Urlaub in Spanien war fantastisch und jeden Tag war das Wetter schön.
   Le nostre vacanze in Spagna furono fantastiche, ogni giorno il tempo era bello.

7.2.1 Il *Präteritum* dei verbi regolari

Ecco come si coniuga il verbo fragen (domandare).

FRAGEN	
ich	frag-**te**
du	frag-**test**
er/sie/es	frag-**te**
wir	frag-**ten**
ihr	frag-**tet**
sie/Sie	frag-**ten**

Alla radice **frag-** del verbo ho aggiunto le desinenze del Präteritum che sono **-te**, **-test**, **-te**, **-ten**, **-tet**, **-ten**. Attenzione perché, per alcuni verbi la cui radice termina in **-t**, la pronuncia con le desinenze del Präteritum risulta difficile. Per questi casi, come il verbo arbeiten (lavorare) o antworten (rispondere), si aggiunge tra la radice verbale (arbeit- e antwort-) e le desinenze del Präteritum una **-e-**. Vediamo come funziona.

	ARBEITEN	ANTWORTEN
ich	arbeit**e**te	antwort**e**te
du	arbeit**e**test	antwort**e**test
er/sie/es	arbeit**e**te	antwort**e**te
wir	arbeit**e**ten	antwort**e**ten
ihr	arbeit**e**tet	antwort**e**tet
sie/Sie	arbeit**e**ten	antwort**e**ten

So einfach geht es! (Che facile!) Ora passiamo al prossimo *step*.

7.2.2 Il *Präteritum* dei verbi irregolari

Come potevate immaginare, anche per questo tempo del passato abbiamo dei verbi che si comportano in maniera irregolare. Sono i **verbi forti**. Per loro, la vocale tematica (quella della radice verbale) cambia nel paradigma. Vediamo, per esempio, das starke Verb gehen (andare a piedi) e coniughiamolo al Präteritum.

GEHEN	
ich	g**i**ng
du	g**i**ng**st**
er/sie/es	g**i**ng
wir	g**i**ng**en**
ihr	g**i**ng**t**
sie/Sie	g**i**ng**en**

Vi ricordate? Anche il participio passato di gehen era irregolare.

gehen → ich gehe (Präsens)
→ ich ging (Präteritum)
→ ich bin gegangen (Perfekt)

Ovviamente, dato che i verbi forti sono irregolari, non c'è una regola per capirli e per ricordare come cambia la vocale tematica! Si devono imparare i cosiddetti **paradigmi** (**Infinitiv – Präteritum – Partizip I**) auswendig a memoria. Ecco i paradigmi dei verbi più utilizzati. Studiateli bene!

Infinitiv (terza pers. sing.)	Präteritum	Partizip I	Italienisch
beginnen	begann	(hat) begonnen	cominciare
bewerben (bewirbt)	bewarb	(hat) beworben	far domanda, concorrere
bitten	bat	(hat) gebeten	pregare
bleiben	blieb	(ist) geblieben	rimanere
brechen (bricht)	brach	(hat/ist) gebrochen	rompere
bringen	brachte	(hat) gebracht	portare
denken	dachte	(hat) gedacht	pensare
entscheiden	entschied	(hat) entschieden	decidere
essen (isst)	aß	(hat) gegessen	mangiare
fahren (fährt)	fuhr	(ist) gefahren	guidare
fallen	fiel	(ist) gefallen	cadere
finden	fand	(hat) gefunden	trovare
fliegen	flog	(ist) geflogen	volare
geben (gibt)	gab	(hat) gegeben	dare
gehen	ging	(ist) gegangen	andare
geschehen (geschieht)	geschah	(ist) geschehen	accadere
gewinnen	gewann	(hat) gewonnen	vincere
haben	**hatte**	**(hat) gehabt**	**avere**
heißen	hieß	(hat) geheißen	chiamarsi
helfen	half	(hat) geholfen	aiutare
kennen	kannte	(hat) gekannt	conoscere

kommen	kam	(ist) gekommen	venire
lassen (lässt)	ließ	(hat) gelassen	lasciare
laufen (läuft)	lief	(ist) gelaufen	correre
leiden	litt	(hat) gelitten	soffrire
lesen (liest)	las	(hat) gelesen	leggere
liegen	lag	(hat) gelegen	giacere, stare sdraiato
nehmen (nimmt)	nahm	(hat) genommen	prendere
nennen	nannte	(hat) genannt	nominare
rufen	rief	(hat) gerufen	chiamare
schlafen (schläft)	schlief	(hat) geschlafen	dormire
schließen	schloss	(hat) geschlossen	chiudere
schreiben	schrieb	(hat) geschrieben	scrivere
schwimmen	schwamm	(ist) geschwommen	nuotare
sehen (sieht)	sah	(hat) gesehen	vedere
sein (ist)	**war**	**(ist) gewesen**	**essere**
singen	sang	(hat) gesungen	cantare
sitzen	saß	(hat/ist) gesessen	sedere
sprechen (spricht)	sprach	(hat) gesprochen	parlare
stehen	stand	(hat) gestanden	stare in piedi
sterben (stirbt)	starb	(ist) gestorben	morire
treffen (trifft)	traf	(hat) getroffen	incontrare
trinken	trank	(hat) getrunken	bere
tun	tat	(hat) getan	fare
verbieten	verbot	(hat) verboten	vietare
vergessen (vergisst)	vergaß	(hat) vergessen	dimenticare
verlieren	verlor	(hat) verloren	perdere
waschen (wäscht)	wusch	(hat) gewaschen	lavare
werden (wird)	**wurde**	**(ist) geworden**	**diventare**
wissen (weiß)	wusste	(hat) gewusst	sapere
ziehen	zog	(hat) gezogen	tirare

Vi sembrano tanti? Non sono tutti! Trovate una lista completa di tutti i verbi irregolari su diversi siti internet.

Übung 71.

Inserite i verbi al Präteritum.

gehen	ankommen	nehmen	auspacken	essen
fahren	gehen	suchen	gehen	empfehlen
kennen	duschen	haben	sein	

Ich (1) .... um 17.13 Uhr am Hauptbahnhof .... Als Erstes (2) .... ich mir ein Hotel. Da ich kein Hotel in Düsseldorf (3) .... , (4) .... ich zur Touristeninformation. Dort (5) .... man mir ein sehr schönes kleines Hotel im Zentrum. Ich (6) .... ein Taxi und (7) .... ins Hotel. Dort (8) .... ich meine Koffer .... und (9) .... Danach (10) .... ich ins Restaurant und (11) .... sehr viel, da ich großen Hunger (12) .... Schließlich (13) .... ich sehr müde und (14) .... ins Bett.

7.3 Le secondarie temporali

Le frasi secondarie temporali, così come tutte le altre subordinate, non possono esistere da sole perché dipendono da una principale. Sono introdotte da una congiunzione subordinata che determina il significato della frase. Vi ricordate? Nella lezione 6 avevamo incontrato le secondarie introdotte da **weil** (perché, causali) e **dass** (che, dichiarative).

> Ich kann nicht kommen, **weil** ich krank bin.
> Non posso venire perché sono malato.

> Er hat mir gesagt, **dass** er einen Job gefunden hat.
> Mi ha detto che ha trovato un lavoro.

Anche nelle subordinate temporali, **il soggetto** segue immediatamente **la congiunzione** e **il verbo coniugato (V1)** finisce **in fondo alla frase**.

> Wir haben uns sehr gefreut, **als du im Juli zu uns zu Besuch kamst**.
> Ci ha fatto molto piacere quando sei venuto a trovarci a luglio.

La secondaria temporale può sia precedere sia seguire la principale. Nel primo caso, come già visto, occorre fare attenzione all'inversione verbo-soggetto: la subordinata occupa la posizione del Vorfeld (inizio frase), che di solito è occupata dal soggetto, e questo viene spostato a destra del verbo.

Subordinata temporale prima della frase principale	Subordinata temporale dopo la frase principale
Als er nach Köln kam, **gab** (VERBO) **es** (SOGGETTO) schlechtes Wetter.	**Es gab** schlechtes Wetter, als er nach Köln kam.
Quando arrivò a Colonia c'era brutto tempo.	C'era brutto tempo quando arrivò a Colonia.

ACHTUNG!
Ebbene, anche per le subordinate temporali, ricordate di inserire la virgola (Komma) tra principale e secondaria!

7.3.1 "Quando": subordinate temporali con *wenn* e *als*

- **wenn**

"Quando" corrisponde a **wenn**. Si usa con il presente, il futuro e con tutti i tempi del passato, per indicare azioni che si ripetono più volte. Possiamo tradurre wenn con «quando», ma anche con «tutte le volte che, se».

Wenn das Wetter schlecht ist, bleibe ich zu Hause und sehe fern.
Quando (tutte le volte che/se) fa brutto, sto a casa e guardo la TV.

La ripetizione può essere sottolineata da avverbi come **immer** (sempre), **jedes Mal** (ogni volta).

Jedes Mal wenn/immer wenn die Mutter ihn rief, erschrak er.
(erschrecken – erschrak – erschrocken)
Ogni volta che lo chiamava sua madre, si spaventava.

- **als**

La congiunzione als è usata per azioni passate avvenute una sola volta.

Als er Kind war, war er oft krank.
Quando era piccolo era spesso malato.

Riassumendo:

	Passato	Presente, futuro
Azione non ripetuta	als	wenn
Azione ripetuta	wenn	wenn

Übung 72.

Trasformate le frasi in proposizioni secondarie con wenn o als.

1. Ich war im vorigen Winter in Berlin. Ich besuchte meine Freundin Valerie. ....

....

2. Das Mädchen war erst 2 Jahre alt. Die Eltern starben durch einen Autounfall. ....

....

3. Ich war ein Kind. Ich wollte Lokomotivführer werden.

....

....

4. Man senkte den Vorhang. Ich verließ das Theater.

....

....

5. Sie hat ein paar Gläser Wein getrunken. Er ist immer laut gewesen.

....

....

6. Ich hatte in der Mittagpause Zeit. Ich ging meine Mutter besuchen.

....

....

7. Sie kam aus dem Markt zurück. Sie brachte ihren Kindern immer Schokoladestangen. ....

....

8. Miriam studierte an der Uni. Miriam lernte ihren Mann kennen.

....

....

9. Er bemerkte das Feuer. Er rannte sofort zur Tür.

....

....

10. Luise traf Paul gestern auf der Straße. Sie freute sich sehr.

....

....

7.3.2 "Mentre": subordinate temporali con *während* e *solange*

Le congiunzioni während e solange esprimono azioni che si svolgono contemporaneamente.
I tempi delle due preposizioni devono essere per forza gli stessi. Vediamo due esempi.

> **Während** sie sich **duschte**, **klingelte** das Telefon (entrambi i verbi sono al Präteritum).
> Mentre si stava facendo la doccia è suonato il telefono.
>
> **Solange** er am Studieren **ist**, **kann** er sich kein Auto leisten (entrambi i verbi sono al Präsens).
> Finché studia non può permettersi una macchina.

ACHTUNG!

- La congiunzione während si usa anche per introdurre una proposizione con valore avversativo.

  Ich habe mich sehr gefreut ihn zu sehen, während er sich gelangweilt hat.
  Sono stato molto felice di vederlo, mentre lui si stava annoiando.

- Solange vuol dire letteralmente «fino a che» e si utilizza nelle frasi in cui la conclusione dell'azione è esplicata.

  Solange Frau Müller schwanger gewesen ist, hat ihr Mann die Hausarbeiten gemacht.
  Mentre/Per tutto il tempo in cui Frau Müller era incinta, suo marito ha fatto i lavori di casa.

7.3.3 "Prima di": subordinate temporali con *bevor*

La congiunzione bevor introduce le subordinate temporali la cui azione si svolge prima di quella espressa nella principale.

> **Bevor** ich in Italien ankam, habe ich mein Studium in Deutschland absolviert.
> Prima di arrivare in Italia ho finito i miei studi in Germania.

Avete capito? Cambia il significato della congiunzione, ma la "tecnica" è sempre quella!

Übung 73.

Collegate tra loro le frasi usando während o bevor.

1. Ich bestellte einen Schweinebraten. Ich studierte die Speisekarte.

   ....

2. Ich bezahlte an der Kasse. Ich probierte ein Abendkleid.

   ....

3. Sie aß eine Packung Eis. Sie sah fern.

   ....

4. Sie wohnte bei ihren Eltern. Sie heiratete.

   ....

5. Sie war schwanger. Sie aß alles was sie wollte.

   ....

7.3.4 "Non appena": subordinate temporali con *sobald*

Allora, ragazzi, avete visto come sono facili le subordinate? Ich glaube, dass es da gar keine Schwierigkeiten gibt! (Non credo ci siano difficoltà!) Vediamo adesso le preposizioni temporali con la congiunzione sobald (non appena). Introduce una secondaria con un'azione immediatamente precedente a quella espressa nella principale.

Sobald er aufwacht, duscht er sich.
Non appena si sveglia si fa una doccia.

Esistono anche altri tipi di subordinata temporale (con i quali esprimiamo un'azione precedente a quella della principale). Per non confondervi ve li mostrerò più avanti, alla lezione 8.

7.3.5 "Fino a": subordinate temporali con *bis* e *seitdem*

Ecco le ultime due congiunzioni temporali.

- **bis**
  Significa «fino al momento in cui». Usata soprattutto per eventi futuri, indica il lasso di tempo fino al momento in cui inizia un'altra azione.

  Wir aßen, bis wir satt waren.
  Mangiammo fino a essere sazi (fino a quando non fummo sazi).

- **seitdem**
  Significa «da quando» e si utilizza per introdurre azioni che hanno origine nel passato, ma che continuano nel presente.

  Seitdem du gekommen bist, kann ich nicht mehr lernen.
  Da quando sei arrivato, non riesco più a studiare.

Non leggete il prossimo paragrafo prima di aver memorizzato tutte le congiunzioni temporali!

quando	**wenn**	Wenn Maria kommt, hat sie eine Nachricht für mich. Quando verrà Maria, mi darà una notizia.
da quando	**seitdem**	Seitdem du zurück bist, bist du mit uns noch nicht ausgegangen. Da quando sei tornato, non sei ancora uscito con noi.
quando	**als**	Als sie in der Grundschule war, hatte sie sehr gute Noten. Quando andava alle elementari, aveva voti molto buoni.
mentre	**während**	Sie telefonierte, während sie das Abendessen kochte. Telefonava mentre preparava la cena.
fino a che	**bis**	Er wartete, bis sie kam. Lui aspettò fino a che arrivò lei.
non appena	**sobald**	Sobald das Essen fertig ist, ruf ich dich. Non appena è pronto da mangiare ti chiamo.

Übung 74.

Completate con wenn, als, seitdem, bevor e während.

(1) .... ich zum ersten Mal in Deutschland war, habe ich nichts verstanden. Ich habe mich geärgert. (2) .... ich vor fünf Jahren dort war, lerne ich Deutsch. Es macht mir Spaß und immer (3) .... ich keine Lust zu lernen habe, denke ich an meine Reise durch Deutschland. Ich war 2007 zum ersten Mal hier. (4) .... ich am Flughafen von Düsseldorf ankam, wusste ich nicht wohin (non sapevo dove andare). Ich hatte mich nicht um das Hotel gekümmert (5) .... ich losgeflogen war. Aber ich habe zum Glück Leute kennengelernt und alle haben mir geholfen. Ich bin dann erst mal in ein kleines Gasthaus gegangen. (6) .... ich auf dem Zimmer ein Brötchen aß, sah ich mir den Stadtplan von Düsseldorf an. (7) .... ich mein Brötchen aufgegessen hatte, bin ich losgegangen und habe Düsseldorf besichtigt.

Zurück in die Zukunft

Cosa significa il titolo? Ma certo, *Ritorno al futuro*, il mitico film degli anni Ottanta che racconta di avventure e viaggi nel tempo a bordo della *DeLorean*. Ci serviamo dei due personaggi, Marty e Doc, per aiutarci con le subordinate temporali in tedesco... Attenzione, pericolo *spoiler*!

Erster Film (Primo film)

Marty fährt zurück durch die Zeit bis 1955 und bringt seine Eltern zusammen.
Marty è tornato indietro al 1955 e ha fatto innamorare i genitori.

Als Doc die Zeitmaschine repariert hatte, kam Marty in die Gegenwart zurück und rettete Docs Leben.
Quando Doc ha riparato la macchina del tempo, Marty è tornato nel presente e ha salvato la vita a Doc.

Zweiter Film (Secondo film)

Marty und Doc sind in die Zukunft, 2015, gefahren, um Martins Familie zu retten.
Marty e Doc sono andati avanti nel futuro, nel 2015.

Warte mal! 2015? Das ist für uns schon die Vergangenheit…
(Aspetta un attimo! 2015? Per noi è già passato…)

Bevor Martin in das Jahr 1985 zurückkehrt, hat er eine Zeitschrift mit Sport-Wetten gekauft.
Prima di tornare all'anno 1985, Martin ha comprato un giornale di scommesse sportive.

Dritter Film (Terzo film)

Während Doc im Wilden Westen gefangen ist, beschließt Marty, in die Vergangenheit zurückzukehren. Er möchte seinen Freund Doc noch einmal retten!
Mentre Doc è intrappolato nel Far West, Marty decide di tornare nel passato. Vorrebbe salvare di nuovo il suo amico Doc!

7.4 Il caso genitivo

Come va? Siete ancora tutti interi? Perfetto! Vi devo dare una notizia buona e una cattiva: vi ricordate i casi tedeschi? Ma certo che li ricordate: nominativo, accusativo e dativo. Bene, ne esiste un altro, il **genitivo**! Questa era la schlechte Nachricht (cattiva notizia); quella buona è che con il genitivo **abbiamo finito i casi tedeschi**, ed è anche un caso facile! Per cosa si usa il genitivo? Leggete con attenzione questi esempi.

Sie nimmt das Auto **des Vaters**.	(Lei) prende l'auto del papà.
Das Problem **der Identität** ist ernst.	Il problema dell'identità è serio.

Il genitivo risponde alla domanda **di chi**? Esprime il **complemento di specificazione**.

(Lei) prende l'auto del papà.	Che cosa prende? L'auto. (complemento oggetto) Di **chi**? Del papà. (complemento di specificazione)
Sie nimmt das Auto des Vaters.	Was nimmt sie? Das Auto (accusativo) **Wessen** Auto? Des Vaters (genitivo)

Nominativo (wer/was?)	V1	Accusativo (wen/was?)	Genitivo (wessen?)
Sie	nimmt	das Auto	des Vaters

Vediamo come si forma il caso genitivo.

Articolo	Determinativo	Indeterminativo
Maschile	des Vaters	eines Vaters
Femminile	der Mutter	einer Mutter
Neutro	des Kindes	eines Kindes
Plurale	der Eltern	–

Facile! Il genitivo femminile è identico al dativo femminile (der – einer); il genitivo plurale è uguale al genitivo femminile (der – der); maschile e neutro sono identici tra loro (des – eines), com'erano uguali tra loro nel dativo.

ACHTUNG!
Il genitivo, per i nomi propri, si forma aggiungendo la desinenza **-s** e si mette il nome del possessore dopo l'oggetto posseduto.

Das ist Valeries Zimmer.
Questa è la camera di Valerie.

Esatto, è il famoso genitivo sassone che usate anche in inglese.

This is Julian's car.
Questa è la macchina di Julian.

Anche i nomi propri di località, di nazioni, di città prendono la **-s** per formare il genitivo.

Die Hauptstadt Italiens ist Rom
La capitale dell'Italia è Roma.

Il genitivo sta cadendo un po' in disuso. Spesso e volentieri, per indicare il possessore di un oggetto, preferiamo la preposizione **von** + **dativo**.

Sie nimmt das Auto **des** Vaters.
→ Sie nimmt das Auto **von dem** Vater.

Das ist Valeries Zimmer.
→ Das ist das Zimmer **von** Valerie.

Inoltre usiamo il genitivo per alcune espressioni di tempo indeterminato.

Eines Tages	Un bel giorno (usata per esempio nei racconti)
Eines Abends	Una sera

Übung 75.

Inserite l'articolo e il nome al genitivo (attenti alla desinenza).

1. Am Ende .... (der Tag) bin ich immer sehr müde.
2. Das Büro .... (der Chef) ist dort, links.
3. Das Kino liegt im Zentrum .... (die Stadt).
4. Die Eltern .... (die Kinder) sind spät angekommen.
5. Wo ist die Hauptstadt .... (Frankreich)?
6. Bern ist die Hauptstadt .... (die Schweiz).

7.4.1 Le preposizioni con il genitivo

Dopo aver imparato le preposizioni con il dativo, quelle con l'accusativo e quelle che reggono un po' il dativo e un po' l'accusativo, le preposizioni con il genitivo vi sembreranno ein Kinderspiel (un gioco da ragazzi)!

Ecco le principali preposizioni seguite dal genitivo.

Valore causale	
aufgrund	a causa di, in base a
wegen	a causa di
infolge	in seguito a

Valore temporale	
anlässlich	in occasione di
während	durante

Valore alternativo	
anstelle	al posto di
statt	al posto di

Valore strumentale	
dank	grazie a

Valore concessivo	
trotz	nonostante

Valore di luogo	
außerhalb	al di fuori di
innerhalb	all'interno di
jenseits	oltre
inmitten	in mezzo a

Vediamo come e dove usare le preposizioni con il genitivo.

1. Preposizioni **causali**, aus welchem Grund? (per quale motivo?)
   - **Wegen/Infolge** der Hitze sind wir nicht nach Italien gefahren.
     A causa dell'afa non siamo andati in Italia.
   - **Aufgrund** der Krise haben viele Leute im Jahr 2008 ihren Arbeitsplatz verloren.
     A causa della crisi molte persone hanno perso, nel 2008, il loro posto di lavoro.

2. Preposizioni **temporali**, wann? (quando?)
   - **Anlässlich** der Konferenz ist auch der Präsident gekommen.
     In occasione della conferenza è venuto anche il Presidente.
   - **Während** der Diskussion war Nikola nicht so aufmerksam.
     Durante la discussione, Nikola non era così attento.

3. Preposizioni che propongono **un'alternativa**

- **Anstelle** des Chefs hat das die Sekretärin gelöst.
  Al posto del capo ha risolto tutto la segretaria.
- **Statt** eines Biers möchte ich eine Dose Cola.
  Al posto della birra vorrei una lattina di Coca-Cola.

4. Preposizioni **concessive**

Trotz meiner Bemühungen habe ich die Prüfung nicht bestanden.
Nonostante tutti i miei sforzi non ho passato l'esame.

5. Preposizioni **strumentali**

Dank deiner Hilfe habe ich es geschafft.
Ce l'ho fatta grazie al tuo aiuto.

6. Preposizioni **di luogo**, wo? (dove?)

- Lucia wohnt **außerhalb** der Stadt.
  Lucia abita fuori città.
- Man sollte **innerhalb** Europas das Lesen verbreiten.
  Si dovrebbe diffondere la lettura all'interno dell'Europa.
- Es gibt eine Hütte **jenseits** des Flusses.
  C'è una baita al di là del fiume.
- Wir befinden uns **inmitten** einer Periode von Kriegen.
  Ci troviamo in un periodo di guerre.

Tipps und Tricks

Ich habe es geschafft!

Questa espressione corrisponde alla vostra italiana "Ce l'ho fatta!".

Die italienische Prüfung war sehr schwierig, aber **ich habe es** dank deiner Hilfe **geschafft**!
L'esame di italiano era molto difficile, ma grazie al tuo aiuto ce l'ho fatta!

Mach dir keine Sorgen, du schaffst das ganz bestimmt!
Non farti troppi problemi, ce la fai di sicuro!

Übung 76.

Inserite correttamente le preposizioni.

1. .... der Fahrt habe ich ein Buch gelesen.
2. .... der Krankheit hat sie Ferien gemacht.
3. .... des Regens haben wir keinen Ausflug gemacht.
4. Das Museum liegt .... der Stadt.
5. .... meiner Grippe bin ich nicht ins Schwimmbad gegangen.
6. Lisa fährt .... des schlechten Wetters mit dem Fahrrad zur Schule.
7. .... der Konferenz darf man nicht laut sprechen.
8. .... seines Wissens hat Peter hohe Punkte bekommen.
9. Ich habe einen Anorak .... einer Jacke gekauft.
10. .... des Geburtstages meines Opas haben wir ihm ein Geschenk gekauft.

Übung 77.

Ricordate le preposizioni? Vediamo come ve la cavate con questo esercizio. Se fate molti errori vi consiglio di tornare ein bisschen (un po') sugli argomenti visti nelle lezioni precedenti.

1. Die Athleten laufen dreimal .... den See.
2. .... dem Essen wäscht Lisa das Geschirr ab.
3. .... deine Hilfe hätten wir das nie geschafft! (non ce l'avremmo fatta)
4. Wir haben es .... deiner Hilfe geschafft.
5. Lukas und Marion sind .... zwei Monaten hier in München angekommen.
6. Sie wohnen hier .... zwei Monaten.
7. Jonas geht immer .... seiner Freundin ins Kino.
8. Es tut mir leid, aber ich muss jetzt .... Schule gehen.
9. Sie waren .... Schule und haben nichts gehört.
10. Alles Gute .... deinem Geburtstag.
11. Lydia macht immer schöne Fotos .... dir.
12. Oma sieht immer .... 18 .... 20 Uhr fern.
13. Ich setzte mich .... dich.
14. Das Buch liegt .... dem Tisch.
15. Simone liegt .... Gardasee.
16. .... Winter geht ihr Ski laufen.
17. Mein Vater arbeitet .... Siemens.
18. Ludwika kommt .... Polen.

7.5 Le secondarie con costruzione infinitiva: *ohne... zu*, *statt... zu*, *um... zu*

Nella lezione 6 avete imparato la costruzione della frase con il verbo all'infinito. Ve la ricordate?
Riepiloghiamo schnell (velocemente) prima di andare avanti.

Ich habe keine Lust, bei diesem Wetter ins Kino zu gehen.
Non ho voglia di andare al cinema con questo tempo.

Es hat angefangen, sehr stark zu regnen.
Ha iniziato a piovere forte.

Hauptsatz				Nebensatz		
Soggetto	V1	Complementi	V2	Complementi		Verbo infinito
Ich	habe	keine Zeit,		mein Auto	zu	waschen

Con l'infinito retto da **zu** possiamo introdurre altre frasi secondarie, ma solo **se il soggetto della principale coincide con quello della subordinata**.

1. **um ... zu + infinito** indica il fine dell'azione espressa nella principale.

   Ich lerne Deutsch, **um** mit meinem deutschen Freund **zu** sprechen.
   Imparo il tedesco per parlare con il mio ragazzo tedesco.

   Sie hat Wein gekauft, **um** den Geburtstag ihrer Mutter **zu** feiern.
   Ha comprato il vino per festeggiare il compleanno di sua mamma.

   Wir sind zum Bahnhof gegangen, **um** Peter ab**zu**holen.
   Siamo andati in stazione per prendere Peter.

2. **statt ... zu + infinito** significa «invece di», «al posto di» (fare qualcosa).

   Du siehst fern, **statt** für die Prüfung **zu** lernen.
   Guardi la TV invece di studiare per l'esame.

Du sollst Mathe lernen, **statt** fern**zu**sehen.
Dovresti studiare matematica invece di guardare la TV.

3. **ohne... zu + infinito** introduce il significato «senza» (fare qualcosa).

Sie hat ihn verlassen, **ohne** ein einziges Wort **zu** sagen.
Lei l'ha lasciato senza dire una parola.

Ihr seid gekommen, **ohne** Paolo ein**zu**laden.
Siete venuti senza invitare Paolo.

Ricordate: la frase principale e quella secondaria sono sempre separate da una **virgola**; inoltre, in presenza di verbi con prefisso separabile, mettiamo **zu tra il prefisso e il verbo**.

ACHTUNG!
Dato che in tedesco non esiste la doppia negazione, attenzione a non inserire negazioni nelle infinitive introdotte da ohne.

Sie hat ihn verlassen, ohne **etwas** zu sagen.
Lei l'ha lasciato senza dire **nulla**.

E non: ~~Sie hat ihn verlassen, ohne nichts zu sagen.~~

Übung 78.

Collegate le frasi con le costruzioni infinitive.

1. Ich möchte mich ausruhen. Ich möchte nicht an den Stress des Alltags denken. ....

....

2. Ich spiele jeden Tag Klavier. Ich will Pianist werden. ....

....

3. Wir sind ins Kaufhaus gegangen. Wir sind nicht zur Schule gegangen.

....

....

4. Du kannst nicht Tennis spielen. Du trainierst nicht. ....

....

5. Oma kann nicht schlafen. Oma muss immer Schlaftabletten nehmen.

....

....

6. Lorenz und Hellen nehmen an einem Sprachkurs teil. Sie möchten eine neue Sprache lernen. ....

....

Tipps und Tricks

***Holen, abholen, nehmen* (prendere)**

1. **holen** — Ich hole sofort einen Stuhl für dich!
   Prendo subito una sedia per te!
2. **abholen** — Wir müssen Trevor vom Bahnhof abholen.
   Dobbiamo andare a prendere Trevor alla stazione.
3. **nehmen** — Du bist krank: Du musst eine Tablette nehmen.
   Sei malato: devi prendere una pastiglia.

Dialogo

Valerie: Astrid, du siehst schwach und blass aus. Ist dir schlecht?
Astrid: Ja, Valerie, mir ist kalt und mir tut der Kopf weh.
Valerie: Vielleicht hast du Grippe oder Fieber. Was meint der Arzt?
Astrid: Der Arzt hat gesagt, dass ich im Bett bleiben soll und etwas gegen Kopfweh nehmen soll.

Valerie: Möchtest du, dass ich für dich zur Apotheke gehe?
Astrid: Oh danke Valerie! Das wäre super! Haaatschi!
Valerie: Gesundheit! Gute Besserung Astrid!

Traduzione

Valerie: Astrid, mi sembri debole e pallida. Non stai bene?
Astrid: Sì, Valerie, ho freddo e ho mal di testa.
Valerie: Forse hai l'influenza o la febbre. Cosa dice il dottore?
Astrid: Ha detto di restare a letto e prendere qualcosa contro il mal di testa.
Valerie: Vuoi che vada in farmacia?
Astrid: Oh, grazie, Valerie! Sarebbe il massimo! Ecciù!
Valerie: Salute! Buona guarigione, Astrid!

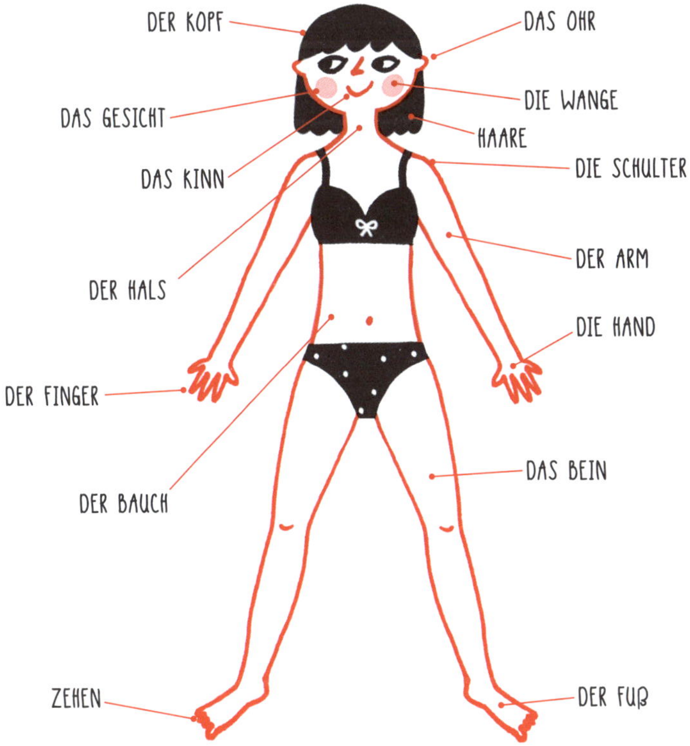

Che noia le malattie! Quando si è ammalati non si può far niente!

Ich habe Fieber.	Ho la febbre.
Grippe	influenza
Schnupfen	raffreddore
Husten	tosse
Mir tut der Kopf weh.	Ho mal di testa.
Mir tut der Bauch weh.	Ho mal di pancia.
Mir tut der Fuß weh.	Ho male a un piede.
Ich habe Zahnweh.	Ho mal di denti.
Hautentzündung	dermatite
Ohrenschmerzen	mal d'orecchi
Halsschmerzen	mal di gola
Masern	morbillo
Rückenschmerzen	mal di schiena

In der Apotheke (In farmacia):

Dialogo

Valerie: Guten Morgen, haben Sie etwas gegen Kopfweh?
Farmacista: Ja, haben Sie ein Rezept?
Valerie: Nein, das habe ich nicht. Meine Freundin Astrid hat am Telefon mit dem Arzt gesprochen und er hat gesagt, dass sie etwas gegen Kopfweh und Grippe braucht.
Farmacista: Ist Ihre Freundin gegen irgendein Arzneimittel allergisch?
Valerie: Nein.
Farmacista: Gut, dann soll sie diese Tablette zweimal pro Tag nehmen, nach dem Essen. Brauchen Sie sonst noch was?
Valerie: Nein danke, das war's. Vielen Dank!

Traduzione

Valerie: Buongiorno, avete qualcosa contro il mal di testa?
Farmacista: Sì, ha una ricetta?

Valerie:	No. La mia amica Astrid ha parlato al telefono con il dottore che le ha detto di prendere qualcosa per il mal di testa e l'influenza.
Farmacista:	La sua amica è allergica a qualche medicina?
Valerie:	No.
Farmacista:	Bene, allora deve prendere queste pastiglie due volte al giorno, dopo i pasti. Ha bisogno di altro?
Valerie:	No grazie, era tutto qui. Grazie mille!

DAS VIDEO!

SPERIAMO CHE NON TI SERVA.
MA QUANDO SI VA ALL'ESTERO È MEGLIO ESSERE PRONTI A OGNI EVENIENZA!
GUARDA IL VIDEO SU:GIRLS4TEACHING.COM/UNIT/INSTANT-TEDESCO-KRANKHEITEN

7.5.1 La secondaria finale introdotta da *damit*

Leggete questa proposizione secondaria che esprime il fine della principale.

Valerie hat Italienisch gelernt, **um** in Italien **zu** arbeiten.
Valerie ha studiato l'italiano per lavorare in Italia.

Il soggetto delle due frasi è lo stesso.
Valerie hat Italienisch gelernt.
Valerie möchte in Italien arbeiten.

Ora, invece, provate a collegare queste due frasi.

Valerie hat Italienisch gelernt.
Valerie ha studiato l'italiano.

Ihr italienischer Freund versteht sie.
Il suo ragazzo italiano la capisce.

Siete riusciti a legare le due frasi con **um … zu + verbo all'infinito?**
Nein? Ovvio! I due soggetti sono, infatti, diversi: Valerie – ihr Freund.

Come si può fare? Vi serve una congiunzione finale con il significato dell'italiano **affinché**. Eccola: **damit**. Riprendiamo le proposizioni di prima: vi mostro come unirle grazie a damit.

> Valerie hat Italienisch gelernt, damit ihr italienischer Freund sie verstehen kann.
> Valerie ha studiato l'italiano affinché il suo ragazzo italiano possa capirla.

Avete visto com'è facile? Attenzione alla costruzione della secondaria (NS).

	Soggetto	Complemento	V2	V1
..., damit	ihr italienischer Freund	sie	verstehen	kann

Esatto, è la stessa costruzione che vi avevo mostrato per le altre frasi subordinate. Guardate anche questi due esempi.

> Simon rennt, **damit** er nicht zu spät kommt.
> Simon corre, **affinché non arrivi** in ritardo.
>
> Simon rennt, **um** nicht zu spät **zu** kommen.
> Simon corre **per non arrivare** in ritardo.

Il significato non cambia, ma quando il soggetto delle due frasi è lo stesso preferiamo in genere usare la costruzione con **um** + **zu** + **infinito**, esattamente come in italiano, che predilige in tal caso **per** + **infinito**.

ACHTUNG!
Come le altre secondarie, anche le infinitive con zu e la subordinata finale con damit possono precedere la principale: prendendo il posto del Vorfeld, determinano l'inversione soggetto-verbo.

- **Du sollst** einfach weniger rauchen, statt dich über deinen Husten zu beschweren.
- Statt dich über deinen Husten zu beschweren, **sollst du** einfach weniger rauche.

Invece di lamentarti della tua tosse dovresti fumare meno.

Vorfeld (frase secondaria)	V1	Soggetto	Mittelfeld	V2
Statt dich über deinen Husten zu beschweren,	sollst	du	einfach weniger	rauchen

Übung 79.

Collegate le seguenti frasi con damit o um … zu.

1. Georg hat im Sommer viel gearbeitet. Georg möchte ein neues Auto kaufen. ....

   ....

2. Lisa macht immer ihre Hausaufgaben. Der Lehrer gibt ihr gute Noten.

   ....

3. Lisa macht immer ihre Hausaufgaben. Sie will gute Noten bekommen.

   ....

4. Sie müssen ein Password haben. Sie benutzen den Computer.

   ....

5. Die Heizung muss angestellt sein. Katharina möchte nicht frieren!

   ....

6. Ihr fahrt nach Berlin. Ihr besucht eure Oma dort.

   ....

7. Lady Gaga macht jeden Tag Proben. Das Konzert muss perfekt sein.

   ....

7.6 Il futuro con *werden*

Basta pensare al passato! Blicken wir in die Zukunft! (Guardiamo al futuro!) Ora che ci penso... Non sapete ancora come si forma **il futuro**. Rimedio subito.

- In tedesco non usiamo molto il futuro semplice, come in italiano. Nella maggior parte dei casi è **il presente** a esprimere un'azione che verrà.

  Nächstes Jahr fahre ich nach Finnland.
  L'anno prossimo andrò in Finlandia.

L'idea di futuro è resa, nell'esempio, dal complemento di tempo, nächstes Jahr (il prossimo anno).
La mia insegnante di italiano mi ha detto che anche in Italia si può usare il presente al posto del futuro, nell'uso colloquiale. Viene chiamato "**presente pro futuro**". L'importante è che ci sia la certezza dell'avvenimento e che non si esprima un dubbio.

Domani mi alleno in palestra per tre ore!
Morgen trainiere ich 3 Stunden lang im Fitnessstudio!

- Oltre a questa forma, in tedesco esiste un vero e proprio tempo futuro.

  Ich werde es morgen machen.
  Lo farò domani.

Cosa notate di diverso dall'italiano?
Esatto, come il Perfekt, anche il futuro è un tempo composto, in particolare da **werden + infinito**. Per capire come costruirlo, però, dobbiamo prima imparare a coniugare questo ausiliare.

ich	werde
du	wirst
er/sie/es	wird
wir	werden
ihr	werdet
sie/Sie	werden

Sì, lo so, è irregolare! Ma non tanto, solo alla seconda e terza persona singolare, dove presenta una piccola alternanza della vocale **e** → **i**.

Ma quando usiamo il futuro? Per esprimere:

1. **un'azione futura**;

   Morgen **werde** ich ins Kino **gehen**.
   Domani **andrò** al cinema.

ACHTUNG!
Come ho detto poco fa, vi consiglio di preferire il presente in tali situazioni, nella lingua parlata, perché più facile e scorrevole.

Morgen gehe ich ins Kino. Domani vado al cinema.

2. **una ferma intenzione**;

   Mein Job gefällt mir nicht. Ich **werde** ganz bestimmt **kündigen**!
   Il mio lavoro non mi piace. Mi licenzierò di certo!

3. **una supposizione**.

   Wann kommen Tina und Erol? Sie **werden** bestimmt morgen **kommen**.
   Quando vengono Tina ed Erol? Verranno di certo domani.

Anche qui la struttura della Verbklammer si ripete identica a come l'avevamo studiata.

Vorfeld	V1	Soggetto	Complementi	V2
Morgen	**werden**	sie	bestimmt	**kommen**

Alles klar? Non c'è nulla di difficile.

Übung 80.

Inserite il verbo al futuro.

1. Mach dir keine Sorgen, es .... schon alles .... (klappen).
2. Maria .... nach Köln .... (umziehen): es .... für sie nicht einfach .... (sein), allein in einer fremden Stadt!
3. Im Sommer .... wir unser Haus .... (renovieren – ristrutturare).
4. Du .... es nie .... (glauben)... ich habe im Lotto gewonnen!
5. Ich habe Gäste zum Abendessen: ich .... alles später .... (vorbereiten).
6. Nächste Woche .... die Kinder einen Ausflug .... (machen).
7. Wo ist Sabine? Sie .... wohl zuhause .... (sein).
8. Wann kommen deine Eltern? Sie .... spät am Abend da .... (sein).
9. Livia lebt in Deutschland seit 2008. Sie .... recht gut Deutsch .... (sprechen).
10. Gestern war es sehr kalt: mein Kind .... wohl erkältet .... (sein).

7.7 La declinazione dell'aggettivo

Und endlich sind wir am Ende der Lektion. Wie bitte? Was ich noch unterrichten will? Ich will euch mit den Adjektiven bekannt machen!
(Eccoci alla fine della lezione. Come dite? Cosa ho ancora da insegnarvi? Voglio farvi conoscere gli aggettivi!)

Sappiamo tutti a cosa servono **gli aggettivi**: uniti a un nome, ne esprimono le caratteristiche e le qualità.

Ich bin schön und klug, bei aller Bescheidenheit.
Io sono bella e intelligente, modestia a parte.

1. Vi insegno come utilizzare gli aggettivi che possono **seguire un sostantivo**.

   Das Kind ist noch zu **klein**, um in die Schule zu gehen.
   Il bambino è troppo piccolo per andare a scuola.

   In questo caso l'aggettivo **non** si declina, perciò è perfino più facile dell'italiano! Da voi si dirà:

   La casa è bell**a** e modern**a**.
   I quadri sono bell**i** e modern**i**.

   In tedesco:
   Dein Haus ist **schön** und **modern**.
   Die Bilder sind **schön** und **modern**.

2. Il gioco si fa complicato quando l'aggettivo **precede un sostantivo**.

   Das **kleine** Kind darf noch nicht in die Schule.
   Il bambino piccolo non può ancora andare a scuola.

   In questo caso avete notato che l'aggettivo klein ha una -e in più? Cosa vuol dire? Sì, avete capito bene, gli aggettivi si declinano aggiungendo delle lettere in fondo (desinenze).

Non so come dirvelo ma… ci sono **tre diverse declinazioni degli aggettivi**.

- **Declinazione 1**
  Aggettivi preceduti dagli articoli determinativi o sostituti (dieser, jeder, usw.): das schöne Kind (il bel bambino).
- **Declinazione 2**
  Aggettivi preceduti dall'articolo indeterminativo o sostituti (kein/mein, usw.): ein kleines Kind (un bambino piccolo).
- **Declinazione 3**
  Aggettivi senza articoli né pronomi: kleines Kind (piccolo bimbo).

7.7.1 Declinazione 1

Declinazione dell'aggettivo **preceduto dall'articolo determinativo** e sostituti (dieser, jeder/alle, mancher, usw.).

	Maschile	Femminile	Neutro	Plurale
Nominativo	der **gute** Vater	die **gute** Mutter	das **gute** Kind	die **guten** Kinder
Accusativo	den **guten** Vater	die **gute** Mutter	das **gute** Kind	die **guten** Kinder
Dativo	dem **guten** Vater	der **guten** Mutter	dem **guten** Kind	den **guten** Kindern
Genitivo	des **guten** Vaters	der **guten** Mutter	des **guten** Kindes	der **guten** Kinder

Ho evidenziato in grigio scuro le cinque caselle dove abbiamo la desinenza **-e**. Tutte le altre forme prendono **-en**.

Ich habe mit **dem neuen Mitbewohner** zu Abend gegessen.
Ho cenato con il nuovo coinquilino.

7.7.2 Declinazione 2

Declinazione dell'aggettivo **preceduto dall'articolo indeterminativo** e sostituti (ein, kein, irgendein, usw.).

	Maschile	Femminile	Neutro	Plurale
Nominativo	ein **guter** Vater	eine **gute** Mutter	ein **gutes** Kind	keine **guten** Kinder
Accusativo	einen **guten** Vater	eine **gute** Mutter	ein **gutes** Kind	keine **guten** Kinder
Dativo	einem **guten** Vater	einer **guten** Mutter	einem **guten** Kind	keinen **guten** Kindern
Genitivo	eines **guten** Vaters	einer **guten** Mutter	eines **guten** Kindes	keiner **guten** Kinder

Le caselle in grigio scuro vi indicano dove compare la desinenza **-en**.
Se poi memorizziamo che

- il nominativo maschile aggiunge **-er** al posto di -en;
- il femminile mantiene -e al nominativo e all'accusativo;
- il neutro ha la desinenza -es al nominativo e all'accusativo,

allora ci rendiamo conto che non è per nulla difficile.

Queste desinenze ci ricordano molto i suoni degli articoli determinativi dei tre generi.

-er → der	-e → die	-es → das

Ein nettes Kind hat den ganzen Tag mit mir gespielt.
Un bimbo carino ha giocato tutto il giorno con me.

7.7.3 Declinazione 3

Ecco la tabella per la **declinazione degli aggettivi** senza articoli né pronomi. Le desinenze coincidono con l'ultima lettera della declinazione dell'articolo determinativo.

	Maschile	Femminile	Neutro	Plurale
Nominativo	gute**r** Vater	gut**e** Mutter	gute**s** Kind	gut**e** Kinder
Accusativo	gute**n** Vater	gut**e** Mutter	gute**s** Kind	gut**e** Kinder
Dativo	gute**m** Vater	gute**r** Mutter	gute**m** Kind	gute**n** Kindern
Genitivo	gute**n** Vaters	gute**r** Mutter	gute**n** Kindes	gute**r** Kinder

Ich esse gern **frisches** Obst.
Mi piace mangiare frutta fresca.

Difficile? Ma cosa dite? A me sembra tutto logico e regolare! Vi ho parlato di eccezioni? Mi pare di no!
Quindi poche chiacchiere e provate a cimentarvi con l'esercizio che segue.

Übung 81.

Inserite l'aggettivo corrispondente declinandolo secondo il caso.

1. – Gibt es hier ein (1) .... Restaurant?

   – Nein nur ein (2) ....

2. – Hörst du immer diese (3) .... Musik?

   – Nein, fast nie. Meistens höre ich (4) ....

★ Willkommen in Deutschland ★

DAS BIER
La birra

Tedeschi e birra: uno stereotipo o un amore senza fine?
Scopriamolo insieme!

La birra è il nostro orgoglio. Noi tedeschi l'adoriamo. In Europa siamo i secondi consumatori di questa bevanda: pensate che in media un bavarese ne beve circa 240 litri all'anno!
Ne abbiamo per tutti i gusti. Potremmo dire che ogni zona ha la sua "ricetta"! Ecco quelle più famose: c'è lo stile **Pils**, a bassa fermentazione, la classica birra fresca frizzante per l'estate; la **Altbier** della zona del Reno, un antico (alt) metodo di produzione ad alta fermentazione; la celebre **Weizenbier**, la birra di frumento (che si trova a Berlino nella variante **Berliner Weiße**, dove viene insaporita con succhi di frutta che la rendono coloratissima); la **Kölsch** di Colonia, chiara e leggera (la "birra per le chiacchierate"); le birre in stile **Rauch**, chiamate così perché prodotte con malti affumicati e, infine, la **Bock**, rossiccia, dal gusto dolce-amarognolo che mette d'accordo tutti.
Ah, sì, la vostra preferita: la **Märzen** dell'Oktoberfest!

Lezione 7
Glossario

Verbi

teilen	dividere
säubern	pulire
bügeln	stirare
wegwerfen	buttare via
fragen	chiedere
antworten	rispondere
backen	cuocere
betrügen	tradire
beweisen	provare
bitten	implorare
brechen	rompere
brennen	bruciare
empfehlen	consigliare
entscheiden	decidere
erschrecken	spaventarsi
fressen	nutrirsi, di animali
frieren	gelare
gelingen	riuscire
messen	misurare
leihen	prestare
leiden	soffrire
nennen	chiamare
raten	consigliare
riechen	odorare

schieben	spingere
scheinen	sembrare
schneiden	tagliare
schweigen	tacere
singen	cantare
sinken	affondare
überweisen	versare soldi
vergessen	dimenticare
verzeihen	scusare
(sich) wenden	rivolgersi
wiegen	pesare
zwingen	costringere
ziehen	tirare
verbreiten	diffondere
holen	prendere
abholen	andare a prendere
nehmen	prendere
rauchen	fumare
sich beschweren	lamentarsi
benutzen	utilizzare
kündigen	licenziarsi
blicken	guardare
renovieren	ristrutturare
vorbereiten	preparare

Frasi utili

Ich habe es geschafft!	Ce l'ho fatta!
den Arbeitsplatz verlieren	perdere il posto di lavoro
eine Prüfung bestehen	superare un esame
Ist dir nicht gut?	Non stai bene?
Mir tut der Bauch weh.	Mi fa male la pancia.
Das wird schon klappen.	Funzionerà, andrà bene.

Sostantivi

die Wohngemeinschaft	appartamento condiviso
der Müll	spazzatura
die Jugendlichen	i giovani
die Miete	affitto
der Nesthocker	bamboccione
der Schreibtisch	scrivania
das Bücherregal	mensola per libri
der Nachttisch	comodino
der Hocker	sgabello
der Wecker	sveglia
der Kalender	calendario
der Kühlschrank	frigorifero
der Mülleimer	cestino della spazzatura
das Brett	tagliere
der Brotkorb	cestino del pane
die Küchenuhr	orologio da cucina
der Besen	scopa
das Handtuch	asciugamano
der Spiegel	specchio
die Waage	bilancia
die Schachtel	scatola
die Krankheit	malattia
der Ausflug	gita
die Grippe	influenza

das Wissen	il sapere
das Geschirr	stoviglie
die Krise	crisi
die Hitze	afa
der Präsident	presidente
die Sekretärin	segretaria
die Bemühung	sforzo
der Krieg	guerra
die Tablette	pastiglia
der Kopf	testa
die Apotheke	farmacia
die Gesundheit	salute
die Besserung	guarigione
der Schnupfen	raffreddore
der Husten	tosse
das Zahnweh	mal di denti
die Hautentzündung	dermatite
die Ohrenschmerzen	mal d'orecchi
die Halsschmerzen	mal di gola
die (pl) Masern	morbillo
die Rückenschmerzen	dolori alla schiena
das Rezept	ricetta
das Arzneimittel	medicinale
die Zukunft	futuro
die Nationalhymne	inno nazionale
der Anschluss	annessione

Aggettivi / Avverbi

gemütlich	accogliente
sauber	pulito
unabhängig	indipendente
aufmerksam	attento
schwach	debole
blass	pallido
allergisch	allergico
perfekt	perfetto

LEZIONE 8

LEKTION 8

8.1 Hobby

L'altro giorno, dopo essere andata a sciare con degli amici, ho incontrato in biblioteca Klaus. Mi ha attaccato un bottone che non finiva più (si dice così in italiano, vero?); in tedesco diciamo er hat mich angequatscht! Avrete un dialogo più lungo su cui esercitarvi.

Dialogo

Klaus: Hallo Valerie, wie geht's?
Valerie: Gut… also, ehrlich gesagt, es könnte besser gehen.
Klaus: Wieso denn? Ist was passiert?
Valerie: Naja, nachdem ich Ski gefahren bin, tut mir alles weh!
Klaus: Ski fahren? Wo warst du?
Valerie: Meine Freunde und ich waren die ganze Woche in Tirol … es ist einfach geil gewesen!
Klaus: Ja, ich kann es mir gut vorstellen! Ich würde auch so gern Ski fahren! Aber ich kann es nicht.
Valerie: Ok, ich kann es dir beibringen. Als ich ein Kind war, fuhren meine Eltern und ich immer nach Tirol, um Ski zu fahren. Ach, wenn ich Zeit und Geld hätte, würde ich jeden Tag im Freien Sport treiben!

Traduzione

Klaus: Ciao Valerie, come va?
Valerie: Bene… beh, a dirla tutta, potrebbe andare meglio.
Klaus: Perché? È successo qualcosa?
Valerie: Sì, dopo che sono andata a sciare, mi fa male dappertutto!
Klaus: Sciare? Dove?
Valerie: I miei amici e io siamo andati in Tirolo, tutta la settimana. È stato grandioso!
Klaus: Sì, me lo immagino! Anch'io andrei volentieri a sciare, ma non ne sono capace.
Valerie: Ok, posso insegnarti. Quando ero piccola andavo sempre in Tirolo a sciare con i miei genitori. Ah, se avessi tempo e soldi… Mi dedicherei tutti i giorni agli sport all'aria aperta!

DAS VIDEO!

VIDEO DER LEKTION: VOLETE RIASCOLTARMI MENTRE PARLO DELLA NEVE TIROLESE? GUARDATE DAS VIDEO SU: GIRLS4TEACHING.COM/UNIT/INSTANT-TEDESCO-TIROL

SPORT UND HOBBIES
Sport e hobby

Se state leggendo questo volume, allora si può dire che tra i vostri hobby c'è quello di imparare una Fremdsprache (lingua straniera). Eccone altri.

Und? Was machst du am Wochenende? Oder in deiner Freizeit?
Che cosa fai nel fine settimana? O nel tuo tempo libero?

Ski fahren	sciare
schwimmen	nuotare
Musik hören	ascoltare musica
in die Disko gehen und tanzen	andare in discoteca e ballare
fotografieren	fare foto
basteln	bricolage, fai da te
Fußball, Volleyball, Basketball, Schach spielen	giocare a calcio, pallavolo, basket, scacchi
reiten	andare a cavallo
sich mit dem Computer beschäftigen	stare al pc
malen	dipingere
skaten	andare sullo skate
Gitarre, Klavier, Flöte spielen	suonare chitarra, piano, flauto
etwas sammeln (z.B. Briefmarken, Postkarten)	collezionare qualcosa (tipo francobolli, cartoline ecc.)
wandern	fare trekking o escursioni

Esistono persone che, per pigrizia, non coltivano alcun hobby, mentre altre, purtroppo, sono sfortunate.
Vediamo insieme cos'è successo al povero Klaus.

Dialogo

Klaus: Ich kann nicht so viel Sport treiben, weißt du?
Valerie: Nein, das weiß ich nicht… Warum?
Klaus: Nachdem ich vor zwei Jahren einen Unfall mit dem Motorrad gehabt habe und mir mein Bein gebrochen habe, habe ich Probleme mit dem Bein und aus diesem Grund hat mir der Arzt gesagt, dass ich weniger sportlich sein soll.
Valerie: Oh, wie schade! Ok, Sport treibst du nicht, aber *Après-Ski* gefällt dir, oder? Da kannst du mitkommen!
Klaus: Yeeee, das würde mich unheimlich freuen! Ich liebe Après-Ski! Glaubst du, dass ich auch meine Freundin einladen darf?
Valerie: Aber natürlich! Wir werden alle zusammen Spaß haben.
Klaus: Ok passt! Ich kann es kaum erwarten! Also Valerie, wir hören uns bald. Tschüss!
Valerie: Ok, mach's gut. Auf Wiedersehen Klaus, und richte Martina meine Grüße aus.

Traduzione

Klaus: Lo sai che non posso praticare sport?
Valerie: Ah no, non lo sapevo. Come mai?
Klaus: Dopo che, due anni fa, ho avuto un incidente con la moto e mi sono rotto una gamba, ho dei problemi. Il dottore, per questa ragione, mi ha consigliato di fare meno sport.
Valerie: Oh, che peccato. Vabbè, non puoi fare sport, ma l'Après-Ski ti piace, no? Puoi venire con noi!
Klaus: Yeeeee, mi renderebbe felicissimo! Amo l'Après-Ski. Credi che potrò invitare anche la mia ragazza?
Valerie: Ma naturalmente! Ci divertiremo molto tutti insieme.
Klaus: Ok, va bene. Anch'io non vedo l'ora! Ci sentiamo presto. Ciao!
Valerie: Ok, stammi bene. Arrivederci, Klaus, e salutami Martina.

Alla fine l'ho invitato io. È un chiacchierone, ma è simpatico! Cosa vi ha insegnato questo dialogo? Se non siete capaci, non andate in moto!

Tipps und Tricks

Gehen + infinito

Analizziamo questa frase.

Ich gehe einmal pro Woche tanzen.
Vado a ballare una volta alla settimana.

Mittwochs geht Lisa schwimmen.
Di mercoledì Lisa va a nuotare.

Esattamente come in italiano, anche in tedesco diciamo "andare a". Usiamo **gehen** seguito, in fondo alla frase, dall'**infinito** del verbo. Gehen si comporta come se fosse un verbo modale e, coniugato, resta nella posizione del V1.

Ich gehe wandern.
Faccio escursioni a piedi.

In questo modo si costruiscono frasi con l'espressione spazieren gehen.

Ich gehe am Strand spazieren.
Faccio una passeggiata/passeggio in spiaggia.

Übung 82.

Descrivete qual è il vostro hobby (vi aiuto con delle espressioni).

.... gefällt mir.

In meiner Freizeit ....

Ich liebe ....

Mein Hobby ist ....

Normalerweise, am Wochenende, ...

★ Willkommen in Deutschland ★

APRÈS-SKI

Che cos'è questo Après-Ski di cui parla Klaus?

L'Après-Ski (parola francese che significa «dopo sci») è il momento più cool e "giovane" delle giornate sulla neve. Arrivati in fondo all'ultima discesa, di solito ci riversiamo tutti nei bar e pub a fondovalle e, sempre indossando unseren Skianzug (la nostra tuta da sci), facciamo festa a suon di musica. Ci scaldiamo brindando con Glühwein (vin brulé) e Jägertee (un tè caldo speziato con rum o grappa) e cantiamo insieme, a squarciagola, ritornelli di canzoni che tutti quanti conosciamo a memoria.

Tipo questa:
https://www.youtube.com/watch?v=kTgmWwyDI1o

Il rito dell'Après-Ski è diffuso soprattutto nelle Alpi. In Tirolo, dov'ero a sciare, ci si diverte davvero tanto!

8.2 La costruzione correlativa *je... desto*

Praticare sport è sicuramente salutare per corpo e spirito.

> **Je** mehr ich Sport treibe, **desto** fitter werde ich.
> Più sport pratico, più sono in forma.

Le due frasi sono collegate grazie a **je** (si pronuncia "iè") e **desto**. Questa costruzione corrisponde all'italiano "quanto più... tanto più...".
Le due frasi sono **una subordinata e una principale, rigorosamente in quest'ordine** (non può **mai** capitare di trovare la principale all'inizio, come invece succede con le altre subordinate).
Attenti alla costruzione!

Nebensatz				Hauptsatz			
	Comparativo	Sogg.	V1		Comparativo	V1	Sogg.
Je	mehr	du	lernst,	**desto**	besser	sind	deine Noten

La subordinata occupa sempre il Vorfeld della principale (cioè la posizione che precede il soggetto), dove quindi avviene l'inversione tra verbo e soggetto.

> **Je weniger** man arbeitet, **desto weniger** verdient man.
> Meno si lavora, meno si guadagna.

Facile, no? Può sembrarvi strana questa struttura, ma basta seguire il mio semplice schema per metterla in pratica ohne Bemühungen (senza troppi sforzi). Provateci!

Übung 83.

Collegate le due frasi usando je... desto.

1. Der Film ist lustig. Man hat Spaß.

   ....

2. Dein Vater wird alt. Er wird streng.

   ....

3. Er trinkt viel. Er spricht laut.

   ....

4. Lydia arbeitet schnell. Sie kann früher nach Hause gehen.

   ....

5. Es wird spät. Es wird dunkel.

   ....

8.3 Il verbo "sapere": *wissen, können, kennen, kennen lernen* o *erfahren*?

Klaus, nel dialogo, voleva essere proprio sicuro che avessi capito che non può praticare sport e mi ha detto: Weißt du?, per avere tutta la mia attenzione. Gli ho risposto prontamente: Nein, das weiß ich nicht. Lo ammetto, ero curiosa di sentire la sua storia!
Ha usato il verbo wissen (sapere), che è forte. Vediamolo.

	wissen
ich	weiß
du	weißt
er/sie /es	weiß
wir	wissen
ihr	wisst
sie/Sie	wissen

Le tre persone singolari modificano la radice, mentre le tre plurali riprendono quella dell'infinito. Wissen significa «sapere, essere a conoscenza di qualcosa».

Ich weiß, dass du in Mailand wohnst.
So che tu abiti a Milano.

In tedesco ci sono anche altri verbi con sfumature diverse per dire "sapere".

1. Il verbo modale **können**, che significa «essere in grado di fare qualcosa» (*vedi* anche la lezione 3).

   Ich kann reiten, aber ich kann nicht Ski fahren.
   So cavalcare ma non so sciare.

2. Il verbo **erfahren**, che vuol dire «venire a sapere, scoprire».

   Ich habe alles zu spät erfahren.
   Ho scoperto tutto troppo tardi.

ACHTUNG!
Wissen non deve essere confuso con **kennen** e nemmeno con **kennen lernen**. Hanno significati differenti!

- **kennen** significa «conoscere qualcosa», «aver già conosciuto qualcosa».

  Ich kenne München: ich habe dort gewohnt.
  Conosco Monaco: ho vissuto lì.

- **kennen lernen**, invece, significa «fare conoscenza» di qualcosa o di qualcuno.

  Ich habe Ute in der Schule kennen gelernt. Ich kenne sie seit 2001.
  Ho conosciuto Ute (ho fatto la sua conoscenza) a scuola. La conosco dal 2001.

Übung 84.

Inserite il verbo adatto tra können, wissen, erfahren, kennen, kennen lernen.

1. Seit wann .... du Klaus?
2. Wo hast du Klaus .... ?
3. .... Sie, was mit Peter passiert ist?
4. Ihr wohnt in Paris: ihr .... gut Französisch.
5. Wo ist das Theater? Es tut mir leid, ich .... es nicht.
6. Wir haben erst jetzt .... , dass Michael nicht aus Deutschland kommt!

7. Du hast den Führerschein aber du ....

nicht Auto fahren.

8. Lass uns bitte .... , wann Oma zu Besuch kommt.

Übung 85.

Traducete le seguenti frasi usando i verbi che significano «sapere».

1. Io conosco/so il tuo indirizzo (die Adresse).

   ....

2. Da quando conoscete Andreas?

   ....

3. I miei genitori si sono conosciuti nel 1985.

   ....

   ....

4. Piacere di conoscerla, signora Merkel!

   ....

5. Lisa studia francese da 5 anni ma non sa parlare.

   ....

   ....

6. Non si può mai sapere!

   ....

8.4 Il *Konjunktiv II*

Lo so, probabilmente leggendo il dialogo avete pensato che fosse pieno di Tippfehler (errori di battitura).

> Wenn ich Zeit und Geld **hätte**, **würde** ich jeden Tag im Freien **Sport treiben**.
> Se solo avessi tempo e soldi, praticherei tutti i giorni sport all'aria aperta.
>
> Ich **würde** auch so gerne Ski **fahren**.
> Anch'io vorrei tanto andare a sciare!
>
> **Wäre** nächsten Sonntag für euch in Ordnung?
> Andrebbe bene, per voi, domenica prossima?

Tutte queste Umlaut sparse e strane perifrasi verbali non sono errori di battitura. Le forme evidenziate sono esempi di Konjunktiv II. È il congiuntivo tedesco che traduce sia il congiuntivo sia il condizionale italiani.

ACHTUNG!
Avete letto bene! Sehr einfach (Molto facile). Noi tedeschi abbiamo una sola forma per congiuntivo e condizionale. Non ci credete? Guardate!

Se **vivessi** a Berlino **farei festa** tutti i giorni!
Wenn ich in Berlin **leben würde**, **würde** ich jeden Tag Party **machen**!

Come si forma il Konjunktiv II? Ecco le forme dei verbi ausiliari sein, haben e werden.

	sein	haben	werden
ich	wäre	hätte	würde
du	wär(e)st	hättest	würdest
er/sie/es	wäre	hätte	würde
wir	wären	hätten	würden
ihr	wär(e)t	hättet	würdet
sie/Sie	wären	hätten	würden

Gli ausiliari al Konjunktiv II hanno il tema del Präteritum, al quale si aggiungono le desinenze -e, -est, -e, -en, -et, -en.
La vocale tematica prende l'Umlaut.

war → **wäre** hatte → **hätte** wurde → **würde**

Per i verbi forti è molto simile.

	kommen	geben	gehen
ich	k**ä**me	g**ä**be	ginge
du	k**ä**mest	g**ä**best	gingest
er/sie/es	k**ä**me	g**ä**be	ginge
wir	k**ä**men	g**ä**ben	gingen
ihr	k**ä**met	g**ä**bet	ginget
sie/Sie	k**ä**men	g**ä**ben	gingen

Anche per i verbi forti il tema è quello del Präteritum e le desinenze sono le stesse degli ausiliari. Se il verbo, inoltre, ha vocale tematica -a, -u, -o, questa prende l'Umlaut.

kommen – kam → **käme**
geben – gab → **gäbe**
finden – fand → **fände**

Per i verbi deboli la formazione del Konjunktiv II si semplifica.
La forma coincide con quella del Präteritum. Per evitare confusioni e incomprensioni, per formare il Konjunktiv II dei verbi deboli si preferisce usare la perifrasi formata da **würden** + **infinito**.

machen – machte (Prät. = Konjunktiv II) → **würde machen**

Questa forma può anche essere usata con gli ausiliari e con i verbi forti.

kommen – kam → **käme/würde kommen**

8.4.1 Il *Konjunktiv II* dei verbi modali

E con i modali come facciamo? Anche per loro si parte dal Präteritum aggiungendo poi l'Umlaut alla vocale tematica. Ciò non vale per **sollen** e **wollen**, per i quali Präteritum e Konjunktiv II coincidono.

	müssen	dürfen	können	wollen	sollen
ich	m**ü**sste	d**ü**rfte	k**ö**nnte	wollte	sollte
du	m**ü**sstest	d**ü**rftest	k**ö**nntest	wolltest	solltest
er/sie/es	m**ü**sste	d**ü**rfte	k**ö**nnte	wollte	sollte
wir	m**ü**ssten	d**ü**rften	k**ö**nnten	wollten	sollten
ihr	m**ü**sstet	d**ü**rftet	k**ö**nntet	wolltet	solltet
sie/Sie	m**ü**ssten	d**ü**rften	k**ö**nnten	wollten	sollten

Il congiuntivo dei verbi modali è utilizzato per rendere il discorso particolarmente höflich (cortese, educato).

Ich **könnte** dir helfen, wenn du willst.
Potrei aiutarti io se vuoi.

Dürfte ich dazu noch etwas fragen?
Potrei chiedere ancora qualcosa in merito?

Du **solltest** weniger Stress haben!
Dovresti stressarti di meno!

8.4.2 L'uso del *Konjunktiv II*

Quando si usa il Konjunktiv II?

1. **Per esprimere desideri irreali**.

   Ach, wenn ich bloß Zeit hätte!
   Ah, se solo avessi tempo!

   Oh, wenn sie doch mitkommen würden!
   Ah, se solo venissero con noi!

2. **Per costruire il periodo ipotetico**.

   Wenn es möglich wäre, würde ich jeden Tag Pizza essen.
   Se fosse possibile, mangerei pizza ogni giorno.

   Wenn du die Wahrheit sagen würdest, wäre es besser.
   Sarebbe meglio se tu dicessi la verità.

3. **Per dare suggerimenti o consigli**.

   An deiner Stelle würde ich mehr lernen.
   Al tuo posto studierei di più.

   Du solltest mehr lernen.
   Dovresti studiare di più.

   Wenn ich du wäre, würde ich das ganz anders machen.
   Se fossi in te lo farei in maniera totalmente diversa.

4. **Per fare comparazioni irreali**.

   Du benimmst dich so, als ob du Superman wärest!
   Ti comporti come se fossi Superman!

   Er tut so, als wäre er der Einzige auf der Welt.
   Si comporta come se fosse l'unico al mondo.

5. **Per fare delle richieste in modo molto cortese**.

Wäre es möglich, noch eine Tasse Kaffee zu haben?
Sarebbe possibile avere un'altra tazza di caffè?

Könnte ich bitte noch eine Tasse Kaffee haben?
Potrei, per piacere, avere un'altra tazza di caffè?

Würden Sie mir bitte zeigen, wo Sie leben?
Potrebbe gentilmente mostrarmi dove vive?

ACHTUNG!
Quando usiamo il Konjunktiv II per esprimere desideri irreali, spesso completiamo la frase con le particelle doch, bloß, nur, doch nur.

Übung 86.

Completate questi desideri irreali con il verbo tra parentesi, al congiuntivo.

1. Wenn es jetzt nicht so kalt .... ! (sein)
2. Wenn der Zug endlich .... ! (kommen)
3. Wenn Lisa bloß nicht solche Angst .... ! (haben)
4. Wenn ich das bloß .... ! (wissen)
5. Wenn der Chef schneller .... ! (arbeiten)
6. Wenn ich nur Bruce Springsteen .... ! (treffen)
7. Wenn mein Vater die Heizung .... ! (anmachen)
8. Wenn ich doch mehr Geld .... ! (verdienen)

Übung 87.

Costruite periodi ipotetici con gli elementi dati.

1. ich – doch – Geld – haben/ich – mir – ein Auto – kaufen

   ....

2. Valerie – zur Party kommen/Markus – sich freuen

   ....

3. Ihr – Mathe – verstehen/ihr – diese Übung – machen

   ....

4. es – eine Lösung – gibt/das alles – schon vorbei – sein

   ....

5. der Zug – keine Verspätung – haben/du - pünktlich – ankommen

   ....

6. Unsere Verwandte – näher – leben/wir – sie – öfter – besuchen

   ....

7. Sie – nach Berlin – fahren/sie – besuchen – viele Museen

   ....

8. ich – im Lotto – gewinnen/ich – durch die Welt – reisen

   ....

8.5 Le subordinate condizionali

Studiando il Konjunktiv II abbiamo visto alcuni esempi con il **periodo ipotetico**, cioè con frasi che esprimono **ipotesi e possibilità.**

Wenn du mehr Sport treibst, wirst du super fit.
Se pratichi più sport sarai in formissima.

Falls Sie nicht kommen können, schreiben Sie mir bitte eine Email.
Se non riesce a venire, la prego di scrivermi una e-mail.

Wenn ich Geld hätte, würde ich ein neues Haus kaufen.
Se avessi i soldi mi comprerei una casa nuova.

La secondaria che esprime l'ipotesi è introdotta da **wenn** (significa «quando», ma anche «se», «tutte le volte che») oppure da **falls** («nel caso in cui»). Talvolta, se la secondaria è al primo posto, potete omettere wenn e aggiungere **dann**, oppure **so** («allora», «quindi») davanti alla principale.

Wenn wir Zeit hätten, würden wir eine Reise machen.
Se avessimo tempo faremmo un viaggio.

→ Hätten wir Zeit, (**dann**/**so**) würden wir eine Reise machen

- Quando l'ipotesi è **reale** si preferirà il **Präsens**.

Wenn man Dinge stiehlt, muss man ins Gefängnis.
Quando si ruba si va in prigione.

- Se invece l'ipotesi è solo **possibile** si userà il **Konjunktiv II**.

Wenn ich im Urlaub wäre, würde ich den ganzen Tag lesen.
Se fossi in vacanza leggerei tutto il giorno.

Per una questione di stile, se nel periodo ipotetico compaiono due forme würden vicine, si antepone la frase principale alla secondaria condizionale: non sarebbe un errore, ma suonerebbe male e sembrerebbe quasi una ripetizione.

Wenn ich arbeiten **würde**, **würde** ich mich freuen.
Se lavorassi, sarei contento.

→ Ich **würde** mich freuen, wenn ich arbeiten **würde**.

Übung 88.

Completate le frasi con wenn/falls e il verbo al **Präsens** o al Konjunktiv II.

1. .... ich meinem Sohn ein Märchen .... (vorlesen), schläft er sofort ein.
2. .... man krank .... (sein), muss man zum Arzt.
3. .... ich du .... (sein), würde ich zum Arzt gehen.
4. Ich werde meinen Zug verpassen, ... ich keinen Parkplatz .... (finden).
5. Es wäre besser, ... er sich keine Sorgen .... (machen).
6. .... Sie die Dokumente .... (finden), senden Sie mir bitte alles!
7. Seine Mutter wäre sehr stolz (orgogliosa), ... Lukas gute Noten .... (bekommen).
8. .... du Lust .... (haben), können wir ins Kaufhaus gehen.

8.6 Le subordinate temporali con *nachdem*

Nella lezione 7 vi ho insegnato le secondarie temporali. Ve le ricordate?

1. Sono quelle introdotte da **wenn** (quando, ogni volta che) e **als** (quando, una volta sola).

   Wenn ich Oma besuche, bleibe ich immer bei ihr zum Abendessen.
   Quando faccio visita alla nonna resto sempre da lei per cena.

   Als meine Schwester geboren wurde, war ich ein Kind.
   Quando è nata mia sorella io ero un bambino.

2. Sapete anche esprimere la contemporaneità con **während** (mentre).

   Während ich die Hausaufgaben mache, liest Papa die Zeitung.
   Mentre io faccio i compiti il mio papà legge il giornale.

3. Inoltre sapete usare **seitdem** (da quando), **sobald** (non appena), **bis** (fino a) e **solange** (per tutto il tempo che).

Se avete dei dubbi, tornate indietro prima di proseguire!
Ora guardate cosa ha risposto Klaus quando l'ho invitato a sciare con noi.

> **Nachdem** ich vor zwei Jahren mein Bein gebrochen habe, kann ich nicht mehr so sportlich sein.
> Dopo che due anni fa mi sono rotto una gamba, non posso più praticare molto sport.

Nachdem significa "dopo che" ed è seguito dalla costruzione tipica delle secondarie.

Hauptsatz			**Nebensatz**			
Sogg.	V1	Complementi		Sogg.	V2	V1
ich	gehe	ins Bett,	nachdem	ich	ferngesehen	habe

Se però la temporale precede la principale e occupa il Vorfeld, provoca l'inversione verbo-soggetto nella Hauptsatz. Vediamo.

Nebensatz				Hauptsatz		
	Sogg.	V2	V1	V1	Sogg.	Complementi
Nachdem	ich	ferngesehen	habe,	gehe	ich	ins Bett

Il tempo della frase introdotta da nachdem deve essere, per forza di cose, "più passato" di quello della principale. Non è matematica, è logica! "Dopo che" indica, infatti, qualcosa che è avvenuto prima.

Dopo aver preparato la torta l'ho regalata a Marta.
Prima preparo la torta, dopo la regalo a Marta.

L'azione del "preparare la torta", essendo avvenuta prima, sarà espressa da un tempo verbale precedente rispetto al "regalare la torta".
Ah, ecco perché per voi è strano! In italiano usate l'infinito. Per noi tedeschi, invece, la secondaria con nachdem deve sempre essere seguita dal **verbo coniugato**.

Nachdem ich eine Torte **gebacken habe**,	**schenke** ich Marta die Torte.
Perfekt	Präsens

⟶

Vedete la linea del tempo? "Preparare la torta" viene prima di "regalarla". "Preparare" avrà quindi un tempo "più passato" rispetto a "regalare".

Se, per esempio, nella principale il tempo fosse presente o futuro, nella secondaria avremo un **Perfekt**.

Nachdem ich die Anzeigen gelesen habe, schicke ich meine Bewerbung.
Dopo aver letto gli annunci, mando la mia candidatura.

Nachdem man die schriftliche Prüfung bestanden hat, kann man die mündliche ablegen.
Dopo aver passato l'esame scritto, si può fare quello orale.

Se però nella principale avessimo un tempo passato? Conosciamo un passato "più passato" del Perfekt o del Präteritum?

8.7 Il *Plusquamperfekt*

Eccolo qui! Corrisponde a quello che in italiano è il **trapassato prossimo**. Non fatevi ingannare dal nome così strano. La formazione del Plusquamperfekt è semplicissima! È identica al Perfekt, con l'unica differenza che l'ausiliare sein o haben compare al tempo Präteritum.

ich	hatte	oppure	war	+ participio passato
du	hattest		warst	
er/sie/es	hatte		war	
wir			waren	
ihr	hatten		wart	
sie/Sie	hatten		waren	

Per ripassare il participio passato vi consiglio di tornare alla lezione 5!

ACHTUNG!
Adesso possiamo formare frasi secondarie temporali con i diversi tempi dei verbi.

Plusquamperfekt + **Präteritum**

Nachdem ich die Anzeigen **gelesen hatte**, **schickte** ich meine Bewerbung.
Dopo aver letto gli annunci, mandai la mia candidatura.

Nachdem ich mein Zimmer **aufgeräumt hatte**, **war** ich zufrieden.
Dopo aver sistemato la mia camera, ero soddisfatta.

Ottimo! Vi ricordate come si diceva "prima di"? Lo abbiamo visto nella lezione 7. Esatto! Bevor.

Bevor man die mündliche Prüfung machen kann, muss man die schriftliche bestehen.
Prima di poter sostenere l'esame orale, bisogna superare quello scritto.

Übung 89.

Inserite il verbo indicato al tempo giusto.
Attenti al tempo della principale!

1. Nachdem ich die Verabredung dreimal .... (vergessen), wollte Peter nicht mehr mit mir ausgehen.
2. Nachdem Lisa .... (lesen), geht sie schlafen.
3. Nachdem Silke sich mit ihrem Freund .... (streiten), ist sie immer nervös.
4. Nachdem Silke sich mit ihrem Freund .... (streiten), wollte sie nie mehr mit ihm reden.
5. Nachdem wir Dirty Dancing .... (sehen), waren wir alle in Patrick Swayze verliebt!

Übung 90.

Bevor o nachdem? Completate.

1. .... mein Kind schlafen geht, trinkt es immer ein Glas Milch.
2. .... sie bezahlt hatten, gingen sie nach Hause.
3. .... sie bezahlten, kontrollierten sie die Rechnung. (scontrino)
4. .... Klaus Harry Potter gesehen hatte, wollte er auch das Buch lesen.

5. .... wir abreisen, sollten wir noch die Dokumente checken.
6. .... ich nach Deutschland fahre, lerne ich ein bisschen Deutsch.
7. .... ich in Deutschland gelebt habe, kann ich die deutsche Prüfung leicht bestehen.
8. .... er sich die Hände gewaschen hat, setzt er sich zu Tisch.
9. .... er sich zu Tisch setzt, wäscht er sich die Hände.

8.8 La secondaria consecutiva con so... *dass/sodass*

Torniamo al mio dialogo con Klaus e concentriamoci su questa frase.

Ich brauche Geld, **sodass** ich nach Tirol fahren kann.

La secondaria esprime il risultato, la conseguenza dell'azione espressa nella principale.
La preposizione che collega la subordinata alla principale è **sodass**.

> Ich kann dir bei Mathe helfen, **sodass** du die Übung schneller machen kannst.
> Posso aiutarti con la matematica, **in modo che** tu possa svolgere l'esercizio più velocemente.

> Er gab mir sein Telefonnummer, **sodass** wir in Kontakt bleiben können.
> Mi ha dato il suo numero di telefono, così da poter restare in contatto.

La costruzione è quella tipica delle subordinate (NS).

Hauptsatz		Soggetto	Complementi	V2	V1
Er gab mir seine Telefonnummer,	**sodass**	wir	in Kontakt	bleiben	können

Quando la frase secondaria dipende da un aggettivo o da un avverbio presente nella principale, dividiamo **sodass** facendolo diventare **so... dass**.

> Lukas war **so** überrascht, **dass** er wortlos blieb!
> Lukas era così sorpreso che restò senza parole.

so + aggettivo/avverbio (Hauptsatz)	,	dass + Nebensatz

Übung 91.

Collegate le frasi utilizzando sodass/so… dass.

1. Sie war sehr gemein. Sie hatte keinen einzigen Freund.

   ……………………………………………………………………………………

   ……………………………………………………………………………………

2. Im Krankenhaus pflegt man Leute. Sie werden wieder gesund.

   ……………………………………………………………………………………

3. Der Film war sehr spannend. Wir haben ihn dreimal gesehen.

   ……………………………………………………………………………………

   ……………………………………………………………………………………

4. Das Erdbeben zerstörte das Haus. Man konnte nicht mehr in diesem Haus wohnen. ……………………………………………………………

   ……………………………………………………………………………………

5. Diese Kette ist zu teuer. Niemand wird die Kette kaufen.

   ……………………………………………………………………………………

   ……………………………………………………………………………………

8.9 *Jobsuche.* Cerco lavoro!

L'altro giorno ero a casa con Astrid und ich surfte im Internet (e navigavo su internet), weil ich auf der Suche nach einem Arbeitsplatz bin (perché sono alla ricerca di un lavoro). Sapete, studio all'università, a Milano, ma mi piacerebbe trovare un Nebenjob (un lavoretto), per potermi permettere di andare a sciare e di uscire mit meinen Freunden (con i miei amici).

Dialogo

Valerie: Astrid, ich bin auf der Suche nach einem Arbeitsplatz. Ich brauche ein bisschen Geld, sodass ich nach Tirol fahren kann.
Astrid: Ja… aber was machst du? Hast du schon einen Job?
Valerie: Nein Astrid! Hast du mich nicht gehört? Ich bin arbeitslos!
Astrid: Entschuldigung Valerie, ich bin ein bisschen zerstreut.
Valerie: Macht nichts. Kannst du mir bitte mit der Suche helfen? Kennst du eine Webseite, wo man Anzeigen finden kann?
Astrid: Ja, im Internet gibt es viele Webseiten, wo du eine Menge Anzeigen finden kannst. Schau mal hier zum Beispiel!
Valerie: Ok, schauen wir mal… Diese Anzeige wurde heute veröffentlicht. Sie suchen eine Babysitter für 3 Kinder, 2 bis 7 Jahre alt. Er oder sie soll sowohl Italienisch als auch Deutsch sprechen, da die Familie aus Deutschland ist, aber in Mailand lebt.
Astrid: Wow! Das klingt einfach perfekt für dich!
Valerie: Stimmt! Ich bewerbe mich sofort um diese Stelle, ich möchte diese Chance nicht verpassen!
Astrid: Und wie viel Geld verdient man als Babysitter?
Valerie: Hier steht 18 € pro Stunde… gar nicht schlecht oder?
Astrid: Stimmt. Aber Valerie, beeile dich! Schick sofort eine Email!
Valerie: Du hast Recht, ich mache das.

Traduzione

Valerie: Astrid, sono alla ricerca di un lavoro. Ho bisogno di un po' di soldi per andare in Tirolo.
Astrid: Ok, ma cosa fai? Hai già un lavoro?
Valerie: No, Astrid! Non mi hai sentito? Sono senza lavoro!
Astrid: Scusa Valerie, sono un po' distratta.
Valerie: Non fa niente. Per piacere, mi puoi aiutare nella ricerca? Conosci un sito dove si trovano delle inserzioni?

Astrid: Sì! Su internet ci sono un sacco di siti dove trovi molte inserzioni. Guarda un po' qui, per esempio!
Valerie: Ok, vediamo un po'. Questa inserzione è stata pubblicata oggi. Cercano una babysitter per 3 bambini, dai 2 ai 7 anni. Lui o lei dovrebbe parlare sia italiano sia tedesco, perché la famiglia è tedesca, ma vive a Milano.
Astrid: Wow! È semplicemente perfetto per te!
Valerie: Vero! Mi candido subito, non voglio perdere questa chance!
Astrid: Quanti soldi si guadagnano a fare la babysitter?
Valerie: Qui dice 18 € all'ora. Niente male, vero?
Astrid: Vero. Sì, ma sbrigati! Manda subito un'e-mail!
Valerie: Hai ragione, lo faccio.

Bevor ich meine Bewerbung schicke, lese ich die Anzeige.
Prima di mandare la mia candidatura leggo l'inserzione.

Leggete anche die Anzeige (l'annuncio) che ho trovato su Internet.

Hallo! Wir suchen ab sofort einen liebevollen, verantwortungsbewussten und erfahrenen Babysitter. Die wöchentliche Betreuung wird 10 Stunden an zwei Tagen (nachmittags) sein: Montag von 15 bis 20 und Mittwoch von 17 bis 22 Uhr.
Fühlen Sie sich angesprochen? Dann schreiben Sie uns gerne an. Wir freuen uns auf Sie!
Wir haben 3 Kinder: Hans, 7 Jahre alt, Julia, 5 Jahre alt und der kleine Uwe, 2 Jahre alt. Wir wohnen in Mailand, aber wir sind aus Deutschland: Aus diesem Grund soll der Babysitter mit unseren Kindern sowohl Italienisch als auch Deutsch sprechen.

Ciao! Cerchiamo da subito una babysitter affettuosa, responsabile e con esperienza. L'impegno settimanale richiesto è di circa 10 ore su due giorni: lunedì dalle 15 alle 20 e mercoledì dalle 17 alle 22.
Pensi di essere adatto/a? Allora scrivici: ti aspettiamo!
Abbiamo tre bambini: Hans, 7 anni, Julia, 5 anni, e il piccolo Uwe, 2 anni. Abitiamo a Milano ma siamo tedeschi: per questo cerchiamo qualcuno che possa parlare sia italiano che tedesco con i bambini.

DAS VIDEO!

ASCOLTATE IL DIALOGO E LA PRONUNCIA CORRETTA DELL'ANNUNCIO SU:
GIRLS4TEACHING.COM/UNIT/INSTANT-TEDESCO-JOBSUCHE

Was macht ein Babysitter? Er passt auf Kinder auf.
Cosa fa un babysitter? Si occupa di badare ai bambini.

Dura trovare un lavoro, vero?

E le altre professioni? Vediamole insieme con questi nuovi vocaboli.

Was macht ein Koch? Er kocht.
Cosa fa un cuoco? Cucina.

Was macht ein Lehrer? Er unterrichtet.
Cosa fa un insegnante? Insegna.

Was macht eine Architektin? Sie plant Häuser und Gebäude.
Cosa fa un architetto? Progetta case ed edifici.

Was macht ein Fotograf? Er fotografiert.
Cosa fa un fotografo? Fotografa.

Was macht ein Mechaniker? Er repariert Autos.
Cosa fa un meccanico? Ripara le automobili.

Was macht eine Sekretärin? ...fast alles!
Cosa fa una segretaria? Quasi tutto!

Was seid ihr von Beruf? Was macht ihr? Ach so, ihr arbeitet noch nicht... und was möchtet ihr werden? (E voi? Che lavoro fate? Cosa fate? Ah, non lavorate ancora... Allora cosa vorreste diventare?)

der Architekt die Architektin	der Automechaniker die Automechanikerin	der Bäcker die Bäckerin
der Bankangestellte die Bankangestellte	der Maurer die Maurerin	der Tischler die Tischlerin
der Börsenmakler **(agente di borsa)** die Börsenmaklerin	der Immobilienmakler **(agente immobiliare)** die Immobilienmaklerin	der Busfahrer die Busfahrerin

der Programmierer die Programmiererin	der Koch, der Chefkoch die Köchin, die Chefköchin	der Student, der Schüler die Studentin, die Schülerin
der Lkw-Fahrer die Lkw-Fahrerin	der Angestellte die Angestellte	der Kellner die Kellnerin
der Taxifahrer die Taxifahrerin	der Lehrer die Lehrerin	der Fernfahrer/ Brummifahrer die Fernfahrerin
der Sekretär die Sekretärin	der Musiker die Musikerin	der Arzt die Ärztin
der Krankenpfleger die Krankenschwester	der Journalist die Journalistin	der Fotograf die Fotografin

Übung 92.

Collegate la professione al lavoro svolto.

1. der Kellner
2. der Richter
3. der Polizist
4. die Krankenschwester
5. der Journalist
6. der Dolmetscher
7. der Klempner (idraulico)

a. verhaftet Verbrecher
b. schreibt Artikel für die Zeitung
c. repariert Rohrleitungen (tubature)
d. macht den Prozess im Gerichtshof
e. kümmert sich um Gäste im Restaurant oder in der Kneipe
f. pflegt und hilft Kranken
g. übersetzt Dinge in eine andere Sprache

Vediamo qualche vocabolo che può servirvi in un ufficio.

das Büro	l'ufficio
die Kantine	la mensa
der Chef	il capo
die Telko	teleconferenza, chiamata Skype
die Gleitzeit	orario flessibile
der Feierabend	fine dell'orario di lavoro
der Schreibtisch	scrivania
der Flur	corridoio
das Meeting	convegno
Termine festlegen	organizzare appuntamenti
Briefe und Emails schreiben	scrivere lettere ed e-mail
Veranstaltungen organisieren	organizzare manifestazioni
Listen checken	controllare liste
Kopien machen	fare fotocopie
telefonieren	telefonare

Tipps und Tricks

Telefonare

Ci sono due modi in tedesco per dire "telefonare".

- **anrufen + accusativo**

  Ruf mich bitte um 18 Uhr an.
  Chiamami alle 18.00, per piacere.

- **telefonieren + mit + dativo**

  Stephie telefoniert gerade mit dem Arzt.
  Stephie è al telefono/sta parlando con il dottore (al telefono, ora).

8.10 Le interrogative indirette

Was soll ich als Babysitter machen? Ich soll wissen, wann Kinder schlafen müssen, wie lange sie fernsehen dürfen, was sie normalerweise essen, ob sie unter Allergien leiden usw. (Cosa dovrei fare come babysitter? Devo sapere quando i bimbi vanno a dormire, quanta TV possono guardare, cosa mangiano di solito, se soffrono di allergie ecc.). Was für eine Verantwortung! (Che responsabilità!)

Avete visto le frasi che ho usato? Sono tutte **subordinate interrogative indirette**.

- **Interrogativa diretta**
  Wann müssen Kinder schlafen?
  Quando devono dormire i bambini?
- **Interrogativa indiretta**
  Ich soll wissen, wann Kinder schlafen müssen.
  Vorrei sapere quando i bambini devono dormire.

Sono frasi sempre introdotte da verbi come **verstehen**, **wissen**, **fragen**.

Ich weiß nicht	Non so…
Ich möchte wissen	Vorrei sapere…
Ich verstehe nicht	Non capisco…

La domanda vera e propria segue la principale e funge da completamento. Non è più una domanda diretta, ma completa la frase principale. Per questa ragione non avrà la costruzione tipica delle domande:

Pronome interrogativo	V1	Soggetto	Complementi	V2
wann	müssen	Kinder	ins Bett	gehen?

ma quella delle Nebensätze.

Hauptsatz			Nebensatz				
Sogg.	V1	Compl.	Pronome interrogativo	Sogg.	Compl.	V2	V1
ich	weiß	nicht	wann	Kinder	ins Bett	gehen	müssen

Il pronome interrogativo introduce l'interrogativa indiretta ed è seguito da soggetto e complementi; il verbo coniugato (V1) sta in fondo alla frase.

Lukas ist zu faul: wie kann er einen Job finden?
Lukas è troppo pigro: come può trovare un lavoro?

Ich verstehe nicht, wie Lukas einen Job finden kann.
Non capisco come Lukas possa trovare un lavoro.

ACHTUNG!
Per voi italiani l'interrogativa indiretta può avere un verbo all'indicativo (non capisco cosa ho fatto di male), al congiuntivo (non so di cosa tu stia parlando) e al condizionale (chiedo a Erol se uscirebbe con me). Per noi tedeschi, anche in questo caso, è tutto molto più facile! Il verbo, nell'interrogativa indiretta, resta uguale a quello della domanda "vera e propria".

- Quando la domanda diretta è introdotta da **warum**, anche nell'interrogativa indiretta la secondaria sarà introdotta da warum. Non userete mai ~~weil~~ in un'interrogativa indiretta: anche se non c'è il punto di domanda, non significa che la frase sia una risposta!

  Warum bist du so spät angekommen?
  Perché sei arrivato così tardi?

  Ich möchte gern wissen, **warum** du so spät angekommen bist.
  Vorrei sapere perché sei arrivato così tardi.

- Come funziona, invece, con le domande che non sono introdotte da un pronome interrogativo? Quelle che hanno come risposta **ja/nein**?

  Kommst du auch zur Party mit?
  Vieni anche tu alla festa?

  Ich möchte wissen, **ob** du auch zur Party mitkommst.
  Vorrei sapere se vieni anche tu alla festa.

  In questo caso l'interrogativa indiretta sarà introdotta da **ob** (se).

La costruzione è sempre quella di una Nebensatz.

ob	Soggetto	Complementi	V2 (quando c'è)	V1

ACHTUNG!
State attenti a non confondere **wenn**, del periodo ipotetico, con **ob** delle interrogative indirette!

ACHTUNG!
Sì, ancora Achtung... A volte le interrogative indirette hanno das Fragezeichen (il punto interrogativo) in fondo, ma in realtà la domanda è nella Hauptsatz.

Kannst du mir bitte sagen, wann der nächste Zug nach Frankfurt fährt?
Puoi dirmi per piacere quando parte il prossimo treno per Francoforte?

Tutto chiaro? Ich möchte gern wissen, ob das Thema klar ist (Vorrei sapere se l'argomento è chiaro).

Übung 93.

Inserite wenn o ob. State attenti!
Ob si usa solo con le interrogative indirette!

1. Ich weiß nicht, ... er verstanden hat.
2. .... du Lust hast, gehen wir ins Kino!
3. Ich würde mich freuen, ... du mir helfen kannst.
4. Wissen Sie, ... die Sekretärin noch da ist?
5. .... Lisa Millionärin wäre, würde sie sich einen Ferrari kaufen.

6. Die Mutter fragt den Lehrer, ... die Noten ihres Sohnes gut sind.
7. Sie wissen noch nicht, ... sie Ferien machen werden.
8. .... sie genug Geld hätten, würden sie Ferien machen.
9. .... das Museum geöffnet ist, würde ich es gern besuchen.
10. Kannst du mir bitte sagen, ... das Museum geöffnet ist?

Übung 94.

Trasformate le seguenti domande in interrogative indirette
(vi aiuto mettendo l'inizio dell'interrogativa indiretta).

1. Wann kommt Julian?

   Ich möchte wissen, ...

2. Sprechen Sie Deutsch?

   Ich weiß nicht, ...

3. Warum studiert Ludwika Koreanisch?

   Bitte sag mir, ...

4. Wie kommt man zum Bahnhof?

   Ich habe keine Ahnung, ...

5. Wo hast du diese wunderschöne Tasche gekauft?

   Ich erinnere mich nicht mehr, ...

★ Willkommen in Deutschland ★

DAS OKTOBERFEST

Non c'è tedesco che possa dirsi tale
se non è mai andato almeno una volta
all'Oktoberfest!

A proposito di Oktoberfest, quanti di voi ci sono già stati? Sapete di cosa stiamo parlando?
È la festa della birra di Monaco di Baviera che ritorna, puntuale, ogni anno a cavallo tra la fine di September e la prima settimana di Oktober.
Nata all'inizio del Neunzehnten Jahrhundert, XIX secolo, come festa per celebrare le nozze del principe Ludwig con Theresa, è diventata, alla fine del secolo scorso, un'attrazione capace di richiamare a München turisti provenienti da tutto il mondo. Ogni anno ci sono più di sei milioni di Besucher (visitatori)!
Proprio in onore della principessa Theresa, il "campo" dove si svolge la festa si chiama, ancora oggi, Theresienwiese (die Wiese, il prato) e proprio in quel luogo vengono montate le quattordici Zelte (tende), una per ogni birrificio che prende parte all'evento.
La cerimonia inaugurale è trasmessa in diretta TV verso la metà di settembre. È presieduta dal Bürgermeister von München (Sindaco di Monaco), ed è proprio il primo cittadino che durante l'inaugurazione, alle 12.00 in punto, stappa la prima Fass (botte di birra) con un martelletto, gridando O' zapft is – in Hochdeutsch, Es ist angezapft (È spillata). Questo "annuncio", in dialetto bavarese, dà il via alle danze e libera fiumi di birra che iniziano a scorrere tra i turisti inebriati.
L'ingresso alla manifestazione è totalmente gratuito. Potete passeggiare per il Theresienwiese e farvi attirare dai diversi tendoni colorati oppure dalle giostre, dalla musica e dalle sfilate che si susseguono per tutta la durata dell'evento.

cultura

Se volete mimetizzarvi tra i bavaresi dovete indossare l'abito tipico! Per noi donne si tratta del Dirndl, un nome intraducibile che indica lo scamiciato colorato, completo di camicia bianca e grembiulino. E non dimenticate di farvi una bella Zopf (der – treccia). Per gli uomini invece sono d'obbligo i Lederhosen, pantaloni di pelle con le tradizionali bretelle e la camicia di cotone a quadretti.
Che cosa c'è sulla Speisekarte (il menu)? Schweinebraten mit Knödel und Jägersoße (arrosto di maiale con canederli e salsa del cacciatore), Leberkäse (prosciutto cotto tagliato a fette), Wurst mit Sauerkraut (würstel classico con crauti), Münchner Weißwürste mit Senf (würstel bianchi bolliti con senape), Wiesn-Hendl (il celebre polletto arrosto dell'Oktoberfest, più pratico ed economico rispetto all'arrosto di maiale), Semmel und Brezl (panini e brezel).

Und natürlich... das Bier! La birra all'Oktoberfest si beve esclusivamente e rigorosamente vom Faß, alla spina, nel famoso boccale da un litro (die Maß).

E alzando i boccali per brindare è d'obbligo cantare:

Ein Prosit, ein Prosit
Der Gemütlichkeit
Ein Prosit, ein Prosit
Der Gemütlichkeit.
Oans zwoa drei!
G'suffa!

Un brindisi alla Gemütlichkeit (familiarità, allegria, stare bene insieme). Uno, due tre, tutti ubriachi!

Lezione 8
Glossario

Verbi

reiten	cavalcare
malen	dipingere
skaten	andare sullo skate
basteln	fare il fai da te
einladen	invitare
lernen	imparare
sammeln	collezionare
wandern	fare trekking/escursioni
wissen	sapere
erfahren	venire a sapere
kennen	conoscere
kennen lernen	fare conoscenza
Sport treiben	fare sport
verdienen	guadagnare
sich benehmen	comportarsi
abreisen	partire
im Internet surfen	navigare su Internet
klingen	suonare
sich (dat.) etwas leisten	permettersi qualcosa
sich beeilen	affrettarsi
auf jemanden aufpassen	badare a qualcuno
unterrichten	fare lezione
planen	pianificare
reparieren	riparare
festlegen	decidere, fissare

Sostantivi

das Après-Ski	festa dopo lo sci
die Freizeit	tempo libero
das Schach	scacchi
die Briefmarke	francobollo
die Postkarte	cartolina
der Führerschein	patente
die Adresse	indirizzo
der Tippfehler	errore di battitura
die Lösung	soluzione
die Bewerbung	candidatura
die Anzeige	inserzione
das Kaufhaus	centro commerciale
der Parkplatz	parcheggio
das Märchen	fiaba
der Flügel	ala
das Gefängnis	prigione
die Rechnung	scontrino
die Milch	latte
der Nebenjob	lavoretto
der Arbeitsplatz	posto di lavoro
die Betreuung	assistenza
der Mechaniker	meccanico
der Bankangestellte	impiegato di banca
der Maurer	muratore
der Bäcker	panettiere
der Tischler	falegname
der Busfahrer	autista di pullman
der Makler	agente
der Kellner	cameriere
der Lkw-Fahrer	camionista
der Taxifahrer	tassista

der Musiker	musicista
der Journalist	giornalista
der Krankenpfleger	infermiere
die Krankenschwester	infermiera
der Richter	giudice
der Polizist	poliziotto
der Dolmetscher	traduttore
der Klempner	idraulico
das Büro	ufficio
die Kantine	mensa
die Telko	teleconferenza, chiamata Skype
die Gleitzeit	orario flessibile
der Feierabend	fine dell'orario di lavoro
der Flur	corridoio
die Veranstaltung	evento, manifestazione
die Verantwortung	responsabilità
das Fragezeichen	punto interrogativo
der Millionär	milionario
die Wiese	prato
das Zelt	tenda
der Bürgermeister	sindaco
der Zopf	treccia
die Speisekarte	menu
die Gemütlichkeit	familiarità
das Krankenhaus	ospedale
das Erdbeben	terremoto
der Besucher	visitatore
das Jahrhundert	secolo

Aggettivi / Avverbi

sportlich	sportivo	verantwortungsbewusst	responsabile
unheimlich	tremendamente	erfahren	con esperienza
höflich	cortese, educato	liebevoll	affettuoso
möglich	possibile	faul	pigro
stolz	orgoglioso	fit	in forma
mündlich	orale	streng	severo
schriftlich	scritto	laut	rumoroso
nervös	nervoso	überrascht	sorpreso
leicht	leggero	wortlos	senza parole
arbeitslos	disoccupato	gemein	cattivo
zerstreut	distratto	gesund	in salute
veröffentlicht	pubblicato	spannend	avvincente
beeindruckend	impressionante		

Frasi utili

ehrlich gesagt	detto sinceramente
wieso denn?	e perché mai?
Ich bin nicht fähig.	Non sono capace.
wie schade	che peccato
Spaß haben	divertirsi
Ich sage dir Bescheid.	Ti faccio sapere.
so bald wie möglich	il prima possibile
Ich kann kaum darauf warten.	Non vedo l'ora.
Mach's gut.	Stammi bene.
Es tut mir leid.	Mi spiace.
an deiner Stelle	al tuo posto
wenn ich du wäre	se fossi in te
auf der Suche	alla ricerca
Macht nichts.	Non importa, non fa niente.
eine Chance nicht verpassen	non perdere l'occasione
Du hast Recht.	Hai ragione.
ab sofort	da subito
Was bist du von Beruf?	Che lavoro fai?
Bier vom Faß	birra alla spina
in Kontakt bleiben	restare in contatto

LEZIONE 9

LEKTION 9

9.1 Il passivo

So meine Lieben, wir sind schon so weit gekommen! Wahnsinn! Das ist unsere vorletzte Lektion und ich werde euch mit den letzten Themen der deutschen Grammatik bekannt machen. Es geht um die **Passivsätze**, **Relativsätze** und **Relativpronomen** und um die **Verben mit Präpositionen**. Zum Schluss werde ich euch einige Redewendungen und Sprichwörter zeigen, natürlich mit der Italienischen Übersetzung. Aber jetzt fangen wir an! Wie funktioniert der Passivsatz auf Deutsch? Schaut euch mal die Beispiele an!

Miei cari, da non crederci... siamo già alla penultima lezione, dove vi spiegherò la **costruzione passiva**, **le frasi e i pronomi relativi**, **i verbi con le preposizioni**.
Cominciamo!

Come funziona la frase passiva in tedesco? Guardate gli esempi.

Il dottore visita il paziente.

Aktivsatz		
Subjekt	**Verb**	**Objekt**
Der Arzt	untersucht	den Patienten

Vediamo la stessa frase al passivo.

Il paziente viene visitato dal dottore.

Passivsatz			
Subjekt	**V1**	**Objekt**	**V2**
Der Patient	wird	von dem Arzt	untersucht

Avete notato cos'è successo? Così come in italiano, l'oggetto della frase attiva si è spostato a sinistra occupando il primo posto e diventando il soggetto della frase passiva. Il verbo è diventato composto.

→ **werden** + **Partizip**

Nulla di difficile, come al solito!
Ecco una tabella riassuntiva con tutti i tempi verbali della frase passiva.

Präsens	Der Patient **wird** von dem Arzt untersucht.
Präteritum	Der Patient **wurde** von dem Arzt untersucht.
Perfekt	Der Patient **ist** von dem Arzt **untersucht worden**.
Plusquamperfekt	Der Patient **war** von dem Arzt **untersucht worden**.
Futur I	Der Patient **wird** von dem Arzt **untersucht werden**.

Avete visto come funziona? Nel passivo c'è sempre un "pezzo di verbo" in più rispetto alla forma attiva: si tratta di werden.

Der Arzt **untersucht** (presente) den Patienten.
→ Der Patient **wird** (presente) von dem Arzt **untersucht** (participio passato).

Il dottore visita il paziente.
→ Il paziente è visitato dal dottore.

Der Arzt **untersuchte** (Präteritum) den Patienten.
→ Der Patient **wurde** (Präteritum) von dem Arzt **untersucht** (participio passato).

Il dottore visitò il paziente.
→ Il paziente venne visitato dal dottore.

Der Arzt **hat** den Patienten **untersucht**. (Perfekt)
→ Der Patient **ist** von dem Arzt **untersucht** (participio passato) **worden** (Perfekt).

Il dottore ha visitato il paziente.
→ Il paziente è stato visitato dal dottore.

Per il passivo, dunque, prendete il tempo del verbo della forma attiva e lo usate per coniugare l'ausiliare werden, poi aggiungete il participio passato del verbo della frase attiva. È più difficile dirlo che farlo! Per esempio:

untersucht (presente), quindi metto werden al presente + il participio passato di untersuchen: → wird untersucht.

E anche il passivo l'abbiamo visto! Attenzione, però: i verbi modali al passivo si mettono in seconda posizione come V1, indipendentemente dal tempo verbale. Tranquilli, ho una tabella!

- **Aktivsatz** Der Arzt muss sofort den Patienten untersuchen.
  Il dottore deve visitare subito il paziente.
- **Passivsatz** Der Patient muss sofort von dem Arzt untersucht werden.
  Il paziente deve essere visitato subito dal dottore.

Soggetto + V1 (verbo modale) + oggetto + Partizip + werden

Guardate la tabella.

Präsens	Der Patient **muss** von dem Arzt **untersucht werden**.
Präteritum	Der Patient **musste** von dem Arzt **untersucht werden**.
Perfekt	Der Patient **hat** von dem Arzt untersucht **werden müssen**.
Plusquamperfekt	Der Patient **hatte** von dem Arzt **untersucht werden müssen**.
Futur I	Der Patient **wird** von dem Arzt **untersucht werden müssen**.

Tipps und Tricks

Il complemento d'agente

Come si esprime il complemento d'agente in tedesco? La preposizione che lo introduce generalmente è **von**, ma se il complemento d'agente funge da mezzo o causa (quindi non è una persona, ma un oggetto) si userà **durch**.

Der Frosch wurde von der Prinzessin geküsst.
Il ranocchio fu baciato dalla principessa.

Durch das Feuer wurde großer Schaden verursacht.
Il fuoco causò grossi danni (grossi danni furono causati dal fuoco).

Übung 95.

Trasformate le frasi al passivo.

1. Die Müllers bauen in der Marienfeldstraße ein neues Wohnhaus.

   ....

2. Der Gast aß drei Teller Gulaschsuppe.

   ....

3. Meine Großeltern sind am Bahnhof angekommen.

   ....

4. Die Grenzpolizei wird uns bestimmt kontrollieren.

   ....

5. Die Operation rettete den Patienten.

   ....

6. Die Passanten dürfen die Baustelle nicht betreten.

   ....

7. Der Dolmetscher muss noch die Fehler des Textes korrigieren.

   ....

8. Mein Großvater musste in seinem Leben immer hart arbeiten.

   ....

9. Das Kind hat den Hund geschlagen.

   ....

10. Der Hund wird das Kind beißen.

    ....

9.2 I pronomi relativi

Tra tutte le frasi secondarie che abbiamo visto, non vi ho ancora insegnato come costruire quelle relative. Wie bitte? (Come, prego?)
Vediamo di che si tratta!

L'uomo che sta parcheggiando è il mio capo.

"Che sta parcheggiando" è una frase relativa, collegata a "l'uomo": in questo caso specifica cosa sta facendo. In italiano, il pronome relativo che lega le due frasi è "che". Ops, ho costruito una relativa!
In tedesco la cosa si complica ein bisschen (un po').

L'uomo **che sta parcheggiando** è il mio capo.
→ che = soggetto, **nominativo**

L'uomo che hai conosciuto è il mio capo.
→ che = complemento oggetto, **accusativo**

L'uomo **a cui hai dato il pacchetto** è il mio capo.
→ che = **dativo**

L'uomo **il cui padre è morto ieri** è il mio capo.
→ il cui = complemento di specificazione, **genitivo**

In tedesco anche **il pronome relativo va declinato** a seconda del ruolo che svolge nella frase relativa. Guardate la tabella.

	Maschile	Femminile	Neutro	Plurale
Nominativo	der	die	das	die
Accusativo	den	die	das	die
Dativo	dem	der	dem	denen
Genitivo	dessen	deren	dessen	deren

I pronomi relativi sono dunque uguali agli articoli determinativi. Fanno eccezione i casi inseriti nelle caselle che ho evidenziato in grigio scuro:

- il dativo e il genitivo plurale sono **denen** e **deren**;
- il genitivo maschile, neutro e femminile sono **dessen**, **deren**, **dessen**.

Il pronome relativo concorda in genere e numero con il sostantivo a cui si riferisce. Il caso del pronome relativo, invece, dipende dalla funzione che svolge all'interno della subordinata relativa.

9.2.1 Le frasi subordinate relative

Perfetto! Adesso che conosciamo i pronomi relativi possiamo, finalmente, formare delle subordinate relative. Il pronome relativo introduce una secondaria che si trova subito dopo il nome a cui si riferisce.

L'uomo **che sta parcheggiando** è il mio capo.
Der Mann, **der** gerade parkt, ist mein Chef.
→ soggetto, **nominativo**

L'uomo **che hai conosciuto** è il mio capo.
Der Mann, **den** du kennen gelernt hast, ist mein Chef.
→ complemento oggetto, **accusativo**

L'uomo **a cui hai dato il pacchetto** è il mio capo.
Der Mann, **dem** du das Packet gegeben hast, ist mein Chef.
→ complemento di termine, **dativo**

L'uomo **la cui moglie ha avuto un incidente** è il mio capo.
Der Mann, **dessen** Frau gestern einen Unfall hatte, ist mein Chef.
→ complemento di specificazione, **genitivo**

Avete visto dove ho messo le relative? Non si trovano più prima o dopo la principale, come in tutte le altre Nebensätze che abbiamo incontrato finora. Si trovano immediatamente dopo il nome a cui si riferiscono, dividendo così la Hauptsatz in due.

Soggetto HS	,	Pronome relativo	Complementi e simili	V1	,	V1 HS	Complementi e simili HS
der Mann	,	der	gerade	parkt	,	ist	mein Chef
	Nebensatz						

Le **virgole**, nelle relative, diventano quindi **due**, e sono entrambe obbligatorie: **una davanti al pronome relativo e una in fondo alla frase relativa, dopo il verbo**. Creano dunque un inciso.

- Se il sostantivo a cui si riferisce il pronome relativo è seguito solo da un verbo o un avverbio o simili, allora la frase principale può non essere divisa dalla Nebensatz relativa.

  Ich habe den Film gesehen, **den du mir empfohlen hast**.
  (Ich habe den Film, **den du mir empfohlen hast**, gesehen).
  Ho guardato il film che mi hai consigliato.

- Il pronome relativo può essere preceduto da **una preposizione** e verrà declinato nel caso richiesto da questa preposizione.

  Das Kind, **mit dem** Linda spielt, ist mein Bruder.
  mit + **dativo**
  Il bimbo con cui gioca Linda è mio fratello.

In alcuni casi, quando il pronome relativo introduce un complemento di luogo, può essere sostituito da **wo** (per lo stato in luogo), **wohin** (per il moto a luogo) e **woher** (per il moto da luogo).

Das Haus, **in dem** wir wohnen, ist sehr alt.
La casa in cui viviamo è molto vecchia.

→ Das Haus, **wo** wir wohnen, ist sehr alt.
→ La casa dove viviamo è molto vecchia.

Übung 96.

Inserite il pronome relativo corretto.

1. Der Mantel, ... du gestern gekauft hast, steht dir gut.
2. Das ist die Firma, bei .... meine Schwester arbeitet.
3. Das Restaurant, in .... / wohin wir heute essen gehen, ist sehr teuer.
4. Ich kenne nur Menschen, ... nett und freundlich sind.
5. Der Junge, ... ich mein Telefonnummer gegeben habe, ist sehr hübsch!
6. Die Übungen, dank .... wir die Präpositionen geübt haben, waren sehr schwierig.
7. Mirko, ... Eltern sehr reich sind, hat eine neue Wohnung im Zentrum gekauft.
8. Die Frau, mit .... wir gerade gesprochen haben, ist die neue Bürgermeisterin!
9. Der Schauspieler, über .... sie sprachen, war Christoph Waltz.
10. Das Regal, auf .... die Bücher lagen, war aus Holz.

Tipps und Tricks

Dass und das

Non confondete **mai** dass che introduce una Nebensatz dichiarativa con das pronome relativo neutro nominativo o accusativo!

Er sagt, **dass** er ein spannendes und abenteuerliches Buch gelesen hat.
Lui dice che ha letto un libro divertente e avventuroso.

Das Buch, **das** er gelesen hat, ist *Harry Potter*.
Il libro che ha letto è *Harry Potter*.

Übung 97.

Risolvete das Kreuzworträtsel (il cruciverba) alla pagina seguente con queste definizioni.

1. Wo man Filme sehen kann.
2. Lukas hatte vor 2 Jahren einen schweren .... mit dem Auto.
3. Jemand, der im Krankenhaus arbeitet und Leute pflegt.
4. Ich möchte eine Münchner Weiß .... , bitte. Mit Senf, danke!
5. Ein Getränk aus Deutschland, das weltberühmt ist.
6. Jemand, der in der Schule unterrichtet.
7. Wenn etwas nicht gut ist, ist es ....
8. Die Straße, Hausnummer und Stadt, wo ich wohne, ist meine ....
9. Jemand, der Bücher schreibt und verfasst.
10. Die Region, wo ich mit meinen Freunden Ski fahre.

LEZIONE 9

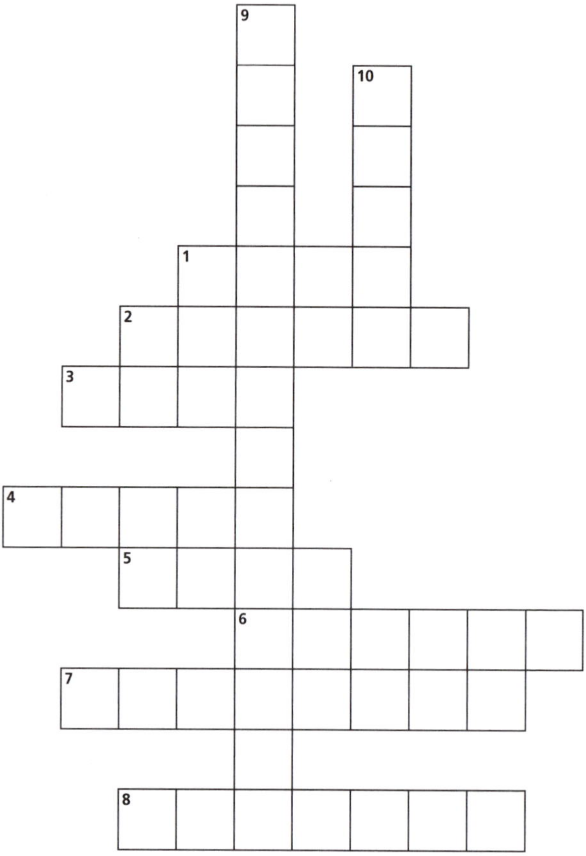

9.3 I verbi con le preposizioni

L'altro giorno ho scritto un'e-mail alla mia amica Anna per raccontarle del corso di spagnolo che sto frequentando.

Liebe Anna,
wie geht's? Mir geht's super. Ich nehme seit zwei Wochen an einem Spanisch-Kurs teil. Du weißt ja, dass ich immer **an** Spanien denke und ich interessiere mich **für** spanische Traditionen, zum Beispiel das Essen und Flamenco… ich bin **in** Spanien einfach verliebt! Als ich **mit** dem Kurs begonnen hatte, war alles ganz einfach, aber nach und nach wurden die Übungen immer schwieriger… manchmal auch zu schwierig: heute habe ich mich bei dem Lehrer **darüber** beschwert! Ich muss als Hausaufgabe einen Brief **an** einen spanischen Freund **über** meine deutschen Gewohnheiten schreiben… also, ehrlich gesagt, habe ich keine Lust! Aber ich möchte mein Spanisch verbessern, sodass ich nächstes Jahr in Spanien alles verstehen kann! Weißt du das nicht? Habe ich dir nicht **von** meinem Plan erzählt? Ich werde nochmal Ferien in Spanien machen… ich kann es kaum erwarten! Ich freue mich schon **darauf**! Möchtest du vielleicht auch mitkommen? Denk **über** meinen Vorschlag nach und sag mir so bald wie möglich Bescheid! Ich bin fest **davon** überzeugt, dass wir zusammen in Spanien Spaß haben werden!

DAS VIDEO!
MI RACCOMANDO, IL TEDESCO, OLTRE A LEGGERLO, BISOGNA ASCOLTARLO!
PER QUESTO C'È IL VIDEO SU:
GIRLS4TEACHING.COM/UNIT/INSTANT-TEDESCO-BRIEF

Come dite? Manca la traduzione? Non avete capito nulla dell'e-mail? Moment mal!… Un po' di pazienza! Ora vi spiego tutto e tra poco sarete in grado di tradurre la mia e-mail da soli! Avete notato le parole in grassetto? Sono le preposizioni legate ai **verbi con preposizione**. Was sind denn jetzt diese Verben? (Quali sono questi verbi?) Sono accompagnati da una preposizione fissa, che regge un preciso caso (dativo o accusativo), e introducono un complemento indiretto. Non esistono regole che spieghino il motivo per il quale una preposizione sia legata a un determinato verbo, perciò ognuno va studiato insieme alla sua preposizione e al suo significato. Ecco alcuni esempi.

- **teilnehmen an** + **dativo**

  Der Mathematiklehrer hat **an der** Konferenz nicht **teilgenommen**.
  Il professore di matematica non ha preso parte alla conferenza.

- **denken an** + **accusativo**

  Seit ich Monika kenne, denke ich immer **an sie**.
  Da quando conosco Monica penso sempre a lei.

Molti verbi con preposizione sono riflessivi. Come:

- **sich erinnern an** + **accusativo**

  Mein Vater **erinnert sich** gern **an die** Unizeiten.
  Mio padre si ricorda volentieri degli anni all'università.

E molti altri verbi richiedono addirittura due complementi indiretti.

ACHTUNG!
Generalmente il complemento indiretto al dativo precede quello all'accusativo.

Ich **bedanke** mich **bei dir für die** Blumen.
Ti ringrazio per i fiori.

La preposizione è legata strettamente al verbo e va espressa anche nella forma interrogativa. Attenzione, però, a formare la frase interrogativa.

Satz	Fragesatz
Robert denkt **an** Monika. Robert pensa a Monica.	**An wen** denkt Robert? A chi pensa Robert?
Robert denkt **an sein** Auto. Robert pensa alla sua auto.	**Woran** denkt Robert? A cosa pensa Robert?

Per costruire la domanda con i verbi + preposizione è importante distinguere tra cose e persone.

- **Con le persone**, la preposizione è accompagnata dal pronome interrogativo **wer** declinato al caso necessario:
  wen per accusativo – **wem** per dativo.

  An wen denkt Robert? A chi pensa Robert?

- **Per le cose** invece costruiamo il pronome interrogativo unendo **wo-** alla preposizione legata al verbo:

  Woran denkt Robert? A cosa pensa Robert?

C'è una -r di troppo? Ah sì, non è un errore. Aggiungiamo la **-r** tra **wo-** e la preposizione quando questa inizia per vocale;
per esempio **worüber**, **worauf** ma **womit**, **wofür** ecc.

- Quando non voglio ripetere il complemento a cui fa riferimento il verbo con la preposizione, posso usare un pronome creato *ad hoc* con la preposizione. Detto così sembra difficile, ma guardate questa frase.

  Ich interessiere mich für Briefmarken.
  Mi interesso di francobolli.

  Wirklich? Ich interessiere mich auch **dafür**!
  Davvero? Anche a me interessano!

Quasi come per il pronome interrogativo, coniamo un pronome con **da- più la preposizione necessaria**. Quando, poi, la preposizione inizia per vocale aggiungeremo la solita **-r**: **daran**, **darauf** ecc.

- E con le persone?

  Ich erinnere mich noch an unseren Mathe-Lehrer, Herrn Mauer.
  Ricordo ancora il nostro insegnante di matematica, il sig. Mauer.
  Wirklich? Ich erinnere mich auch **an ihn!**
  Davvero? Anch'io me lo ricordo.

Visto? Facile! Se si tratta di persone, non facciamo altro che far seguire alla preposizione il pronome personale al caso richiesto!

- Infine, vediamo cosa succede quando abbiamo dei verbi con preposizione che introducono una **dass-Satz** o una **Infinitivsatz**.

  Robert denkt **daran**, dass Monica ein hübsches Mädchen ist.
  Robert pensa che Monica sia una ragazza carina.

  Robert denkt **daran**, Monica Blumen zu schenken.
  Robert pensa di regalare a Monica dei fiori.

Il verbo con preposizione deve sempre essere accompagnato dalla sua preposizione, altrimenti manca di significato. Se il complemento che lo accompagna fa parte di una frase secondaria, andrete a inserire nella principale una sorta di promemoria del pronome, **da-**, più la preposizione necessaria. Se questa inizia per vocale aggiungerete una **-r**.

Di solito i libri di grammatica vi danno un elenco infinito di verbi da memorizzare. A cosa serve, dico io! Mein Gott! (Mio Dio!)
Facciamo un patto: ve ne darò al massimo tre per ogni preposizione, ma voi dovete impararli a memoria.
Per gli altri c'è sempre il Wörterbuch! (dizionario)

Verbi con von

abhängen	von + dativo	dipendere da qualcuno/qualcosa
erzählen	von + dativo	raccontare di qualcosa
träumen	von + dativo	sognare di qualcosa

Verbi con zu

gratulieren	zu + dativo	congratularsi con qualcuno per qualcosa
gehören	zu + dativo	appartenere a qualcosa
jemanden überreden	zu + dativo	persuadere qualcuno a fare qualcosa

Verbi con für

jmdm. danken	für + accusativo	ringraziare qualcuno per qualcosa
sich interessieren	für + accusativo	interessarsi di qualcosa
sorgen	für + accusativo	provvedere a qualcuno

Verbi con mit

beginnen	mit + dativo	cominciare con qualcosa
anfangen	mit + dativo	cominciare a fare qualcosa
aufhören	mit + dativo	finire qualcosa

Verbi con über

nachdenken	über + accusativo	pensare a qualcosa
lachen	über + accusativo	ridere di qualcuno/qualcosa
klagen	über + accusativo	lamentarsi di qualcosa

Verbi con aus

bestehen	aus + dativo	essere costituito da qualcosa
sich befreien	aus (von) + dativo	liberarsi da qualcosa

Verbi con an

sich erinnern	an + accusativo	ricordarsi di
zweifeln	an + dativo	dubitare di
sich wenden	an + accusativo	rivolgersi a

Verbi con nach

riechen	nach + dativo	profumare di/avere odore di
schmecken	nach + dativo	sapere (sapore) di
jmdm. fragen	nach + dativo	chiedere/domandare a qualcuno di qualcosa

Verbi con auf

sich konzentrieren	auf + accusativo	concentrarsi su qualcuno
achten	auf + accusativo	fare attenzione a qualcuno/ qualcosa
sich vorbereiten	auf + accusativo	prepararsi per

Verbi con um

jmdn. bitten	um + accusativo	pregare qualcuno
sich bemühen	um + accusativo	impegnarsi per qualcuno o qualcosa
sich kümmern	um + accusativo	occuparsi di qualcosa

Verbi con bei

sich entschuldigen	bei + dativo / für + accusativo	scusarsi con qualcuno per qualcosa
sich beschweren	bei + dativo / über + accusativo	lamentarsi con qualcuno di qualcosa
sich erkundigen	bei + dativo / nach + dativo	informarsi da qualcuno su qualcosa

Verbi con in

sich verlieben	in + accusativo	innamorarsi di
sich vertiefen	in + accusativo	immergersi in qualcosa

Übung 98.

Provate a tradurre, con le nozioni fin qui riportate nelle tabelle, l'e-mail che ho scritto ad Anna (pag. 341).

Übung 99.

Vediamo come ve la cavate con i verbi con le preposizioni: inserite quella adatta in ogni spazio!

1. Meine Oma erzählt immer .... ihrer Jugendzeit.
2. Seit letzter Woche leidet Simon .... einer Erkältung.
3. Papa hat sich .... die Kinder geärgert.
4. Heute fange ich .... dem Studium an.
5. In der Küche riecht es .... Zwiebeln!
6. Ich habe mich .... diese Arbeitsstelle beworben.
7. Lisa interessiert sich .... Mode.
8. Wir beschäftigen uns heute .... Politik.
9. Lukas hat sich .... die Hitze gewöhnt.
10. Die Studenten protestierten .... die Schulreform.

Lezione 9
Glossario

Verbi

empfehlen	consigliare
empfehlen	consigliare
bauen	costruire
verursachen	causare
küssen	baciare
überzeugen	convincere
teilnehmen	partecipare
abhängen	dipendere
achten	fare attenzione
sich anpassen	adattarsi
sich ärgern	arrabbiarsi
aufhören	smettere
sich aufregen	agitarsi
sich bedanken	ringraziare
beginnen	iniziare
sich bemühen	sforzarsi
sich beschäftigen	occuparsi
sich beschweren	lamentarsi
jmdn. einladen	invitare qualcuno

bestehen	essere costituito
sich entscheiden	decidersi
sich erholen	riprendersi
sich erinnern	ricordarsi
sich erkundigen	informarsi
sich gewöhnen	abituarsi
gratulieren	fare gli auguri
hoffen	sperare
klagen	lamentarsi
lachen	ridere
nachdenken	riflettere
riechen	odorare
sich schützen	proteggersi
streiken	scioperare
träumen	sognare
sich verabreden	darsi appuntamento
sich wenden	rivolgersi
sich wundern	meravigliarsi
zweifeln	dubitare

Sostantivi

die Baustelle	cantiere
die Grenzpolizei	polizia di confine
die Gewohnheit	abitudine
der Frosch	rospo
der Vorschlag	proposta
das Feuer	fuoco
der Schaden	danno
das Kissen	cuscino
die Johannisbeeren	ribes
die Aprikose	albicocca
die Schlagsahne	panna montata
die Tüte	borsa della spesa

Aggettivi / Avverbi

locker	allentato, anche colloquiale: con scioltezza
faul	pigro
überkorrekt	esageratamente corretto

LEZIONE 10

LEKTION 10

10.1 Uso dei verbi modali
10.2 *Konjunktiv I*
10.3 *Funktionsverbgefüge*
10.4 Proverbi ed espressioni del tedesco

L'altro giorno ho partecipato a una conferenza sul turismo tedesco in Italia. Devo dire che, anche se è durata tanto, è stato tutto molto unterhaltsam und anregend (non ci siamo mai annoiati)!
Infatti, il professore che ha tenuto questo meeting era jung, sympathisch und cool, giovane, simpatico e molto in. Provo a spiegarvi di cosa si è parlato…

La conferenza

Professor Kühmel meint, deutsche Touristen seien in Italien jedes Jahr immer mehr. Italien sei für die Deutschen das Traumland – er berichtet, dass Italien für sie fast nur positive Seiten habe.
Jemand hat gefragt, welche diese positive Seiten seien. Er erklärt, das Temperament der Italiener sei für die Deutschen unwiderstehlich. Natürlich spiele das Essen auch eine wichtige Rolle, wenn nicht die wichtigste! Spaghetti, Eis, Lasagne, Tortellini, Cannoli essen die Deutschen immer sehr gern. Und wer nicht? Hahaha. Und man komme nach Italien oft auch nur, um Wein Verkostungen in der Toskana zu machen: Professor Kühmel erklärt, die vielen Km um Wein zu trinken lohnen sich zu 100%!
Die Sprache stelle auch ein Plus dar: Italienisch klinge sehr freundlich und musikalisch – man könne dem nur zustimmen, glaubt er. In Italien gebe es auch eine Menge Sehenswürdigkeiten: Modernität und Antiquitäten seien so gut gemischt, dass man in einer Stadt sowohl Wolkenkratzer als auch römische Ruinen finde.

Traduzione

Il professor Kühmel dice che i turisti tedeschi in Italia sono ogni anno sempre di più. L'Italia per i tedeschi sarebbe il paese dei sogni; lui riporta che per loro l'Italia ha solo lati positivi.
Qualcuno in aula ha chiesto quali fossero questi lati positivi. Lui spiega che sicuramente la personalità italiana è irresistibile per i tedeschi. Naturalmente il cibo ha un ruolo molto importante, se non fondamentale! I tedeschi mangiano sempre volentieri spaghetti, gelato, tortellini e cannoli. E chi non li mangerebbe? Ah ah ah!
E la gente viene in Italia anche solo per fare degustazioni di vino in Toscana: il professor Kühmel spiega che vale sempre la pena fare tanti chilometri per bere il vino!
Anche la lingua rappresenta un plus: l'italiano suona molto amichevole e musicale. Non si può che essere d'accordo, pensa lui. In Italia ci sono anche tantissimi monumenti e cose da vedere: modernità e antichità sono molto ben mescolate, al punto che in una città si possono trovare grattacieli insieme a rovine romane.

10.1 Uso dei verbi modali

Cari amici, avevamo trattato nella lezione 3 i verbi modali tedeschi, ve li ricordate?

können dürfen sollen müssen wollen möchten

Tratteremo in questa lezione il loro uso oggettivo, riepilogando ancora una volta i loro significati, aber diesmal auf Deutsch, e le diverse espressioni con cui è possibile renderli senza alterarli. Impareremo, insomma, a giocare con la lingua e a esprimere il medesimo Begriff (concetto) in diversi modi. Propongo subito una tabella!

VERBO MODALE	Significato ed esempio	Corrispondenti espressioni
können	Fähigkeit (capacità) Ich kann Deutsch sprechen.	- die Fähigkeit haben... + zu + Infinitiv - fähig sein... / imstande sein... - in der Lage sein... + zu + Infinitiv - vermögen
können	Möglichkeit (possibilità) Frau Meyer konnte ihren Anhänger nicht finden.	- die Möglichkeit haben... + zu + Infinitiv - es ist möglich... + zu + Infinitiv - sein + zu + Infinitiv (Passiv) - sich lassen + Infinitiv (Passiv) - dürfen
können	Erlaubnis (permesso) Du darfst keine Süßigkeiten essen.	- die Erlaubnis haben... + zu + Infinitiv - es ist nicht erlaubt... + zu + Infinitiv - können
dürfen	Erlaubis (permesso) Das Mädchen darf heute Nacht nicht tanzen gehen.	- können - es ist gestattet... / es ist erlaubt... + zu + Infinitiv - die Erlaubnis haben... + zu + Infinitiv - die Zustimmung erhalten... + zu + Infinitiv - Die Genehmigung bekommen + zu + Infinitiv - negazione: es ist verboten + zu + Infinitiv

VERBO MODALE		
sollen	Auftrag oder fremder Wille (incarico o volontà di terzi) Ich soll dir von Rolf sagen, dass er seit gestern hohes Fieber hat!	- Beauftragt sein... + zu + Infinitiv - den Auftrag haben… + zu + Infinitiv
	Erwartung (attesa, speranza) Soll ich dir helfen.	- es wird erwartet… + zu + Infinitiv
	Empfehlung, Rat (raccomandazione, consiglio) Du solltest nicht so viel rauchen.	- es ist ratsam / empfehlenswert… + zu + Infinitiv - es wäre besser, wenn…
müssen	Notwendigkeit, Zwang, Pflicht (necessità, obbligo, dovere) Man muss die Steuern zahlen.	- gezwungen sein - verpflichtet sein - die Pflicht haben - es ist nötig/notwendig - es ist erforderlich - es ist unumgänglich - haben + zu + Infinitiv (Aktiv) - sein + zu + Infinitiv (Passiv)
wollen	Erlaubnis (permesso) Ich will Markus heiraten.	- die Absicht/ Intention haben + zu + Infinitiv - beabsichtigen - bereit sein… + zu + Infinitiv - die Bereitschaft zeigen… - vorhaben - bestrebt sein… + zu + Infinitiv
möchten	Lust (voglia), Wunsch (desiderio) Ich möchte ein Eis essen.	- sich wünschen - den Wunsch haben - die Lust haben - hätte gerne… (haben al Konjunktiv II + gerne)

Passiamo adesso in rassegna uno per uno i verbi modali e ciascuna espressione corrispondente.

- **Können**

Vediamo come possiamo rendere la frase di esempio in altri modi.

Ich kann Deutsch sprechen.
Io so parlare il tedesco.

> Ich habe die Fähigkeit, Deutsch zu sprechen.
> Ho la capacità di parlare tedesco.
> **(da notare la costruzione all'infinito: mi sembra opportuno ricordare che in tedesco subisce la dislocazione a destra e occupa quindi l'ultima posizione della frase.)**
>
> Ich bin fähig/imstande, Deutsch zu sprechen.
> Sono capace di parlare tedesco.
>
> Ich bin in der Lage, Deutsch zu sprechen.
> Sono in grado di parlare tedesco.
>
> Ich vermag Deutsch zu sprechen.
> Io riesco a parlare tedesco.

Frau Mayer konnte ihren Anhänger nicht finden.
La signora Mayer non poteva trovare il suo ciondolo.

> Frau Mayer hatte keine Möglichkeit ihren Anhänger zu finden.
> La signora Mayer non aveva la possibilità di trovare il suo ciondolo.
>
> Frau Mayer war es nicht möglich, ihren Anhänger zu finden.
> Alla signora Mayer non è stato possibile trovare il suo ciondolo.
>
> Der Anhänger Frau Mayers war nicht mehr zu finden.
> Il ciondolo della signora Mayer non si trovava più.
>
> Der Anhänger Frau Mayers lässt sich nicht mehr finden.
> Il ciondolo della Signora Mayer non si lascia più trovare.
> **(Nelle ultime due frasi si può notare la costruzione al passivo, dove il complemento oggetto della frase di esempio passa nella posizione del soggetto e il soggetto nella posizione del complemento di specificazione tramite il genitivo sassone. La traduzione italiana delle frasi sopra può risultarvi strana, ma ho scelto di optare per una traduzione letterale per facilitare la comprensione della struttura della frase in tedesco.)**

Du darfst keine Süßigkeiten essen.
Non puoi mangiare dolci.

Du hast keine Erlaubnis, Süßigkeiten zu essen.
Non hai il permesso di mangiare dolci.

Dir ist nicht erlaubt, Süßigkeiten zu essen.
Non ti è permesso mangiare dolci.

Du kannst keine Süßigkeiten essen.
Non puoi mangiare dolci.

- **Dürfen**

Das Mädchen darf heute Nacht nicht tanzen gehen.
La ragazza stanotte non può andare a ballare.

Das Mädchen kann heute Nacht nicht tanzen gehen.
La ragazza stanotte non può andare a ballare.

Es ist dem Mädchen nicht erlaubt, heute Nacht tanzen zu gehen.
Alla ragazza non è permesso andare a ballare stanotte.

Das Mädchen hat keine Zustimmung bekommen, heute Nacht tanzen zu gehen.
La ragazza non ha avuto l'approvazione per andare a ballare stanotte.

Das Mädchen hat keine Genehmigung, heute Nacht tanzen zu gehen.
La ragazza non ha l'approvazione per andare a ballare stanotte.

Es ist dem Mädchen verboten, heute Nacht tanzen zu gehen.
Alla ragazza è vietato andare a ballare stanotte.

- **Sollen**

Ich soll dir von Rolf sagen, dass er seit gestern hohes Fieber hat!
Rolf mi ha detto di dirti che è da ieri che ha la febbre alta.

Ich wurde von Rolf beauftragt, dir zu sagen, dass er seit gestern hohes Fieber hat.
Rolf mi ha incaricato di dirti che è da ieri che ha la febbre alta.

Ich habe den Autrag, dir zu sagen, dass Rolf seit gestern hohes Fieber hat.
Ho l'incarico di dirti che Rolf da ieri ha la febbre alta.

Soll ich dir helfen?
Devo aiutarti?

Erwartest du dir meine Hilfe?
Ti aspetti il mio aiuto?

Du solltest nicht so viel rauchen.
Non dovresti fumare tanto.

Es ist ratsam/empfehlenswert, dass du nicht so viel rauchst.
È consigliabile che tu non fumi tanto.

Es wäre besser, wenn du nicht so viel rauchen würdest.
Sarebbe meglio che non fumassi tanto.

- **Müssen**

Mann muss die Steuern zahlen.
Si devono pagare le tasse.

Man ist gezwungen, Steuern zu zahlen.
Si è obbligati a pagare le tasse.

Man ist verpflichtet, Steuern zu zahlen.
Si è obbligati a pagare le tasse.

Man hat die Pflicht Steuern zu zahlen.
Si ha il dovere di pagare le tasse.

Es ist nötig/notwendig/erforderlich/unumgänglich die Steuern zu zahlen.
È necessario/imprescindibile pagare le tasse.

Man hat Steuern zu zahlen.
Si devono pagare le tasse.

Steuern sind zu zahlen.
Le tasse sono da pagare.

- ## Wollen

Ich will Markus heiraten.
Voglio sposare Markus.

Ich habe di Absicht/di Intention, Markus zu heiraten.
Ho intenzione di sposare Markus.

Ich beabsichtige, Markus zu heiraten.
Intendo sposare Markus.

Ich bin bereit, Markus zu heiraten.
Sono pronta a sposare Markus.

Ich zeige die Bereitschaft, Markus zu heiraten.
Mostro la mia disponibilità a sposare Markus.

Ich habe vor, Markus zu heiraten.
Ho intenzione di sposare Markus.

Ich bin bestrebt, Markus zu heiraten.
Miro a sposare Markus.

- ## Möchten

Ich möchte ein Eis essen.
Desidererei mangiare un gelato.

Ich wünsche mir ein Eis zu essen.
Desidero mangiare un gelato.

Ich habe den Wunsch, ein Eis zu essen.
Ho desiderio di mangiare un gelato.

Ich habe Lust, ein Eis zu essen.
Ho voglia di mangiare un gelato.
Ich würde gern ein Eis essen.
Vorrei mangiare un gelato.

Adesso che abbiamo spiegato tutto nei particolari e che abbiamo creato un esempio per ogni significato dei verbi modali, facciamo pratica con un esercizio.

Übung 100.

Sostituite le espressioni sottolineate con i verbi modali corrispondenti, come nell'esempio.

Sie beabsichtigen ein Haus zu kaufen. → **Sie wollen ein Haus kaufen.**

1. Sie hatte nicht vor, euch beim Abendessen zu stören.

   ....

   ....

2. Ich empfehle Ihnen, mehr Gemüse zu essen.

   ....

   ....

3. Haben Sie die Erlaubnis, nach Hause zu fahren?

   ....

4. Mit diesem Gerät sind alle Satellit-Programme zu empfangen.

   ....

   ....

5. Es ist erforderlich, sich alle sechs Monate beim Arzt untersuchen zu lassen.

   ....

   ....

6. Die Gemeinden haben für eine ausreichende Zahl der Kindergartenplätze zu sorgen.

   ....

   ....

7. Wer ist fähig, eine Rede auf Deutsch zu halten?

....

....

8. Ich vermag nicht zu sagen, ob sie Erfolg gehabt hat.

....

....

9. Den Kindern unter 10 Jahren ist das Sehen des Filmes nicht erlaubt.

....

....

10. Vor dem Abitur hatte ich vor, im Ausland zu studieren.

....

....

11. Es ist verboten, ein Wörterbuch zu benutzen.

....

....

12. Ich habe nicht die Absicht, meinen Wohnort zu wechseln.

....

....

13. Wenn sich sonst niemand meldet, bin ich bereit, diese Arbeit zu übernehmen.

....

....

14. Der Schulleiter hat den Auftrag, ein gutes Verhältnis zu den Familien zu unterhalten.

....

....

10.2 *Konjunktiv I*

Bene, quest'ultima lezione può sembrare un po' difficile, ma vi assicuro che dopo aver capito questi argomenti sarete pronti non solo per un viaggio, ma anche per iniziare a vivere in Germania. Abbiamo già parlato nella lezione 8 del Konjunktiv II e abbiamo visto gli usi nelle frasi ipotetiche delle sue forme proprie (gehen > ginge) o composte (würde… gehen). Il Konjunktiv I si usa per contrassegnare la distanza dal discorso diretto: in pratica è il modo verbale con il quale si riportano le frasi, generalmente abbreviate, dal discorso diretto al discorso indiretto.
Il Konjunktiv I si forma aggiungendo -e alle desinenze del presente indicativo come segue.

LERNEN

Präsens		Konjunktiv I	Konjunktiv II (per le forme con il presente indicativo identico a quello del presente del **Konjunktiv I**)
(Ich lerne)	-e	lerne	lernte – würde… lernen
du lernst	-est	lernest	lerntest – würdest lernen
er lernt	-e	lerne	lernte – würde lernen
wir lernen	-en	lernen	lernten – würden… lernen
ihr lernt	-et	lernet	lerntet – würdet… lernen
sie lernen	-en	lernen	lernten – würden… lernen

Ed ecco la coniugazione di alcuni verbi al Konjunktiv I/Konjunktiv II.

kommen	haben	sein	werden	sollen
komme/ käme	habe/ hätte	sei/ wäre	werde/ würde	solle/ sollte
kommest/ kämest	habest/ hättest	seiest/ wärest	werdest/ würdest	sollest/ solltest
komme/ käme	habe/ hätte	sei/ wäre	werde/ würde	solle/ sollte

kommen/ kämen	haben/ hätten	seien/ wären	werden/ würden	sollen/ sollten
kommet/ kämet	habet/ hättet	seiet/ wäret	werdet/ würdet	sollet/ solltet
kommen/ kämen	haben/ hätten	seien/ wären	werden/ würden	sollen/ sollten

Facciamo subito degli esempi per spiegarne bene l'uso.

Discorso diretto	Discorso indiretto
Martin: Ich freue mich auf die Weihnachtsferien.	Martin sagt, dass er sich auf die Weihnachtsferien freue.
Der Außenminister: Ich arbeite für eine friedliche Kooperation der Mitgliedstaaten.	Der Außenminister behauptet, dass er für eine friedliche Kooperation der Mitgliedstaaten arbeite.

Il Konjunktiv I ha una **forma presente** (*vedi* sopra) e una **forma del passato**. La forma del passato è composta dal Konjunktiv I degli ausiliari sein o haben più il Partizip II del verbo in questione. Riprendiamo il verbo lernen, che ha l'ausiliare haben, e il verbo kommen, il cui ausiliare è sein.

	lernen	kommen
ich	habe gelernt	sei gekommen
du	habest gelernt	seiest gekommen
er/sie/es	habe gelernt	sei gekommen
wir	haben gelernt	seien gekommen
ihr	habet gelernt	seiet gekommen
sie/Sie	haben gelernt	seien gekommen

Vediamo alcuni esempi.

Discorso diretto	Discorso indiretto
Frau Kohle: Ich war am Sonntag in Zürich.	Frau Kohle sagt, dass sie am Sonntag in Zürich gewesen sei.
Die Mutter: Du hast gestern zu Abend nicht gegessen.	Die Mutter sagt, dass du gestern nicht zu Abend gegessen habest.

E infine vediamo come dobbiamo comportarci quando ci sono in ballo i verbi modali al passato. Teniamo sempre come esempio il verbo lernen e coniughiamolo al Konjunktiv I con il verbo modale müssen.

ich	habe lernen müssen
du	habest lernen müssen
er/sie/es	habe lernen müssen
wir	haben lernen müssen
ihr	habet lernen müssen
sie/Sie	haben lernen müssen

Übung 101.

Trasformate le seguenti frasi dal discorso diretto al discorso indiretto.
Frau Schneider berichtet: direkte Rede

1. „Ich war am Sonntag bei meinem Freund in Köln“.

 ....

 ....

2. „Mein Freund wohnt dort seit einem Jahr“.

 ....

 ....

3. „Ich bin mit dem Flugzeug geflogen, weil ich kein Auto habe“.

 ....

 ....

4. „Am Samstagnachmittag sind mein Freund und ich ins Schokoladenmuseum gegangen“.

 ....

 ....

5. „Wir haben uns eine Kunst-Ausstellung von Schokoladenstatuen angesehen“.

 ....

 ....

6. „Nach einer Stunde waren wir müde. Wir wollten einen Kaffee trinken. Aber leider war das Café des Museums schon geschlossen“.

 ....

 ....

 ....

Übung 102.

Riportate le frasi al Konjunktiv I.

1. Die Schüler sagen: "Morgen haben wir die Mathe-Prüfung!".

   ....

2. Julia erzählt: „Ich frühstücke jeden Tag mit Müesli, Obst und Joghurt".

   ....

   ....

3. Der Lehrer beschwert sich und meint:
   „Meine Schüler sind so faul und möchten nicht lernen!".

   ....

   ....

4. Die Statistik sagt: „Die Leute kaufen weniger Pasta".

   ....

5. Der Politiker meint: „Die Minister haben Angst,
   den Job wegen der Krise zu verlieren".

   ....

   ....

6. Der Professor behauptet:
   „Es gibt in der Welt Tausende gefährdete Arten".

   ....

   ....

7. Meine Schwester berichtet: „Ich habe endlich einen Freund!".

   ....

   ....

8. Pia schreit: „Ich muss so bald wie möglich mit Lukas reden!".

....

....

9. David und Angie sagen immer:
„Wir haben keine Zeit und können nicht kommen".

....

....

10. Meine Mutter denkt: „Ich mache ein paar Wochen Urlaub… in Italien!".

....

....

E ora… umgekehrt! Al contrario, ovvero da discorso indiretto a diretto.

11. Der Vater sagt dem Sohn, er solle nicht so laut sein.

....

12. Julia behauptet, sie sei für die Prüfung bereit.

....

13. Politiker meinen, viele Leute seien im Moment arbeitslos.

....

14. Sie denken, sie könnten nicht kommen.

....

15. Markus beschwert sich, dass die Prüfung mehr als 3 Stunden gedauert habe.

....

....

10.3 Funktionsverbgefüge

Questo paragrafo sarà forse uno dei più utili di tutto il libro, perché imparerete a usare i cosiddetti Funktionsverbgefüge (FVG): si tratta di gruppi di parole che nella grammatica italiana siamo soliti chiamare perifrasi verbali. Questi gruppi di parole sono sempre formati da un verbo che, associato a un nome, assume uno specifico significato. Esistono anche in inglese e si chiamano *phrasal verbs*. Un esempio in italiano può essere "entrare in azione", oppure "scendere in campo". Sapete già cosa vogliono dire queste due locuzioni nella nostra lingua, vero? E sapete altrettanto bene che i due verbi "entrare" e "scendere", associati rispettivamente a "in azione" e "in campo", perdono il loro significato originario per acquisirne uno nuovo. Di seguito vi propongo una lista con i più importanti FVG, il loro effettivo significato in italiano e una frase di esempio.

FVG	Esempio	Traduzione
begehen		
eine Dummheit **fare una sciocchezza**	Ich habe die Dummheit begangen, mich für die Prüfung nicht vorzubereiten.	Ho fatto la sciocchezza di non prepararmi per l'esame.
Selbstmord **suicidarsi**	Das Mädchen, das unter Depressionen litt, beging Selbstmord.	La ragazza, che soffriva di depressione, si suicidò.
einen Mord **commettere un omicidio**	Der Einbrecher, der gestern die Sparkasse ausrauben wollte, beging sogar einen Mord.	Lo scassinatore che ieri voleva rapinare la banca commise addirittura un omicidio.
ein Verbrechen **commettere un crimine**	Die Verbrechen, die von Hitler und Stalin begangen wurden, dürfen nicht vergessen werden.	I crimini commessi da Hitler e Stalin non possono essere dimenticati.

FVG	Esempio	Traduzione
bringen + A		
in Erfahrung **riuscire a sapere qualcosa**	Kannst du vielleicht Monikas Adresse in Erfahrung bringen?	Riesci a venire a conoscenza dell'indirizzo di Monika?
in Gang **mettere in moto**	Mein Vater konnte heute Morgen den Motor seines Motorrads nicht in Gang bringen.	Stamattina mio padre non è riuscito a mettere in moto il motore della sua motocicletta.
in Gefahr **mettere in pericolo**	Mit seinem riskanten Fahrstil hat er sich oft in Gefahr gebracht.	Con la sua guida spericolata si è spesso messo in pericolo.
in Ordnung **sistemare**	Du sollst alle deine Dokumente in Ordnung bringen!	Devi mettere in ordine tutti i tuoi documenti!
in Sicherheit **mettere in sicurezza**	Bei dem Erdbeben gelang es Herrn Will, sich und seine beiden Töchter in Sicherheit zu bringen.	Durante il terremoto il signor Will riuscì a mettere in salvo se stesso e le sue due figlie.
in Verbindung mit **mettere in relazione**	Einige italienische Politiker wurden mit der Mafia in Verbindung gebracht.	Alcuni politici italiani sono stati messi in relazione con la mafia.
unter Kontrolle **tenere sotto controllo**	Durch ihren Unternehmungsgeist konnte die Schuldirektorin die Situation unter Kontrolle bringen.	Grazie alla sua intraprendenza, la preside riuscì a tenere la situazione sotto controllo.
zu Ende **portare a termine, concludere**	Sie brachte im Jahr 2005 ihr Studium zu Ende.	Concluse gli studi nel 2005.

FVG	Esempio	Traduzione
ergreifen		
einen Beruf **intraprendere un lavoro**	Viele Abiturienten ergreifen sofort einen Beruf, wenn sie das Gymnasium beendet haben.	Molti diplomati intraprendono una professione dopo aver concluso il liceo.
die Initiative **prendere l'iniziativa**	Wenn niemand die Initiative ergreift, wird alles beim Alten bleiben.	Se nessuno prende l'iniziativa, rimarrà tutto com'era.
die Macht **prendere il potere**	Francisco Franco ergriff im Jahr 1939 die Macht in Spanien.	Francisco Franco prese il potere in Spagna nel 1939.
eine Maßnahme **prendere provvedimenti**	Die europäische Zentralbank muss Maßnahmen ergreifen um die Inflation zu dämpfen.	La Banca Centrale Europea deve prendere provvedimenti per abbassare l'inflazione.
finden		
Anerkennung **ottenere la stima / l'approvazione di qualcuno**	Dank ihrer letzten Rede hat die Kanzlerin die Anerkennung des Volkes gefunden.	Grazie al suo ultimo discorso la cancelliera ha ottenuto la stima del popolo.
Unterstützung **trovare sostegno**	Sie hat wieder bei ihren Eltern finanzielle Unterstützung gefunden.	Ha nuovamente trovato sostegno finanziario dai suoi genitori.
Verständnis **non trovare comprensione**	Für sein schlechtes Benehmen fand er bei seiner Mutter kein Verständnis.	Per il suo cattivo comportamento non trovò la comprensione della madre.

FVG	Esempio	Traduzione
Zustimmung incontrare il favore	Papas Vorschlag ein großes Haus zu kaufen fand die Zustimmung der ganzen Familie.	La proposta di papà di comprare una casa grande incontrò il favore di tutta la famiglia.
führen		
ein Gespräch fare un discorso	Der Arbeitgeber wollte mit ihnen ein Gespräch unter vier Augen führen.	Il datore di lavoro volle fargli un discorso a quattrocchi.
ein Leben condurre una vita	Seit meine Schwester heiratete, führt sie ein anstrengendes Leben.	Da quando si è sposata, mia sorella conduce una vita stressante.
eine Verhandlung condurre una trattativa	Gestern führten die Gewerkschaften mit den Arbeitgebern eine lange Verhandlung über eine Lohnerhöhung.	Ieri i sindacati hanno condotto con i datori di lavoro una lunga trattativa su un aumento degli stipendi.
zu Ende + A portare a termine	Aus Geldmangel hatte Kerstin ihr Studium nicht zu Ende führen können.	A causa di mancanza di denaro Kerstin non riuscì a concludere gli studi.
geben		
ein Versprechen fare una promessa	Er hat uns das Versprechen gegeben, innerhalb von einem Monat zurückzukehren.	Ci ha fatto la promessa di ritornare entro un mese.
Mühe + sich darsi da fare	Diesmal will ich die Prüfung bestehen, deswegen gebe ich mir jetzt endlich Mühe.	Questa volta voglio superare l'esame, perciò mi darò finalmente da fare.

FVG	Esempio	Traduzione
geben / erteilen		
eine Antwort **dare una risposta**	Eine Antwort auf diese Frage kann ich Ihnen leider nicht geben / erteilen.	Una risposta a questa domanda purtroppo non posso dargliela.
(eine) Auskunft **dare informazioni**	Über die Prüfungsergebnisse kann ich nur persönlich den Kandidaten Auskunft geben / erteilen.	Sui risultati dell'esame posso dare informazioni solamente di persona al candidato.
einen Befehl **dare un ordine**	Der Hausmeister gab / erteilte der Putzfrau den Befehl, die Eingangshalle aufzuräumen.	Il portiere ordinò alla donna delle pulizie di riordinare l'atrio.
eine Erlaubnis **dare un permesso**	Die Mutter gab mir gestern die Erlaubnis, heute Abend in die Disco zu gehen.	Ieri la mamma mi ha dato il permesso di andare in discoteca stasera.
einen Rat **dare un consiglio**	Der Lehrer gab ihm den Rat, die Lektion vom Anfang an zu wiederholen.	L'insegnante gli diede il consiglio di ripetere la lezione dall'inizio.
Unterricht **dare lezione**	Herr Catalano gibt von Montag bis Donnerstag im Hansa-Gymnasium Deutschunterricht.	Il prof. Catalano dà lezioni di tedesco dal lunedì al giovedì al liceo Hansa.

FVG	Esempio	Traduzione
erteilen + D		
eine Absage dare una risposta negativa	Die Bank erteilte der Finanzierungsanfrage des Kunden eine Absage.	La banca rifiutò la richiesta di finanziamento del cliente.
einen Auftrag dare un incarico	Der Manager hat mir den Auftrag erteilt, die neuen Produkte zu promoten.	Il manager mi ha incaricato di promuovere i nuovi prodotti.
halten		
eine Rede tenere un discorso	Der Schuldirektor hat eine Rede gegen das Halbstarken Verhalten gehalten.	Il preside ha tenuto un discorso contro il bullismo.
eine Vorlesung tenere una lezione universitaria	Herr Professor Schmidt hält am Mittwoch und Freitag seine Literaturvorlesungen.	Il professor Schmidt tiene le lezioni di letteratura il mercoledì e il venerdì.
ein Versprechen mantenere una promessa	Wenn man ein Versprechen gibt, muss man es auch halten können.	Quando si fa una promessa la si deve anche mantenere.
einen Vortrag dare un contributo (intellettuale / di ricerca), intervenire	Eine Professorin wird am Freitag einen Vortrag über ihre Fortschritte in der Neurobiologie halten.	Una professoressa interverrà venerdì con un contributo sui suoi progressi nel campo della neurobiologia.

FVG	Esempio	Traduzione
kommen		
in Frage / in Betracht essere in discussione	Ein Wechsel des Hauses kommt bei mir nicht mehr in Frage/Betracht.	Il cambio di casa per me è fuori discussione.
in Gang ingranare / riconsiderare	- Heute kann ich gar nicht in Gang kommen. - Diese Diskussion sollte wieder in Gang kommen.	- Oggi non riesco proprio a ingranare. - Questa discussione dovrebbe essere riconsiderata.
zur Anwendung trovare applicazione / impiego, applicare, impiegare	Bei der Teeherstellung kommt ein neues Verfahren zur Anwendung.	Nella produzione di tè viene applicato un nuovo procedimento.
zum Bewusstsein prendere coscienza / rendersi conto	Dass sich meine Schwester in großer Schwierigkeit befindet, ist mir nicht sofort zum Bewusstsein gekommen.	Non mi resi conto immediatamente che mia sorella si trovasse in grande difficoltà.
zu einem Entschluss giungere / arrivare a una conclusione	Nach langen Gesprächen kamen wir zum Entschluss, dass wir nicht heiraten können.	Dopo lunghe discussioni arrivammo alla conclusione che non potevamo sposarci.
zu Hilfe venire in aiuto	Beim Überqueren der Grenze kam den Flüchtlingen dichter Nebel zu Hilfe.	Mentre attraversavano la frontiera una fitta nebbia venne in soccorso ai fuggitivi.
zu der Überzeugung convincersi	Ich bin endlich zur Überzeugung gekommen, dass ich Medizin studiere.	Mi sono finalmente deciso a studiare medicina.

FVG	Esempio	Traduzione
leisten		
eine Anzahlung **versare un acconto / anticipo**	Als ich mein Auto kaufte, musste ich eine Anzahlung leisten.	Quando comprai la macchina, dovetti versare un anticipo.
einen Beitrag **dare un contributo**	Die Bank leistet einen großen Beitrag zur Wiederaufnahme der Stiftung.	La banca ha dato un grosso contributo per la ripresa della fondazione.
machen		
eine Aussage **deporre / fare una dichiarazione**	Ein Zeuge machte die Aussage, dass der Fahrer sichtbar betrunken war.	Un testimone ha dichiarato che il conducente era visibilmente ubriaco.
einen Fehler **fare un errore**	Intelligente Personen machen denselben Fehler nur einmal, dumme immer wieder.	Le persone intelligenti commettono lo stesso errore solo una volta, le stupide lo ripetono sempre.
Gedanken + sich **farsi dei pensieri**	Mach dir nicht so viele Gedanken über die Zukunft.	Non farti troppi pensieri sul futuro.
Sorgen + sich (um) **preoccuparsi**	Wenn meine Tochter nicht zu Hause übernachtet, mache ich mir immer Sorgen.	Quando mia figlia non dorme a casa mi preoccupo sempre.
nehmen		
Abschied von **congedarsi**	Als ich von meiner Schwiegermutter Abschied nehmen wollte, war sie plötzlich weg.	Nel momento in cui volevo congedarmi da mia suocera, lei improvvisamente non c'era più.

FVG	Esempio	Traduzione
Bezug auf **fare riferimento**	Ich nehme Bezug auf Ihre E-Mail vom 12.02.2019.	Faccio riferimento alla sua e-mail del 12/02/2019.
Kenntnis von **prendere conoscenza**	Ich bestätige hiermit, dass ich von Ihrer Berufskrankheit Kenntnis genommen habe.	Con la presente confermo di aver preso conoscenza del suo periodo di malattia.
Platz **prendere posto / accomodarsi**	Nehmen Sie bitte Platz, das Abendessen ist fertig.	Prenda posto, prego, la cena è pronta.
Rücksicht **prestare attenzione**	In den Wohnvierteln muss man immer Rücksicht auf Fußgänger nehmen.	Nei centri abitati bisogna sempre prestare attenzione ai pedoni.
Stellung **prendere posizione**	Ich nehme zum Thema Stellung.	Prendo posizione sull'argomento.
setzen		
in Gang **mettere in rilievo**	Eine Bürgerinitiative hat eine Diskussion über die Luftverschmutzung in Gang gesetzt.	Un'iniziativa cittadina ha messo in rilievo una discussione sull'inquinamento dell'aria.
in Verbindung + sich **mettere in contatto**	Wegen der Verlängerung Ihres Passes setzen Sie sich bitte mit dem Konsulat in Verbindung.	Relativamente al prolungamento del suo passaporto si metta in contatto con il consolato.
unter Druck **mettere sotto pressione**	Sie hat sich bei ihrer Entscheidung von keinem unter Druck setzen lassen.	Non si è lasciata mettere sotto alcuna pressione per la sua decisione.

FVG	Esempio	Traduzione
stehen		
zur Verfügung **essere a disposizione**	Ich stehe für meine Eltern immer zur Verfügung.	Per i miei genitori sono sempre a disposizione.
zur Wahl **trovarsi di fronte a una scelta**	Für das Amt der Vorsitzenden stehen drei Kandidaten zur Wahl.	Per la carica ad assessore ci sono tre candidati al voto/si dovrà scegliere tra tre candidati.
stellen		
in Frage + A **mettere in questione**	Die Existenz der Welt wird seit Jahrhundert in Frage gestellt.	L'esistenza del mondo viene messa in questione da secoli.
eine Aufgabe + D **assegnare un compito**	Der Deutschlehrer stellte den Schülern eine schwierige Aufgabe.	L'insegnante di tedesco ha assegnato agli studenti un compito difficile.
eine Forderung **presentare una richiesta**	Die Forderung wurde gestern gestellt.	La richiesta è stata presentata ieri.
eine Frage (+ D) **fare una domanda**	Stell mir nicht immer die gleiche Frage.	Non farmi sempre la stessa domanda.
zur Diskussion + A **discutere**	Ich will den Vorschlag in die Berge zu fahren zur Diskussion stellen.	Vorrei discutere con voi della mia proposta di andare in montagna.
zur Verfügung **mettere a disposizione**	Die Bank hat mir einen Kredit zur Verfügung gestellt.	La banca ha messo a mia disposizione un credito.

FVG	Esempio	Traduzione
treffen		
ein Abkommen trovare un accordo	Bei der Lehrerkonferenz konnte kein Abkommen getroffen werden.	Nel consiglio di classe non si riuscì a trovare un accordo.
eine Auswahl fare una scelta	Man darf nicht alle Bücher lesen; man soll immer eine Auswahl treffen.	Non si possono leggere tutti i libri; si deve sempre fare una scelta.
eine Entscheidung prendere una decisione	Jetzt hast du keine Zeit mehr. Du musst dringend eine Entscheidung treffen.	Adesso non c'è più tempo. Devi urgentemente prendere una decisione.
eine Maßnahme prendere provvedimenti	In Köln wurden Maßnahmen zum Schutz von Rheinhochwasser getroffen.	A Colonia sono stati presi provvedimenti per proteggersi dalle esondazioni del Reno.
treiben		
handel commerciare	Die Holländer trieben im Mittelalter Handel mit Stoffen.	Gli olandesi nel Medioevo commerciavano in tessuti.
Sport praticare sport	Ich bin fit, weil ich viel Sport treibe.	Sono in forma perché pratico tanto sport.
üben		
Kritik muovere critiche a qualcuno	An der Schulleiterin wurde wegen ihrer Absage für die Renovierung der Sporthalle viel Kritik geübt.	Alla preside furono mosse molte critiche a causa del suo rifiuto di rinnovare la palestra.

FVG	Esempio	Traduzione
ziehen		
Konsequenzen aus **trarre le conseguenze da**	Aus der Antwort ihres Mannes zog die Frau die Konsequenzen und ließ ihn gehen.	Dalla sua risposta la moglie trasse le conseguenze e lo lasciò andare.
Nutzen aus **trarre beneficio da**	Sie hat immer aus ihrem Mann Nutzen gezogen.	Ha sempre tratto beneficio da suo marito.
eine Lehre aus **trarre insegnamento da**	Welche Lehre lässt sich aus der Tatsache ziehen, dass man auch ohne Regeln leben kann?	Che insegnamento si può trarre dal fatto che si possa vivere senza regole?
den Schluss aus **trarre una conclusione da**	Aus seinem Benehmen kann ich den Schluss ziehen, dass er nicht in der Lage ist, eine Entscheidung allein zu treffen.	Dal suo comportamento posso trarre la conclusione che non è in grado di prendere da solo delle decisioni.
(einen) Vorteil aus **trarre vantaggio da**	Es ist unfair, aus der unglücklichen Lage eines anderen Vorteil zu ziehen.	Non è corretto trarre vantaggio dalla condizione sfavorevole altrui.
in Zweifel + A **mettere in dubbio**	Sie hat meine Aussage in Zweifel gezogen.	Ha messo in dubbio la mia dichiarazione.
zuziehen		
eine Infektion **prendersi un'infezione**	Lasse dich diesen Winter impfen, damit du dir keine Grippe zuziehst.	Fatti vaccinare quest'inverno, così da non prendere l'influenza.
den Zorn **attirare l'ira di qualcuno**	Wegen seines Benehmens, hat er sich den Zorn des Vaters zugezogen.	A causa del suo comportamento si è attirato l'ira del padre.

Sì, sono tanti, lo so, ma vedrete che con un po' di pazienza riuscirete a memorizzarli tutti, e a parlare e scrivere meglio. E adesso mettevi subito alla prova con l'esercizio che segue!

Übung 103.

Inserite le parole mancanti!

1. Die Rede des UN-Generalsekretärs .... in der ganzen Welt starke Beachtung.
2. Die sogenannten Gastarbeiter .... einen beachtlichen Beitrag zum Steueraufkommen.
3. Mit Protesten gegen hohe Steuern .... Fernlastfahrer die Regierung .... Druck.
4. Es konnte nicht .... Erfahrung .... werden, woher der anonyme Anruf kam.
5. Ich habe den Fehler ...., Helena von meinen Plänen zu erzählen.
6. Zur Nutzung der Sonnenenergie .... zurzeit in Mitteleuropa nur zwei Systeme .... Frage.
7. Die Existenz sogenannter Erdstrahlen wird von den meisten Physikern .... Frage ....
8. 1989 haben die Bürger der DDR die Initiative zum Sturz des Regimes ....

9. Herr Minister, Sie sind für das Versagen Ihrer Behörde verantwortlich! .... Sie die Konsequenzen! Treten Sie zurück!

10. Nachdem die Nazis die Macht .... hatten, schafften sie alle demokratischen Institutionen ab.

11. Welche Maßnahmen .... Staat, um den Drogenhandeln zu unterbinden?

12. Dem Angeklagten konnte bisher nicht nachgewiesen werden, dass er den Mord .... hatte.

13. Der Minister verfolgt das Ziel, die Staatsfinanzen wieder .... Ordnung zu ....

14. Können Sie mir einen Rat ...., wie ich aus dieser schwierigen Situation herauskomme?

15. Statt lange Reden über das Problem zu ...., solltest du lieber etwas tun.

16. .... Rücksicht auf die Nachbarn und stellt die Musik etwas leiser.

17. Mein Arzt sagt, ich solle mehr Sport ....

18. Wir sind .... der Überzeugung ...., dass eine Reparatur des Autos sich nicht mehr lohnt.

19. Bei der Schadstoffanalyse sind den Chemikern die modernsten Geräte .... Verfügung ....

20. Die Anregung, sich nach einem halben Jahr wieder zu treffen, ... bei allen Zustimmung.

★ Willkommen in Deutschland ★

WURST!

Abbiamo già avuto modo di parlare di festival, feste e cibo in Germania, ma mi sembra doveroso soffermarci sulla regina della tavola: la salsiccia!
Come sicuramente avrete visto se avete già viaggiato oltralpe, in ogni ristorante, bistrot, bancarella e casa trovate diversi tipi di Würste (o come dite voi würstel), usati e mangiati in modi e momenti diversi.
Ecco quelli più diffusi: sicuramente conoscete già i Nürnberger, Wiener und Frankfurter, Würstchen, Bratwurst... sono quelli che mangiate di solito nei ristoranti o ai mercatini, da cuocere in padella e alla brace, accompagnati da Sauerkraut, Kartoffelsalat o sistemati in un panino. O anche mangiati da soli! Tra questi c'è anche il Blutwurst, una sorta di sanguinaccio dal gusto decisamente… interessante.
Esistono poi i cosiddetti Brühwürste, che si usano per fare il brodo (Brühe, appunto): Jagdwurst, Bierwurst, Mortadella (non alzate gli occhi al cielo!).
Ci sono anche gli Streichwurst, quelli da spalmare (streichen) sul pane, proprio come la Nutella.
Molto diffusi come snack o merende sono gli Schnittfest, salsicce dure da affettare.
I Würste sono davvero parte viva della lingua e della cultura tedesca, e infatti hanno dato vita a diversi Redensarten (modi di dire).

- Es geht um die Wurst.
  Siamo arrivati al momento cruciale. Spesso, infatti, i Würste venivano assegnati alla fine di una gara come premio.
- Das ist mir Wurst (o, come si dice in Austria e in Baviera: Wurscht)
  Mi è indifferente, non mi interessa, va bene tutto!

Conchita Wurst ha preso spunto da questo detto per il suo nome d'arte: non importa l'aspetto, das ist mir Wurst! Quello che conta è la sostanza.

- Eine Extrawurst kriegen
  Quando ci riservano un trattamento speciale, una «salsiccia in più» nel piatto!
- Alles hat ein Ende, nur die Wurst hat zwei.
  Sicuramente il detto più usato e più famoso. Tutto ha una fine, solo la salsiccia ne ha due!

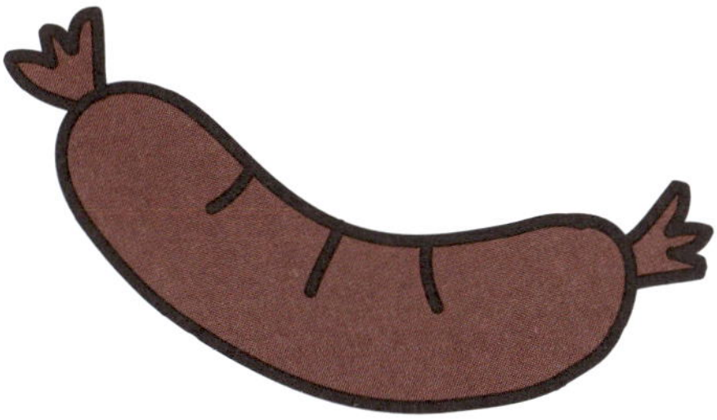

Tipps und Tricks

Kaum

Sicuramente avete visto e rivisto questa parolina nelle frasi degli esercizi, ma was bedeutet kaum (cosa significa kaum) esattamente? Non ve lo dico! No, non è un Geheimnis (segreto)… semplicemente non esiste una vera traduzione in italiano.
Ecco alcuni dei tanti significati, ve li spiego con dei Beispiele (esempi).

1. Ich hatte kaum angefangen zu essen, und schon kam Vanessa an!
   Avevo iniziato a mangiare da pochissimo e Vanessa era già arrivata! Cioè: non mi ha quasi dato il tempo di sedermi a tavola, ero lì da poco, avevo appena iniziato.
2. David hat vor der Prüfung kaum geschlafen: er war so nervös wie nie!
   David non ha quasi chiuso occhio la notte prima dell'esame: era nervoso come non mai!
   In questo caso il senso è «a malapena».
3. Ich kann es kaum erwarten, bis du kommst!
   Non vedo l'ora che tu arrivi! Non riesco (faccio fatica) ad aspettare!
   In questo caso il senso è «a fatica, difficilmente».

10.4 Proverbi ed espressioni del tedesco

Prima di terminare il libro pensavo di regalarvi, come *souvenir* del vostro viaggio nel tedesco, un po' di **Redewendungen und Sprichwörter** (detti/proverbi) della mia lingua!
Molti corrispondono a quelli italiani, ma che volete farci, die Menschen sind doch überall gleich! (Tutto il mondo è paese!)

1. **Alte Bäume soll man nicht verpflanzen.**

Letteralmente vuol dire «I vecchi alberi non vanno sradicati», vale a dire che le persone anziane fanno fatica ad abituarsi alle novità.

Ulla: Mein Vater ist nach Italien umgezogen aber er hat mit dem Wetter, mit den Leuten, und so weiter, ständig Probleme... ich weiß nicht, was ich machen soll!
Mark: Tja, er soll zurückkehren! Alte Bäume soll man nicht verpflanzen!
Ulla: Mio padre si è trasferito in Italia, ma ha sempre problemi con il tempo, con le persone e così via. Non so cosa fare!
Mark: Beh, deve tornare! Gli alberi vecchi non vanno sradicati!

2. **Aller Anfang ist schwer.**

Tutti gli inizi sono difficili. Corrisponde all'italiano "Tutto sta nel cominciare".

Rolf: Ich bin voll müde... noch eine Prüfung dieses Semester... Ich habe keinen Bock mehr.
Alice: Komm, hör auf! Aller Anfang ist schwer. Denk daran, dass es deine letzte Prüfung ist. Dann bist du fertig.
Rolf: Sono stanchissimo... ancora un esame questo semestre... non ho più voglia.
Alice: Dai smettila. Tutto sta nel cominciare! Pensa che è il tuo ultimo esame. Poi hai finito.

3. **Aller guten Dinge sind drei.**

Si dice quando una cosa riesce alla terza volta. Potrebbe corrispondere al detto italiano "Non c'è due senza tre", se non fosse per la connotazione ironica nella vostra lingua. In tedesco, il significato è positivo: il terzo tentativo sarà quello che va a buon fine.

Rolf: Ich bin schon zweimal durch diese Prüfung gefallen!
Astrid: Komm jetzt, nur Mut! Aller guten Dinge sind drei!
Rolf: Mi hanno già bocciato due volte a questo esame!
Astrid: Dai, su, coraggio! Non c'è due senza tre!

4. Andere Länder, andere Sitten.

Corrisponde all'italiano "Paese che vai, usanza che trovi" (ogni paese ha le proprie tradizioni e la propria cultura).

Florian: Das mit der Pasta bei den Italienern kann ich wirklich nicht verstehen... wie können sie jeden Tag Pasta essen!?
Silvia: Ja das stimmt, aber immer anders zubereitet... und außerdem, lieber Florian, weißt du wie man sagt: Andere Länder, andere Sitten! Ihr seid nicht anders mit euren Würstchen!
Florian: Questa cosa con la pasta per voi italiani non riesco proprio a capirla. Come potete mangiarla tutti i giorni?
Silvia: Sì, è vero! Ogni giorno, però, condita in modo diverso. Caro Florian, sai come si dice, "Paese che vai usanza che trovi". Voi non siete poi tanto diversi con i vostri würstel!

5. Der Apfel fällt nicht weit vom Stamm.

"La mela non cade lontano dall'albero". Si usa per indicare che un bambino assomiglia ai propri genitori sia fisicamente sia caratterialmente.

Helga: Hast du Danielas Tochter gesehen? Sie ist eine Kopie ihrer Mutter!
Florian: Tja Helga. Der Apfel fällt nicht weit vom Stamm.
Helga: Hai visto la figlia di Daniela? È la copia di sua madre!
Florian: Beh, Helga, la mela non cade lontano dall'albero.

6. Es ist nicht alles Gold, was glänzt.

Corrisponde a "Non è tutto oro quel che luccica" e si usa come in italiano.

Astrid: Der Traum ist vorbei, er sah wirklich gut aus, aber als er gesprochen hat, hab ich bemerkt, dass er nur ein Idiot ist.
Helga: Eben Schatz... es ist nicht alles Gold, was glänzt.

Astrid: Il sogno è finito. Era davvero carino, ma come si è messo a parlare ho capito che era solo un idiota.
Helga: Già, cara, non è tutto oro quel che luccica!

7. Es ist noch kein Meister vom Himmel gefallen.

Letteralmente «Non è mai caduto un maestro dal cielo». Con "maestro" (Meister) si intende, in tedesco, un esperto in un determinato campo. Il detto corrisponde all'italiano "Nessuno nasce imparato" e significa che per riuscire in qualcosa bisogna impegnarsi, studiare e fare esperienza.

Herr Kohle: Was? Hast du etwa schon Angst bekommen?
Mark: Nun ja, es ist schon das zweite Mal, dass ich es versuche!
Herr Kohle: Mark, du musst noch ausgebildet werden... mit Mühe wirst du alles schaffen... außerdem, es ist kein Meister vom Himmel gefallen!
Herr Kolhe: Cosa? Hai già paura?
Mark: Ma sì, è già la seconda volta che provo!
Herr Kohle: Mark, devi ancora finire la tua formazione scolastica. Vedrai che riuscirai, e poi ricorda che «nessuno è nato imparato»!

8. Ein gebranntes Kind scheut das Feuer.

Letteralmente «Un bambino che si è bruciato evita il fuoco». È un detto antico utilizzato anche da Goethe in uno dei sui saggi sull'etica e sulla letteratura. Il proverbio si riferisce a quelle persone che evitano un pericolo dopo aver avuto una cattiva esperienza.

Helga: Ich werde nie mehr in diese Disco gehen... Da gibt es nur alte, lästige Leute...
Astrid: Ja das stimmt, Helga. Ich bin der gleichen Meinung: Ein gebranntes Kind scheut das Feuer!
Helga: Non andrò mai più in quella discoteca. C'è solo gente molesta e di una certa età.
Astrid: Sì, è vero, Helga. Sono della tua stessa opinione... Se lo conosci lo eviti!

9. Einem geschenkten Gaul schaut man nicht ins Maul.

"A caval donato non si guarda in bocca". In tedesco, però, "cavallo" si dice Pferd. Nel proverbio viene utilizzato Gaul (ronzino).

Ulla: Siehst du... Mein Vater hat mir sein altes Auto geschenkt, aber es hat viele Schäden.
Helga: Nun ja, was willst du machen: Einem geschenkten Gaul schaut man nicht ins Maul.
Ulla: Vedi, mio padre mi ha regalato la sua vecchia auto, ma ha molti problemi.
Helga: Ma sì, che ci vuoi fare, a caval donato non si guarda in bocca.

10. Ein Unglück kommt selten allein.

Corrisponde a "Le disgrazie non arrivano mai da sole" (letteralmente, «I cattivi eventi arrivano raramente da soli»). Un po' pessimista come proverbio, ma non ditemi che non avete mai avuto dei periodi no!

Erik: So ein Mist. Ich habe heute Morgen eine Strafe in der S-Bahn bekommen, und jetzt erfahre ich, dass ich die Prüfung nicht bestanden habe...
Lukas: Nun ja Erik, ein Unglück kommt selten allein.
Erik: Che disastro... Stamattina ho preso una multa sulla metro e adesso ho saputo che non ho superato l'esame.
Lukas: Beh, Erik, le disgrazie non arrivano mai da sole!

11. Ehrlich währt am längsten.

Letteralmente: «La sincerità dura a lungo»: essere sinceri paga sempre.

Helga: Ich habe immer die Wahrheit gesagt!
Ulla: Ja, das weiß ich, deswegen sind wir immer noch gut befreundet: Ehrlich währt am längsten.
Helga: Ho sempre detto la verità.
Ulla: Sì, lo so, per questo siamo ancora buone amiche.
La sincerità paga!

12. Einbildung ist auch eine Bildung.

È un proverbio dal tono scherzoso, ma critico nei confronti di persone presuntuose. Einbildung (immaginazione, presunzione, illusione) assume nel proverbio il significato di eingebildet sein (essere presuntuoso, vanitoso, montato). È un gioco di parole tra la -bildung (contenuta in Einbildung), e Bildung (formazione, istruzione).

Jörg: Ich kann sehr gut vom Deutschen ins Japanische übersetzen, weißt du, und ich habe gar nichts studiert. Ich habe alles eigenständig gemacht. Und ich bin viel besser als viele Dolmetscher.
Helga: Oh ja, das glaube ich dir! Einbildung ist auch eine Bildung.
Jörg: So tradurre benissimo dal tedesco al giapponese, sai! Non ho studiato all'università, sono un autodidatta. Sono molto meglio di tanti traduttori!
Helga: Certo, ti credo, anche la presunzione è una formazione.

13. Geteiltes Leid ist halbes Leid.

Corrisponde al vostro proverbio "Mal comune, mezzo gaudio": una sofferenza o un dolore condiviso con altri sembra meno pesante.

Florian: Oh nein, ich hab› meine Brieftasche verloren!
Astrid: Das kann ich verstehen, meine wurde letzte Woche gestohlen! Geteiltes Leid ist halbes Leid.
Florian: Oh no, ho perso il mio portafoglio!
Astrid: Ti capisco, il mio me l'hanno rubato settimana scorsa! Mal comune, mezzo gaudio.

14. Gelegenheit macht Diebe.

Corrisponde in tutto e per tutto all'italiano "L'occasione fa l'uomo ladro!".

Florian: Weißt du, ich war da allein und wusste, dass er schon viele Stücke davon gegessen hatte, so habe ich ein Stück genommen und es schnell gegessen.
Uwe: Hihi hihihi, na ja, du hast das Stück Kuchen also geklaut.
Florian: Gelegenheit macht Diebe!
Florian: Sai, ero lì, da solo, e sapevo che lui ne aveva mangiati già tanti pezzi. Allora ne ho preso uno e l'ho mangiato in fretta.

Uwe: Ahahahahah, insomma, quindi l'hai rubato, quel pezzo di torta.
Florian: L'occasione fa l'uomo ladro.

15. Gut Ding will Weile haben / Gut Ding braucht Weile.

Non credo che questo detto abbia un equivalente italiano. Forse "Con il tempo e con la paglia maturano le nespole", ma non è molto diffuso. In tedesco significa che per le cose fatte bene ci vuole tempo; bisogna aver pazienza per vedere i risultati delle nostre azioni!

Helga: Ich arbeite an diesem Projekt seit vier Monaten und bin immer noch nicht fertig!
Astrid: Gut Ding braucht Weile. Das heißt, dass du es erfolgreich erledigen wirst!
Helga: Lavoro a questo progetto da quattro mesi e non l'ho ancora finito!
Astrid: Per le cose fatte bene ci vuole tempo, vorrà dire che il risultato sarà un successo!

16. Getroffene Hunde bellen.

Corrisponde all'italiano "Avere la coda di paglia" (letteralmente: «I cani colpiti abbaiano»): chi sa di avere una colpa e si sente attaccato, si difende non appena viene menzionato il misfatto.

Mutter: Wer hat die ganze Marmelade gegessen? Gestern war sie noch halbvoll.
Sohn: Ich war das nicht.
Tochter: Getroffene Hunde bellen.
Madre: Chi ha mangiato tutto il barattolo di marmellata? Ieri era ancora mezzo pieno.
Figlio: Non sono stato io.
Figlia: Hai la coda di paglia?

17. Hochmut kommt vor dem Fall.

"La superbia porta alla rovina" (letteralmente: «La superbia è l'anticamera della caduta/rovina»). Molto simile al vostro italiano "Chi si loda si imbroda".

Uwe: Er lobt sich immer und beharrt darauf, dass er besser als andere arbeiten kann!
Florian: Lass ihn sein, weißt du, Hochmut kommt vor dem Fall.
Uwe: È sempre lì a vantarsi e insiste dicendo di saper lavorare meglio degli altri!
Florian: Lascialo perdere, chi si loda si imbroda.

18. In der Ruhe liegt die Kraft.

Corrisponde a "La calma è la virtù dei forti". La calma è necessaria per superare ogni ostacolo e per raggiungere un obiettivo.

Helga: Es gibt so viele Schwierigkeiten! Jeden Tag ist was passiert und ich kann nie meine Aufgaben erledigen. Ich kann nicht mehr und bin jeden Tag nervöser.
Astrid: Komm jetzt, nur ruhig bleiben! In der Ruhe liegt die Kraft!
Helga: Quante difficoltà ci sono! Ogni giorno succede qualcosa e non riesco mai a finire i miei lavori. Non ne posso più, sono sempre più nervosa.
Astrid: Su, cerca di stare tranquilla! La calma è la virtù dei forti!

19. In der Kürze liegt die Würze.

Esprime questo significato: poche parole per dire ciò che serve sono meglio di lunghi discorsi. Non ha un equivalente italiano, ma potrebbe corrispondere al pensiero di Shakespeare: "La brevità è l'anima del senno". Letteralmente: «Nel breve c'è il condimento».

Helga: Er hat eine Stunde lang gesprochen, nur um sich zu entschuldigen…
Astrid: Und am Ende hättest du sagen können: In der Kürze liegt die Würze.
Helga: Ha parlato per un'ora solo per dire che si scusava.
Astrid: Alla fine avresti potuto dirgli: "Arriva subito al dunque!".

20. Ich bin ganz Ohr.

Equivale a "Sono tutto orecchi" e si usa allo stesso modo. È l'espressione più utilizzata dalle Klatschbasen (pettegole)...

Ute: Hast du schon von Frau Müller gehört?
Ulla: Nein, was ist passiert? Erzähl mal, ich bin ganz Ohr!
Ute: Hai saputo della signora Müller?
Ulla: No, cos'è successo? Raccontami, sono tutta orecchi!

21. Jeder Topf findet seinen Deckel.

«A ogni pentola il suo coperchio!» Il senso è: prima o poi ognuno trova il proprio partner.

Florian: Endlich hat Georg eine Frau! Er ist schon 45, nicht wahr?
Helga: Nein 47. Weißt du, ich freu mich! Er ist ein guter Kerl und außerdem: Jeder Topf findet seinen Deckel.
Florian: Finalmente Georg è sposato! Ha già 45 anni, non è vero?
Helga: No, 47. Sai, sono contenta! È un brav'uomo. E poi ognuno, prima o poi, incontra la sua dolce metà.

22. Kleider machen Leute.

È l'esatto contrario del detto italiano "L'abito non fa il monaco"! Per noi tedeschi "gli abiti fanno le persone". Vestire nel modo opportuno, a seconda delle situazioni, è importantissimo. Questo antico motto, già in uso nel XVI secolo, dà il titolo a un racconto di Gottfried Keller del XIX secolo.

Mutter: Morgen hast du ein Bewerbungsgespräch! Bitte ziehe etwas Passendes an!
Sohn: Ja Mama, ich weiß: Kleider machen Leute.
Madre: Domani hai un colloquio di lavoro. Per piacere, metti qualcosa di appropriato.
Figlio: Sì mamma, lo so. Lo hai sempre detto che l'abito fa il monaco.

23. Kleinvieh macht auch Mist.

Letteralmente sta per «Anche il bestiame minuto fa letame». Il significato non è negativo, anzi, assolutamente positivo: ogni azione positiva, anche piccola, ha il proprio valore, e sommata ad altre porta a un buon risultato! Potrebbe equivalere a "Tutto fa brodo".

Florian: Ach, das ist nichts. Nur eine kleine bedeutungslose Beförderung.
Udo: Was? Bedeutungslos? Ich würde sowas nicht sagen, und außerdem weißt du wie man sagt: Kleinvieh macht auch Mist!
Florian: Ma sì, cosa vuoi che sia, è una promozione insignificante.
Udo: Cosa? Insignificante? Io non direi così e poi sai come si dice? Tutto fa brodo!

24. Kommt Zeit, kommt Rat.

Vuol dire «Il tempo porta consiglio», esattamente come in italiano. Con il passare del tempo si riesce sempre a trovare una soluzione!

Helga: Mein Sohn Ralf ist ein Problem. Er ist seit zwei Jahren im Gymnasium aber in Mathe hat er noch keine guten Noten bekommen!
Ulla: Aber er ist gut in anderen Fächern, nicht wahr?
Helga: Ja so ist es!
Ulla: Dann lass ihn sein, kommt Zeit, kommt Rat. Er wird bestimmt eine Lösung finden.
Helga: Mio figlio Ralf ha un problema. È da due anni che studia al liceo e, fino a oggi, non ha mai avuto buoni voti in matematica.
Ulla: Va bene nelle altre materie, non è vero?
Helga: Sì, è così.
Ulla: E allora lascialo stare, il tempo porta consiglio. Troverà sicuramente la strada giusta.

25. Morgenstund hat Gold im Mund.

«Il mattino ha l'oro in bocca»: come in italiano, significa che le prime ore del mattino sono le più produttive. Se sfruttate porteranno a ottimi risultati in tutti i campi.

Helga: Ich fange morgen mit der Abschlussarbeit an! Ich will um 6 aufwachen!

Astrid: Ja so geht das: Morgenstund hat Gold im Mund.
Helga: Domani inizio a scrivere la tesi. Voglio svegliarmi alle 6.00.
Astrid: Sì, è così che si fa! Il mattino ha l'oro in bocca!

26. Man soll den Tag nicht vor dem Abend loben.

«Non dire gatto se non ce l'hai nel sacco.» Non ci si deve rallegrare di qualcosa finché non se ne ha la certezza. Oserei definirlo il proverbio degli scaramantici (letteralmente: «Non elogiare la giornata prima che sia sera»).

Florian: Der Chef hat gesagt, dass ich nächsten Monat wahrscheinlich eine Beförderung bekommen werde.
Erik: Nun ja, bis jetzt hast du sie noch nicht. Pass auf, mein Freund: Du sollst den Tag nicht vor dem Abend loben.
Florian: Il capo ha detto che il mese prossimo, probabilmente, avrò una promozione.
Erik: Però adesso non ce l'hai ancora. Attento amico mio, non dir gatto se non ce l'hai nel sacco!

27. Man trifft sich immer zweimal im Leben.

«Ci si incontra sempre due volte nella vita.» Questo detto tedesco può esprimere la speranza di rincontrare una persona, per caso, ancora una volta nella vita; oppure può essere un invito a comportarsi sempre in maniera educata e rispettosa con il prossimo, poiché prima o poi ci si potrà avere a che fare di nuovo, in qualche modo.

Helga: Hast du gesehen, er ist voll nett mit mir gewesen, aber ich weiß nichts von ihm!
Astrid: Nun ja Schatz, das kann man nicht wissen… vielleicht begegnest du ihm wieder: Man trifft sich immer zweimal im Leben!
Helga: Hai visto? È stato così carino con me, ma non so nulla di lui!
Astrid: Ma sì, tesoro, questo non si può sapere. Forse lo rincontrerai: ci si incontra sempre due volte nella vita!

28. Reden ist Silber, Schweigen ist Gold.

«La parola è d'argento, ma il silenzio è d'oro.» Il silenzio ha più valore delle chiacchiere e, dunque, si potrà fare più affidamento sulle persone che parlano poco che sui chiacchieroni.

Ulla: Er hat immer was gegen irgendjemanden zu sagen! Weißt du, ich kann ihn nicht leiden, er spricht zu viel und labert immer was.
Ute: Ich bin einverstanden. Man kann ihm nicht vertrauen und ich hab› ihm immer gesagt: Reden ist Silber, Schweigen ist Gold.
Ulla: Ha sempre qualcosa da dire contro qualcuno. Non lo sopporto più, parla troppo e a sproposito.
Ute: Sono d'accordo. Non ci si può fidare di lui, poi gliel'ho sempre detto: la parola è d'argento, ma il silenzio è d'oro.

29. **Stille Wasser sind tief.**

Letteralmente: «Le acque silenziose sono profonde».
Si dice di quelle persone silenziose e introverse, poco comunicative, che vengono spesso sottovalutate ma che spesso hanno un'intensa vita interiore. Mancanza di vivacità non è sempre segno di ingenuità o stupidità: la gente che parla poco ha spesso più da dire di quanto ci si aspetti.

Florian: Ich habe ihn immer für einen Blödmann gehalten, bis ich mit ihm gestern Abend gesprochen habe. Er ist ein guter Mann, sehr feinsinnig, er denkt und spricht wie ein Philosoph.
Erik: Tja Florian siehst du, man soll nie andere Leute verurteilen, stille Wasser sind tief.
Florian: L'ho sempre ritenuto un cretino, fino a quando non l'ho sentito parlare ieri sera. È un brav'uomo, molto sensibile. Pensa e parla come un filosofo.
Erik: Eh sì, caro Florian, non bisogna mai giudicare le persone, poi, come si dice, le acque silenziose sono profonde.

30. **Viele Köche verderben den Brei.**

"Troppi cuochi rovinano l'impasto" (letteralmente: «Molti cuochi rovinano il brodo»). Un lavoro fatto da troppi esperti non ha mai un buon esito!

Valerie: Da hat er noch zwei Ingenieure angerufen, um bessere Gebäude zu bauen, am Ende sind aber alle Wohnungen liegen geblieben.
Helga: Tja, er sollte nur einem Ingenieur trauen: Viele Köche verderben den Brei.
Valerie: Ha chiamato ancora altri due ingegneri per costruire edifici migliori, ma poi tutti gli appartamenti sono rimasti invenduti.

Helga: Dovrebbe fidarsi di un solo ingegnere. Troppi esperti combinano solo guai.

31. Wer nicht kommt zur rechten Zeit, der muss nehmen was übrig bleibt.

Corrisponde all'italiano "Chi tardi arriva male alloggia". Sottolinea l'importanza della puntualità, perché i ritardatari alla fine si accontentano di ciò che rimane.

Helga: Er war wie immer zu spät und musste ganz hinten im Saal sitzen Er hat nichts von der Konferenz mitbekommen.
Florian: Nun ja, weißt du wie man sagt: Wer nicht kommt zur rechten Zeit, der muss nehmen was übrig bleibt.
Helga: Era come al solito in ritardo. Dovette sedersi in fondo alla sala e non capì nulla della conferenza.
Florian: Sai come si dice: Chi tardi arriva male alloggia.

32. Was du heute kannst besorgen, das verschiebe nicht auf morgen.

Equivale all'italiano: "Non far domani quello che puoi fare oggi".
Non rimandare mai un lavoro o un impegno!

Mutter: Und bist du schon fertig mit den Hausaufgaben?
Sohn: Nein, ich mach das später oder morgen... heute ist Samstag und morgen hab ich frei!
Mutter: Nein, mein Sohn weißt du wie man sagt? Was du heute kannst besorgen, das verschiebe nicht auf morgen... also los, geh ins Zimmer und mach alles fertig!
Madre: Allora, hai già finito i compiti?
Figlio: No, li faccio più tardi o domani. Oggi è sabato e domani sono libero.
Madre: No, figlio mio, sai come si dice? Non far domani ciò che puoi fare oggi! Quindi vai in camera tua e finisci tutto!

33. Wie du mir, so ich dir.

Corrisponde all'italiano: "Occhio per occhio, dente per dente". Il significato è semplice da capire: ciò che tu fai a me, io te lo rendo.

Erik: Hast du Zeit, mir zu helfen?
Florian: Nein, ich will dir nicht helfen, weil du mir gestern nicht geholfen hast. Wie du mir, so ich dir.
Erik: Hai tempo per aiutarmi?
Florian: No, non voglio aiutarti, perché ieri tu non l'hai fatto. Occhio per occhio, dente per dente.

34. **Wo ein Wille ist, da ist auch ein Weg.**

Equivale all'italiano "Volere è potere". Ciò che si vuole davvero, lo si ottiene. Letteralmente significa: «Dove c'è una volontà, si trova un sentiero».

Helga: Es ist momentan alles durcheinander. Und jetzt ist diese Chance da. Ich weiß nicht, ob ich genug Kraft habe, um diesen Wettbewerb zu gewinnen.
Robert: Komm Helga. Sag das nicht. Wo ein Wille ist, da ist auch ein Weg. Also nur Mut, ich weiß, wie wichtig es für dich ist!
Helga: Va tutto storto in questo periodo. E adesso si è presentata quest'occasione. Non so se ho abbastanza forze per vincere questo concorso.
Robert: Dai, Helga. Non dire così. Volere è potere! Quindi coraggio, so quanto è importante per te.

35. **Wer den Pfennig nicht ehrt, ist den Taler nicht wert.**

Letteralmente: «Chi non onora gli spiccioli, non dà valore al tallero». Il tallero era un'importante moneta d'argento tedesca. Chi non custodisce i piccoli guadagni e non ne conosce il valore, non merita di ottenere quelli grandi! Lo si usa per rimproverare chi non sa risparmiare.

Erik: Er arbeitet jetzt sei vier Jahren, und hat immer noch nichts gespart! Das ist unglaublich.
Helga: Ja, das stimmt… aber weißt du: Wer den Pfennig nicht ehrt, ist den Taler nicht wert.
Erik: Adesso lavora da quattro anni e non ha ancora risparmiato nulla! È incredibile.
Helga: Sì, è vero, ma sai, chi non sa risparmiare non avrà mai abbastanza denaro!

Lezione 10
Glossario

Sostantivi

das Temperament	carattere, carisma
der Wolkenkratzer	grattacielo
der Auftrag	incarico
der Anhänger	ciondolo
die Kunstausstellung	mostra d'arte
die Erwartung	aspettativa
der Zwang	obbligo
die Genehmigung	approvazione
die Steuern	tasse
die Absicht	intenzione
das Geheimnis	segreto
der Zorn	ira

das Abkommen	accordo
die Verfügung	disposizione
der Vortrag	contributo, apporto
die Vorlesung	lezione universitaria
der Befehl	ordine
die Auskunft	informazione
die Maßnahme	provvedimento, misura
die Zustimmung	approvazione, favore
die Rücksicht	attenzione, riguardo

Verbi

zustimmen + dat	essere d'accordo
erlauben	dare il permesso
empfangen	ricevere (si dice di un programma alla TV o di un segnale radio)
sich beschweren	lamentarsi
beauftragen	incaricare/ dare in consegna
sich lohnen	valere la pena
nachweisen	dimostrare
unterbinden	impedire, fermare
streichen	spalmare

Aggettivi / Avverbi

empfehlenswert	consigliabile
ausreichend	sufficiente
unwiderstehlich	irresistibile
friedlich	pacifico
kaum	appena
beachtlich	considerevole, apprezzabile
zurzeit	al momento
verantwortlich	responsabile

Frasi utili

imstande sein	essere in grado
das ist mir Wurst	non mi interessa

e poi... tutti i Funktionsverbgefüge e i proverbi!

Soluzioni

Übung 1.

1. Hallo/Hi – Hallo/Hi; 2. Guten Morgen/Tag/Abend – Guten Morgen/Tag/Abend; 3. Tschüss – Tschüss, bis bald; 4. Hallo – Guten Morgen/Tag/Abend – Tschüss – bis bald.

Übung 2.

1. ist; 2. bist; 3. sind; 4. Sind – bin 5. sind/ist; 6. ist 7. ist; 8. seid

Übung 3.

1. Der Spanier kommt aus Spanien und spricht Spanisch. 2. Der Engländer kommt aus England und spricht Englisch. 3. Der Däne kommt aus Dänemark und spricht Dänisch. 4. Der Japaner kommt aus Japan und spricht Japanisch. 5. Der Schweizer kommt aus der Schweiz und spricht Deutsch, Italienisch und Französisch. 6. Der Grieche kommt aus Griechenland und spricht Griechisch.

Übung 4.

1. Ich 2. wir 3. Er/Sie/Ihr – sie/wir 4. Sie 5. du

Übung 5.

1. heißt – heißt; 2. wohne – wohnt; 3. kommen – kommt; 4. macht; 5. wohnen; 6. Trinkst – trinke; 7. kauft; 8. macht; 9. hören; 10. Spielst – spiele

Übung 6.

1. Wie; 2. Wo; 3. Wer; 4. Wo; 5. Wann; 6. Woher

Übung 7.

1. das; 2. der; 3. der; 4. die; 5. der; 6. der; 7. die; 8. das; 9. der; 10. der; 11. die; 12. der; 13. die; 14. der; 15. die; 16. die; 17. die; 18. die; 19. das.

Übung 8.

1. eine; 2. die; 3. ein; 4. ein; 5. ein; 6. ein; 7. die; 8. der; 9. ein; 10. der.

Übung 9.

1. Mittwochs und Freitags gehe ich ins Schwimmbad. 2. Am Samstag gehen Tina und Jakob ins Kino. 3. Essen wir am Mittwoch zusammen? 4. Montags ist die Stadt immer sehr chaotisch.

Übung 10.

1. die Liebeserklärung; 2. der Kühlschrank; 3. der Schreibtisch; 4. das Ausland; 5. der Obstsalat; 6. die Klassenfahrt; 7. die Freizeit.

Übung 11.

1. kein – eine; 2. keine – -; 3. kein – ein; 4. keine – ein; 5. kein – ein.

Übung 12.

1. deine – meine – seine; 2. Ihre – meine – ihre; 3. deine – meine – ihre; 4. dein – mein – sein; 5. Ihr – mein – ihr; 6. eure – unsere – ihre.

Übung 13.

1. dein – meiner; 2. mein – seins; 3. deine – ihre; 4. euer – unserer; 5. ihr – meins

Übung 14.

1. die Buchstaben; 2. die Kinder; 3. die Frauen; 4. die Männer; 5. die Bilder; 6. die Mädchen; 7. die Väter; 8. die Küsse; 9. die Züge; 10. di Säfte; 11. die Äpfel, 12. die Pizzas; 13. die Tische; 14. die Taxis; 15. die Plätze; 16. die Sofas; 17. die Koffer; 18. die Zahlen; 19. die Jungen; 20. die Blumen.

Übung 15.

1. C) Hi Karl! Wie geht's? – K) Hallo Christian, gut danke und wie geht's dir? – C) Sehr gut, danke! Was machst du hier? – K) Ich spaziere durch die Stadt. 2. S) Wie alt sind Sie, Frau Bauer? – B) Ich bin 44 (Jahre alt) Herr Schröder und wie alt sind Sie? – S) Ich bin 59 Jahre alt. 3. M) Woher kommt Angela? – B) Sie kommt aus Italien. Und woher kommst du? – M) Ich komme aus Paris. Ich bin Franzose.

Übung 16.

	machen (fare)	spazieren (passeggiare)	lieben (amare)	lernen (studiare)
ich	mache	spaziere	liebe	lerne
du	machst	spazierst	liebst	lernst
er/sie/es	macht	spaziert	liebt	lernt
wir	machen	spazieren	lieben	lernen
ihr	macht	spaziert	liebt	lernt
sie/Sie	machen	spazieren	lieben	lernen

Übung 17.

a. einunddreißig; b. zweiundvierzig; c. dreiundfünfzig; d. vierundsechzig; e. fünfundsiebzig; f. sechsundachtzig; g. siebenundneunzig; h. achtundachtzig; i. sechsundsiebzig; j. fünfundsechzig; k. vierundfünfzig; l. dreiundvierzig; m. zweiunddreißig; n. einundzwanzig; o. neunzehn

Übung 18.

1. drei – vier – sechs – acht – fünf – sechs – neun – sieben – eins – zwei; 2. null – null – vier – neun – eins – sieben – zwei – vier – sieben – acht – neun – sechs – zwei.

Übung 19.

1. 3.24; 2. 5.10; 3. 13.55; 4. 18.30; 5. 12.45.

Übung 20.

1. Er kann nicht kommen; 2. Sie kann gut Deutsch; 3. Sie können Urlaub machen; 4. Wir können nicht sprechen.

Übung 21.

1. muss; 2. muss; 3. soll; 4. soll; 5. soll; 6. sollst; 7. müssen

Übung 22.

1. kann; 2. möchte; 3. darfst; 4. möchte; 5. können; 6. will; 7. darf; 8. will; 9. Kann / Darf; 10. möchte – darf

Übung 23.

1. kann – möchte; 2. können; 3. will; 4. darf; 5. darf; 6. Kann / Darf; 7. sollst; 8. müssen; 9. Darf; 10. Darf – darf; 11. darf

Übung 24.

1. nimmst – nehme; 2. essen – isst; 3. fährt – fahrt; 4. spricht; 5. lese – liest; 6. Gibst

Übung 25.

1. findest – finde; 2. kauft; 3. tanzt – tanzt; 4. arbeiten – arbeite – arbeitet; 5. bleibt; 6. esse – isst; 7. hilft; 8. hören; 9. trifft – gehen; 10. Schläfst – schlafe

Übung 26.

1. Ich rufe Herrn Kohl an; 2. Du machst die Tür auf; 3. Wir fangen mit der Übung an; 4. Er kommt spät nach Hause zurück; 5. Lydia stellt Christoph vor.

Übung 27.

1. sieht – fern; 2. zumachen; 3. bereitet – vor; 4. schlägst – vor; 5. ruft – an; 6. kommen – an; 7. geht – los; 8. komme – zurück; 9. findet – statt; 10. sieht – aus

Übung 28.

1. Ich stehe sehr früh auf; 2. Wir verstehen Deutsch; 3. Die Wirklichkeit zerstört die Illusionen; 4. Er vermisst seine Freundin; 5. Siehst du noch fern? 6. Können Sie bitte die Tür aufmachen? 7. Lisa möchte mit Sonya einkaufen; 8. Der Schüler bekommt gute Noten.

Übung 30.

1. Hast; 2. hat; 3. haben; 4. Habt; 5. habe

Übung 31.

1. Hast du eine Schildkröte? 2. Hast du ein Kaninchen? 3. Hast du einen Kanarienvogel? 4. Hast du einen Goldfisch? 5. Hast du einen Papagei? 6. Hast du eine Maus? 7. Hast du einen Hamster?

Übung 32.

1. keine; 2. nicht; 3. keine; 4. kein; 5. nicht; 6. nicht; 7. keine; 8. nicht; 9. nicht; 10. keine

Übung 33.

1. Anja sieht nicht fern; 2. Wir essen nicht im Restaurant; 3. Wir gehen morgen nicht schwimmen; 4. Ihr ruft Anna nicht an; 5. Das Auto von Christoph fährt nicht schnell; 6. Mein Handy ist nicht neu.

Übung 34.

1. nicht; 2. keine; 3. nicht; 4. nicht; 5. keine; 6. nicht; 7. keinen; 8. nicht; 9. keinen

Übung 35.

1. Sie – mich; 2. ihr; 3. du – sie; 4. es; 5. es; 6. dich; 7. ihn; 8. Du – mich; 9. ihn; 10. er

Übung 36.

1. dich; 2. sich; 3. uns; 4. mich; 5. sich

Übung 37.

1. sich; 2. mich; 3. uns; 4. euch

Übung 38.

1. du – dich; 2. du – dich; 3. Du – dich; 4. dich; 5. du – dich; 6. dir

Übung 39.

mich – mich – mich – mir – mir – mich

Übung 40.

1. auf dem; 2. an das (ans); 3. an die; 4. in die; 5. über dem; 6. in dem (im); 7. auf das/in das (ins); 8. neben; 9. zwischen dem – der; 10. ins (in das) – im (in dem)

Übung 41.

1. Von; 2. aus; 3. nach; 4. Nach; 5. mit; 6. bei; 7. gegenüber; 8. aus

Übung 42.

1. für; 2. ohne; 3. durch; 4. um; 5. durch; 6. bis; 7. entlang; 8. gegen

Übung 43.

1. zur; 2. nach; 3. nach; 4. im; 5. an die; 6. vor der; 7. ins; 8. Gegenüber; 9. in; 10. am; 11. am; 12. in der; 13. am

Übung 44.

1. am; 2. Von – bis; 3. Im; 4. Am; 5. Am; 6. ab

Übung 46.

1. Rauch nicht so viel! 2. Schreiben Sie bitte einen Brief. 3. Zeig mir deinen neuen Pulli! 4. Schlaft nicht so lange! 5. Machen wir eine Party! 6. Räum mal bitte auf! 7. Bestellt ein Taxi. 8. Singen Sie mir bitte ein Lied!

Übung 47.

1. diesem; 2. dieser; 3. Dieses – dieser; 4. diese; 5. Dieses; 6. Dieser

Übung 48.

1. gezeigt; 2. gesucht; 3. gewartet; 4. gearbeitet; 5. geparkt; 6. aufgeräumt; 7. zugemacht; 8. eingekauft; 9. abgesagt; 10. zerstört; 11. erzählt; 12. telefoniert

Übung 49.

1. gefahren; 2. gelesen; 3. getrunken; 4. gegessen; 5. gekommen; 6. geholfen

Übung 50.

1. Hast; 2. Haben; 3. habt; 4. hat; 5. haben/hat; 6. bist; 7. bin; 8. haben; 9. hat – ist; 10. sind; 11. hat; 12. haben; 13. ist; 14. habe; 15. hat

Übung 53.

1. Hattest; 2. war; 3. hatte; 4. Hatten; 5. wart; 6. hatte; 7. waren; 8. waren

Übung 54.

1. Ich hatte einen Hund und zwei Papageien. 2. Du warst meine beste Freundin! 3. Günter Grass war mein Lieblingsschriftsteller. 4. Lisa war in Dänemark. 5. Wir hatten die Fahrkarten. 6. Ihr hattet Glück! 7. Sarah und Thomas waren sehr beschäftigt

Übung 55.

1. und; 2. aber; 3. denn; 4. sondern; 5. oder; 6. und – und; 7. denn; 8. aber; 9. sondern; 10. denn; 11. oder; 12. aber

Übung 56.

1. Ich lerne seit 3 Jahren Deutsch aber ich spreche noch nicht sehr gut. 2. Wollt ihr heute Abend ausgehen oder sehen wir uns einen Film an? 3. Lydia möchte nach Spanien fahren, denn sie liebt die Sonne und das Meer. 4. Ich möchte gern Ski laufen aber es gibt keinen Schnee! 5. Sebastian muss lernen, denn er hat morgen eine Prüfung. 6. Tina und Lisa kommen nicht heute, sondern morgen. 7. Georg will Lehrer werden, aber seine Mutter ist nicht einverstanden. 8. Diese Kette ist sehr schön aber sehr teuer! 9. Gestern Abend sind wir zu Hause geblieben und (wir sind) früh ins Bett gegangen. 10. Das Hotel war nicht nur billig, sondern auch im Zentrum!

Übung 57.

1. älter, am ältesten; 2. reicher, am reichsten; 3. schärfer, am schärfsten; 4. teurer, am teuersten; 5. lustiger, am lustigsten; 6. leiser, am leisesten; 7. näher, am nächsten; 8. jünger, am jüngsten; 9. heißer, am heißesten; 10. klüger, am klügsten

Übung 58.

1. schneller; 2. wärmer; 3. länger; 4. schöner; 5. höher

Übung 59.

1. so alt wie; 2. so groß wie; 3. nicht so schnell wie; 4. nicht so viel wie; 5. so schön wie; 6. so gern wie

Übung 60.

2. Welches Auto fährt am schnellsten? 3. Welche Lehrerin unterrichtet am besten? 4. Welche Nächte sind am längsten? 5. Welche Straße ist am breitesten? 6. Welcher Junge ist am größten?

Übung 61.

a. Mögen; b. schmecken; c. gefallen; d. Magst; e. gefallen; f. mag; g. Magst; h. schmeckt; i. mag; j. gefällt

Übung 62.

1. mag; 2. Magst; 3. mag; 4. mag; 5. mag; 6. mögen; 7. Magst; 8. mögen; 9. mögen

Übung 63.

2. Ich kann nicht mitspielen, weil/da ich keine Zeit habe. 3. Herr Jakobs kauft Nudel, weil/da er Spaghetti kochen will. 4. Monika ist froh, weil/da sie eine nette Freundin gefunden hat. 5. Franz ist noch nicht gekommen, weil/da der Zug Verspätung hat. 6. Stephan hat Kopfschmerzen, weil/da er die ganze Nacht nicht geschlafen hat. 7. Frau Schröder kann nicht zu Tanzschule gehen, weil/da sie auf ihre Kinder aufpassen muss. 8. Ramona ist zu spät, weil/da der Wecker nicht geklingelt hat. 9. Morgen geht Jochen nicht arbeiten, weil/da er einen Termin beim Arzt hat. 10. Georg muss morgen um 7 Uhr aufstehen, weil/da er das Auto in die Werkstatt bringen muss.

Übung 64.

1. denn; 2. weil; 3. weil; 4. denn; 5. weil; 6. denn; 7. weil; 8. denn; 9. weil; 10. denn

Übung 65.

1. weil er ein Buch liest/weil er ein Buch auf dem Balkon liest/weil er ein Buch auf dem Balkon lesen will/weil er ein Buch auf dem Balkon gelesen hat; 2. weil sie aufräumt/weil sie das Zimmer aufräumt/weil sie das Zimmer aufräumen will/weil sie das Zimmer aufgeräumt hat; 3. weil er kocht/weil er Pasta kocht/weil er einen Teller Pasta kocht/weil er einen Teller Pasta kochen will/weil er einen Teller Pasta gekocht hat; 4. weil sie wäscht/weil sie die Wäsche wäscht/weil sie die Wäsche in der Waschmaschine wäscht/weil sie die Wäsche in der Waschmaschine waschen will/ weil sie die Wäsche in der Waschmaschine gewaschen hat.

Übung 66.

2. Auch Florian freut sich, dass du kommst. 3. Es tut mir leid, dass ich am Samstag arbeiten muss. 4. Aber Florian hat Zeit und ist froh, dass er mit dir in ein Museum gehen kann. 5. Ich freu mich, dass wir am Samstagabend zusammen ins Kino gehen. 6. Ich bin froh, dass wir uns endlich wiedersehen.

Übung 67.

2. Florian ist sich sicher, dass sie sich für moderne Kunst interessiert. 3. Ute denkt, dass sie auch das Naturkundemuseum besichtigen möchte. 4. Florian meint, dass sie auch auf die Weihnachtsmärkte gehen möchte. 5. Ute sagt, dass sie Glühwein mag. 6. Florian und Ute hoffen, dass Valerie Wien gefällt.

Übung 68.

2. Der Maler beginnt die Wände zu streichen. 3. Die Mama vergisst das Fenster aufzumachen. 4. Die Schwester fängt an sich zu schminken. 5. Der Schüler hat aufgehört die Hausaufgaben zu machen. 6. Die Mama freut sich, die Großeltern zu Gast zu haben. 7. Mein Vater verbietet uns in die Disco zu gehen. 8. Die Arbeitnehmer entscheiden am Montag zu streiken. 9. Der Arbeitgeber verspricht, die Schichten zu verbessern. 10. Die Mutter fängt an zu kochen.

Übung 69.

1. Er ist dabei, einen Brief zu schreiben / Er ist gerade dabei, einen Brief zu schreiben 2. Sylvia und Marika sind dabei, eine Gulaschsuppe zu kochen / Sylvia und Marika sind gerade dabei, eine Gulaschsuppe zu kochen 3. Franz ist dabei, das Auto in die Werkstatt zu bringen / Franz ist gerade dabei, das Auto in die Werkstatt zu bringen 4. Die Kellnerin ist dabei, den Tisch zu decken / Die Kellnerin ist gerade dabei, den Tisch zu decken 5. Mein Bruder ist dabei, den Keller zu putzen / Mein Bruder ist gerade dabei, den Keller zu putzen 6. Mein Vater ist dabei, ein Buch zu lesen / Mein Vater ist gerade dabei, ein Buch zu lesen 7. Die Lehrerin ist dabei, die Lektion zu wiederholen / Die Lehrerin ist gerade dabei, die Lektion zu wiederholen 8. Das Kind ist dabei, mit dem Computer zu spielen / Das Kind ist gerade dabei, mit dem Computer zu spielen 9. Gerard ist dabei, einen Becher Eis mit Sahne zu essen / Gerard ist gerade dabei, einen Becher Eis mit Sahne zu essen 10. / Die Kinder sind dabei, mit dem Hund im Garten zu spielen / Die Kinder sind gerade dabei, mit dem Hund im Garten zu spielen 11. Markus ist dabei, das Geschirr zu spülen / Markus ist gerade dabei, das Geschirr zu spülen 12. Der Ingenieur ist dabei, den Flur zu messen / Der Ingenieur ist gerade dabei, den Flur zu messen

Übung 70.

1. der Kalender calendario; 2. der Kühlschrank frigorifero; 3. der Mülleimer secchio della spazzatura; 4. das Brett bacheca; 5. der Brotkorb cestino del pane; 6. die Küchenuhr orologio da cucina; 7. der Besen scopa; 8. das Handtuch asciugamani; 9. der Spiegel specchio; 10. die Waage bilancia; 11. der Wecker sveglia; 12. die Schachtel scatola.

Übung 71.

1. kam – an; 2. suchte; 3. kannte; 4. ging; 5. empfahl; 6. nahm; 7. fuhr; 8. packte – aus; 9. duschte; 10. ging; 11. aß; 12. hatte; 13. war; 14. ging

Übung 72.

1. Als ich im vorigen Winter in Berlin war, besuchte ich meine Freundin Valerie. 2. Das Mädchen war erst zwei Jahren alt, als seine Eltern durch einen Autounfall starben. 3. Als ich ein Kind war, wollte ich Lokomotivführer werden. 4. Als man den Vorhang senkte, verließ ich das Theater. 5. Wenn sie ein paar Glas Wein getrunken hat, ist sie immer laut geworden. 6. Wenn ich Zeit in der Mittagpause hatte, ging ich meine Mutter besuchen. 7. Wenn sie aus dem Markt zurückkam, brachte sie ihren Kindern immer Schokoladestangen. 8. Als Miriam an der Uni studierte, lernte sie ihren Mann kennen. 9. Als er das Feuer bemerkte, rannte er sofort zur Tür. 10. Als Luise Paul gestern auf der Straße traf, freute sie sich sehr.

Übung 73.

1. Bevor ich einen Schweinebraten bestellte, studierte ich die Speisekarte. 2. Ich probierte das Abendkleid, bevor ich an der Kasse bezahlte. 3. Sie aß eine Packung Eis, während sie fern sah. 4. Sie wohnte bei ihren Eltern, bevor sie heiratete. 5. Während sie schwanger war, aß sie alles was sie wollte.

Übung 74.

1. Als; 2. Seit; 3. wenn; 4. Als; 5. bevor; 6. Während; 7. Als/Nachdem

Übung 75.

1. des Tages; 2. des Chefs; 3. der Stadt; 4. der Kinder; 5. Frankreichs; 6. der Schweiz

Übung 76.

1. Während; 2. Trotz; 3. Wegen/aufgrund; 4. innerhalb/inmitten/außerhalb; 5. Wegen; 6. trotz; 7. Während; 8. Dank; 9. statt; 10. Anlässlich

Übung 77.

1. um; 2. Nach; 3. Ohne; 4. dank; 5. vor; 6. seit; 7. mit; 8. zur; 9. in der; 10. zu; 11. von; 12. von – bis; 13. neben; 14. auf; 15. am; 16. Im; 17. bei; 18. aus

Übung 78.

1. Ich möchte mich ausruhen, ohne an den Stress des Alltags zu denken. 2. Ich spiele jeden Tag Klavier, um Pianist zu werden. 3. Wir sind ins Kaufhaus gegangen, statt zur Schule zu gehen. 4. Du kannst nicht Tennis spielen, ohne zu trainieren. 5. Oma kann nicht schlafen, ohne Schlaftabletten zu nehmen. 6. Lorenz und Hellen nehmen an einem Sprachkurs teil, um eine neue Sprache zu lernen.

Übung 79.

1. Georg hat im Sommer viel gearbeitet, um ein neues Auto zu kaufen. 2. Lisa macht immer die Hausaufgaben, damit der Lehrer ihr gute Noten gibt. 3. Lisa macht immer die Hausaufgaben, um gute Noten zu bekommen. 4. Sie müssen ein Password haben, um den Computer zu benutzen. 5. Die Heizung muss angestellt sein, damit Katharina nicht friert! 6. Ihr fahrt nach Berlin, um eure Oma dort zu besuchen. 7. Lady Gaga macht jeden Tag Proben, damit das Konzert perfekt ist.

Übung 80.

1. wird… klappen; 2. wird… umziehen, wird… sein; 3. werden… renovieren; 4. wirst… glauben; 5. werde… vorbereiten; 6. werden… machen; 7. wird… sein; 8. werden… sein; 9. wird… sprechen; 10. wird… sein

Übung 81.

1. italienisches; 2. deutsches; 3. laute; 4. klassische

Übung 83.

1. Je lustiger der Film ist, desto mehr Spaß hat man. 2. Je älter dein Vater wird, desto strenger wird er. 3. Je mehr er trinkt, desto lauter spricht er. 4. Je schneller Lydia arbeitet, desto früher kann sie nach Hause gehen. 5. Je später es wird, desto dunkler wird es.

Übung 84.

1. kennst; 2. kennen gelernt; 3. Wissen; 4. könnt; 5. weiß; 6. erfahren; 7. kannst; 8. Wissen

Übung 85.

1. Ich kenne/weiß deine Adresse. 2. Seit wann kennt ihr Andreas? 3. Meine Eltern haben sich 1985/ im Jahr 1985 kennen gelernt. 4. (Es) Freut mich, Sie kennen zu lernen, Frau Merkel! 5. Lisa lernt seit 5 Jahren Französisch, aber sie kann nicht sprechen. 6. Man kann nie wissen!

Übung 86.

1. wäre; 2. käme (kommen würde); 3. hätte; 4. wüsste (wissen würde); 5. arbeiten würde; 6. träfe (treffen würde); 7. anmachen würde; 8. verdienen würde

Übung 87.

1. Wenn ich doch Geld hätte, würde ich mir ein Auto kaufen. 2. Wenn Valerie zur Party käme, würde Markus sich freuen. 3. Wenn ihr Mathe verstehen würdet, würdet ihr diese Übung machen. 4. Wenn es eine Lösung gäbe, wäre das alles schon vorbei. 5. Wenn der Zug keine Verspätung hätte, würdest du pünktlich ankommen. 6. Wenn unsere Verwandten näher leben würden, würden wir sie öfter besuchen. 7. Wenn sie nach Berlin führen (fahren würden), würden sie viele Museen besuchen. 8.Wenn ich im Lotto gewinnen würde, würde ich durch die Welt reisen.

Übung 88.

1. Wenn – vorlese; 2. Falls/Wenn – ist; 3. Wenn – wäre; 4. wenn/falls – finde; 5. wenn – machen würde; 6. Wenn/Falls – finden; 7. wenn – bekäme/ bekommen würde; 8. Wenn/Falls – hast

Übung 89.

1. vergessen hatte; 2. gelesen hat; 3. gestritten hat; 4. gestritten hatte; 5. gesehen hatten

Übung 90.

1. Bevor; 2. Nachdem; 3. Bevor; 4. Nachdem; 5. Bevor; 6. Bevor; 7. Nachdem; 8. Nachdem; 9. Bevor

Übung 91.

1. Sie war so gemein, dass sie keinen einzigen Freund hatte. 2. Im Krankenhaus pflegt man Leute, sodass sie wieder gesund werden. 3. Der Film war so spannend, dass wir ihn dreimal gesehen haben. 4. Das Erdbeben zerstörte das Haus, sodass man nicht mehr in diesem Haus wohnen konnte. 5. Diese Kette ist so teuer, dass sie niemand kaufen wird.

Übung 92.

1. e; 2. d; 3. a; 4. f; 5. b; 6. g; 7. c

Übung 93.

1. ob; 2. Wenn; 3. wenn; 4. ob; 5. Wenn; 6. ob; 7. ob; 8. Wenn; 9. Wenn; 10. ob

Übung 94.

1. wann Julian kommt. 2. ob Sie Deutsch sprechen. 3. warum Ludwika Koreanisch studiert. 4. wie man zum Bahnhof kommt. 5. wo ich diese Tasche gekauft habe.

Übung 95.

1. Ein neues Wohnhaus wird von den Müllers in der Marienfeldstraße gebaut. 2. Drei Teller Gulaschsuppe wurden von dem Gast gegessen. 3. Non èpossibile. 4. Wir werden bestimmt von der Grenzpolizei kontrolliert werden. 5. Der Patient wurde durch die Operation gerettet. 6. Die Baustelle darf von den Passanten nicht betreten werden. 7. Die Fehler des Textes müssen noch von dem Dolmetscher korrigiert werden. 8. Non è possibile. 9. Der Hund ist von dem Kind geschlagen worden. 10. Das Kind wird von dem Hund gebissen werden.

Übung 96.

1. den; 2. der; 3. das; 4. die; 5. dem; 6. denen; 7. dessen; 8. der; 9. den; 10. dem

Übung 97.

				9 S					
				C		10 T			
				H		I			
				R		R			
			1 K	I	N	O			
		2 U	N	F	A	L	L		
	3 A	R	Z	T					
				S					
4 W	U	R	S	T					
		5 B	I	E	R				
				6 L	E	H	R	E	R
	7 S	C	H	L	E	C	H	T	
				E					
		8 A	D	R	E	S	S	E	

Übung 98.

Cara Anna, come va? Io sto molto bene. Da due settimane frequento un corso di spagnolo. Come sai, penso sempre alla Spagna e mi interessano le tradizioni spagnole, come per esempio il cibo e il flamenco. Sono semplicemente innamorata della Spagna! Quando ho iniziato il corso era tutto molto semplice, ma un po' per volta gli esercizi sono diventati sempre più difficili. A volte anche troppo. Oggi mi sono lamentata con l'insegnante! Per compito devo scrivere una lettera, a un amico spagnolo, sulle mie abitudini tedesche. Beh, sinceramente, non ne ho voglia! Devo, però, migliorare il mio spagnolo, così l'anno prossimo potrò capire tutto! Non lo sai? Non ti ho raccontato il mio progetto? Andrò, di nuovo, in vacanza in Spagna! Non vedo l'ora! Sono contenta solo a pensarci! Magari vuoi venire anche tu? Rifletti sulla mia proposta e fammi sapere il prima possibile! Sono convintissima che ci divertiremo insieme, in Spagna!

Übung 99.

1. von; 2. an; 3. über; 4. mit; 5. nach; 6. um; 7. für; 8. mit; 9. an; 10. Gegen

Übung 100.

1. Sie wollten euch beim Abendessen nicht stören. 2. Sie sollten mehr Gemüse essen. 3. Dürfen Sie nach Hause fahren? 4. Mit diesem Gerät kann man alle Satellit-Programme empfangen. 5. Man muss sich alle sechs Monate beim Arzt untersuchen lassen. 6. Die Gemeinden müssen für eine ausreichende Zahl der Kindergartenplätze sorgen. 7. Wer kann eine Rede auf Deutsch halten? 8. Ich kann nicht sagen, ob sie Erfolg gehabt hat. 9. Kinder unter 10 Jahren dürfen diesen Film nicht sehen. 10. Vor dem Abitur wollte ich im Ausland studieren. 11. Man darf das Wörterbuch nicht benutzen. 12. Ich will meinen Wohnort nicht wechseln. 13. Wenn sich sonst niemand meldet, will ich diese Arbeit übernehmen. 14. Der Schulleiter soll ein gutes Verhältnis zu den Familien unterhalten.

Übung 101.

1. Sie sei am Sonntag bei ihrem Freund in Köln gewesen. 2. Ihr Freund wohne dort seit einem Jahr. 3. Sie sei mit dem Flugzeug geflogen, weil sie kein Auto habe. 4. Am Samstagnachmittag seien ihr Freund und sie ins Schokoladenmuseum gegangen. 5. Sie hätten sich eine Kunst-Ausstellung von Schokoladenstatuen angesehen. 6. Sie hätten einen Kaffee trinken wollen. Aber leider sei das Café des Museums geschlossen gewesen.

Übung 102.

1. Die Schüler sagen, dass sie morgen die Mathe-Prüfung haben. 2. Julia erzählt, dass sie jeden Tag mit Müesli, Obst und Joghurt frühstücke. 3. Der Lehrer beschwert sich und meint, die Schüler seien faul und möchten nicht lernen. 4. Die Statistik zeigt, die Leute würden weniger Pasta kaufen. 5. Der Politiker meint, dass die Minister Angst hätten, den Job wegen der Krise zu verlieren. 6. Der Professor behauptet, es gebe in der Welt tausende gefährdete Arten. 7. Meine Schwester berichtet, sie habe endlich einen Freund. 8. Pia schreit, sie müsse so bald wie möglich mit Lukas reden. 9. David und Angie sagen immer, dass sie keine Zeit hätten und nicht kommen können. 10. Meine Mutter denkt, sie mache ein paar Wochen Urlaub / sie würde ein paar Wochen Urlaub machen. 11. Der Vater sagt dem Sohn: „Sei nicht so laut!" 12. Julia behauptet: „Ich bin bereit für die Prüfung." 13. Die Politiker meinen: „Viele Leute sind im Moment arbeitslos." 14. Sie denken: „Wir können nicht kommen." 15. Markus beschwert sich: „Die Prüfung hat mehr als 3 Stunden gedauert."

Übung 103.

1. fand; 2. leisten; 3. setzen – unter; 4. in – gebracht; 5. gemacht (begangen); 6. kommen – in; 7. in – gestellt; 8. ergriffen; 9. Ziehen; 10. ergriffen; 11. ergreift (trifft); 12. begangen; 13. in – bringen; 14. geben (erteilen); 15. halten; 16. Nehmt; 17. treiben; 18. zu – gekommen; 19. zu – gestanden; 20. fand

Indice